我国土地权利法律制度发展趋向研究

——以土地发展权为例

姚昭杰　刘国臻◎著

版权所有　翻印必究

图书在版编目（CIP）数据

我国土地权利法律制度发展趋向研究：以土地发展权为例/姚昭杰，刘国臻著 . —广州：中山大学出版社，2016.1
ISBN 978 - 7 - 306 - 05543 - 9

Ⅰ. ①我… Ⅱ. ①姚… ②刘… Ⅲ. ①土地所有权—土地法—研究—中国　Ⅳ. ①D922.304

中国版本图书馆 CIP 数据核字（2015）第 288095 号

出 版 人：	徐　劲
策划编辑：	邹岚萍
责任编辑：	邹岚萍
封面设计：	林绵华
责任校对：	黄燕玲
责任技编：	何雅涛
出版发行：	中山大学出版社
电　　话：	编辑部 020 - 84111996，84113349，84111997，84110779
	发行部 020 - 84111998，84111981，84111160
地　　址：	广州市新港西路 135 号
邮　　编：	510275　传　真：020 - 84036565
网　　址：	http://www.zsup.com.cn　E-mail: zdcbs@mail.sysu.edu.cn
印 刷 者：	广州中大印刷有限公司
规　　格：	880mm×1230mm　1/32　9.75 印张　227 千字
版次印次：	2016 年 1 月第 1 版　2016 年 1 月第 1 次印刷
定　　价：	28.00 元

如发现本书因印装质量影响阅读，请与出版社发行部联系调换

本书为华南理工大学中央高校
基本科研业务费资助项目最终成果
（项目号：2014HQPY03）

作者简介

姚昭杰，男，浙江淳安人。华南理工大学法学学士、法学硕士、法学博士。现就职于中国工商银行股份有限公司广东省分行法律事务部。研究领域为民商法学、房地产法学、金融法学。在《学术研究》、《江西社会科学》等刊物发表学术论文多篇；参与省部级以上课题多项。

刘国臻，男，山东莱阳人。中山大学法学学士、法学硕士、管理学博士，中国社会科学院法学研究所民商法学博士后。现为华南理工大学法学院教授、博士生导师、校学位委员会委员、校学术委员会委员，兼任中国法学会经济法学研究会理事、广东省法学会房地产法研究会副会长、广东省法学会经济法学研究会副会长、广州市不动产研究会副会长。研究领域为民商法学、经济法学、房地产法学。先后在《政治学研究》、《法学评论》、《现代法学》、《学术研究》、《中国行政管理》等刊物发表学术论文70多篇；有十多篇论文被《新华文摘》、中国人民大学书报资料中心《经济法学·劳动法学》、《民商法学》、《宪法学》、《行政法学》、《农业经济导刊》、《公共行政》、《管理科学》等全文转载或转介。在北京大学出版社等独立或合作出版著作16部。主持或参加国家级或省部级等课题16项。

内 容 提 要

　　土地权利的设置和制度运行，与社会经济发展密切相关。土地发展权解决的是改变土地用途、提高土地利用集约度而产生的发展性利益的权利归属和利益分配问题。

　　随着我国社会主义市场经济体的建立和不断完善，城镇化进程的快速发展，改变土地用途（农用地改变为建设用地）、土地利用集约度的提高而凸显的发展性利益的权利归属和利益分配问题越来越成为社会关注的焦点，由此带来的法律问题亟待解决。这一现象在改革开放较早、经济发展较快的广东、浙江、重庆和厦门等地表现得尤为突出。广东、浙江、重庆、厦门等地近几年运用类似美国土地发展权征购制度和土地发展权移转制度，保护城市周边地区生态农地和耕地，解决土地跨区优化利用等土地发展权问题的做法，表明我国地方层面已经运用土地发展权制度思想解决改变土地用途（农用地改变为建设用地）、土地利用集约度的提高而凸显的发展性利益的权利归属和利益分配法律问题。

　　本书运用物权法理论，从物权的角度探讨土地发展权问题，按照理论厘定、制度设置的必要性和可行性、制度设计思路和制度运行的逻辑结构展开论题研究，以期为我国土地发展权制度设置和问题解决提供参考思路。

　　理论厘定主要论述三个问题，即土地发展权制度设计模式、土地发展权的法律性质和土地发展权的物权结构。

土地发展权自产生以来，经历了三个历史阶段，即萌芽阶段、形成阶段和发展阶段。土地发展权主要有三种制度设计模式，即土地发展权国有模式（英国）、土地发展权私有模式（美国、日本、意大利、我国台湾地区等）和土地发展权共享模式（法国）。

土地发展权的法律性质是土地发展权理论的核心问题之一，涉及土地发展权制度安排。土地发展权的法律性质可以从三个维度依次进行剖析，就权力与权利这一维度而言，土地发展权是一种权利而非权力；就民事权利与非民事权利这一维度而言，土地发展权是一种民事权利；就新型物权与传统物权这一维度而言，土地发展权是一种新型物权而非传统物权。三个维度层层递进，深刻地揭示了土地发展权的法律性质，即土地发展权是一种独立的新型物权，土地发展权的设置丰富了物权法律体系。

土地发展权的物权结构包括主体、客体和内容三方面。土地发展权作为一种物权，其主体可以是国家也可以是私人，土地发展权的法律性质不因其主体的不同而有所变化。土地发展权作为一种物权，其客体是土地开发容量，现代物权法上的"物"已经突破了"物必有体"的界限，自然力、空间、电子货币、虚拟财产、环境容量、知识产品等的出现，已经使民法上的"物"突破了20世纪经典物理学的标准。土地发展权的内容包含土地发展权人的权利与义务，从权利分类来看，土地发展权人的权利包括土地发展权人的积极权利（占有、使用、收益和处分）和土地发展权人的消极权利（返还原物、排除妨害和消除危险等物上请求权）。从义务分类来看，土地发展权人的义务包括土地发展权人的公法义务（缴纳不动产税和容忍公法的限制等）和私法义务（作为义务和不作为义务）。

我国不仅有设置土地发展权的客观必要性，而且也存在现实可行性。我国设置土地发展权的必要性表现在以下四个方面：保护和分配土地发展性利益，解决土地发展权问题；解决土地征收矛盾，增加农民财产性收入；保护耕地，促进土地资源节约集约化利用；完善我国土地权利体系。我国设置土地发展权的可行性表现在以下四个方面：有党中央的政策依据；有域外经验可资借鉴；有我国地方土地发展权运用的实践可供参考；有学者们的研究成果为我国土地发展权的设置提供必要的理论支持。

土地发展权在我国土地权利体系中应当占有一席之地。我国土地权利体系的立法内容表明，在我国土地权利体系中，土地所有权居于中心地位，构成土地权利体系制度的基石；其他土地权利都是从所有权中派生出来的，或者是对所有权和使用权的限制而创设的。这种土地权利体系只反映土地利用的静态权利，而未能反映土地利用的动态权利。我国土地权利体系的不足主要表现在：传统土地权利体系不能解决改变土地用途、提高土地利用集约度而凸显的发展性利益问题。

我国设置土地发展权应当遵循的原则是：坚持公平与效率的辩证统一，将土地发展权纳入物权法体系（包括物权实体法体系和物权程序法体系），与我国现行制度相衔接。我国土地发展权应当归属土地所有权人。土地发展性利益分配的第一层次，土地发展权的权利归属决定着土地发展性利益的归属；土地发展性利益分配的第二层次，以税收制度为基础，通过国家强制征收完成；土地发展性利益分配的第三层次，以公益慈善制度为基础，通过社会爱心捐助来完成。

我国土地发展权通过内部运行机制和外部协调机制两个方

面来实现。由于我国的土地所有权分为国家土地所有权和集体土地所有权，因而，我国土地发展权实现的内部运行机制又可以分解为两个方面，即国有土地上土地发展权的实现和集体土地上土地发展权的实现。我国土地发展权实现的外部协调机制，主要通过土地发展权与土地用途管制、土地利用规划制度、土地征收制度改革、"小产权房"合法化等外部关系的协调来实现。

Abstract

The set up and system run about land rights, is closely related to social and economic development. Land development rights can resolve the problem about ownership and benefits allocation of developmet interests which from change land use and improve land use intensity.

With the establishment of China's socialist market economy and the continuous improvement, the problem about ownership and benefits allocation of developmet interests which from change land use (farmland to construction land) and improve land use intensity has increasingly become the focus of attention. This phenomenon performance particularly prominent in Guangdong, Zhejiang, Chongqing and Xiamen which reform and opening up and rapid economic development. Guangdong, Zhejiang, Chongqing, Xiamen application the system which is similar to the US PDR and TDR in recent years, protection the ecological agricultural land and farmland of Peri-urban areas, optimization the problem of land spanned use, and shows that our local level has use land development right system to solve the legal problem about ownership and benefits allocation of developmet interests which from change land use (farmland to construction land) and improve land use intensity.

This articleuse the theory of property law, discussion on the issue of land development rights from the perspective of property rights, expand the topics studied according to the logical structure of theoretical determined, the necessity and feasibility of the system set up, of the system design ideas and system operation, expand the topics studied, the ideas of system design and run. With a view to reference ideas for the system setup and problem solved of our country's land development right.

The theoretical determined focuses on three issues, which are the system design patterns of land development right, the legal nature of land development right and the property structure of land development right.

Land development right in history has gone through three stages, namely the embryonic stage, the formation stage and development stage. There are three major land development right practice models, namely the state-owned land development right patterns (UK), the privately-owned land development right model (the United States, Japan, Italy, Japan, etc.) and the state and private share land development right mode (France).

Legal nature of land development right is the core of land development right theory, which related to the system arrangement of land development right. The legal nature of land development right can order from three dimensions to inspect, on the dimension of power and right, land development right is a right; on the dimension of private right and public right, the Land development right is a private right; on the dimension of new property right and the traditional property right, the land development right is a new property right. Progressive layers in three dimensions, reveals the full legal nature of land development rights, namely land development right is an independent new property right, which is rich in the traditional property system.

Land development right can be deconstructed from the subject, object, and content. Land development right as a property right, the subject can be state or private, because the legal nature of land development right can not change by different subjects. Land development right as a property, its object is the capacity to develop land, "thing" on Modern Property Law has exceeded the boundaries of "things must have the body", and the emerge of nature forces, space, electronic money, virtual property, emergence of environmental capacity, knowledge products has made civil law "thing" breakthrough of the 20th century standard of classical physics. The content of land development right divided the rights and obligations of land development right of people, the former includes positive rights (possession, use, and disposal gains) and negative rights (return the original, exclusion claims on prejudice and eliminate the risk of other things), the latter includes public obligations (to pay real estate taxes and tolerate restrictions on public law, etc.) and private obligations (as an obligation and not as an obligation).

China has the need to set up land development right, which can be interpreted from the following areas: distribution and protection of the land development interests, resolve the problem of land development right; resolve land expropriation conflicts, increase farmers' income from property; protection of arable land, promote resource conservation and intensive land use; perfection the system of land rights. China has the feasibility of set land development right, which can be interpreted from the following areas: the reform and development of the CPC Central Committee reform and development policy guidelines; extraterritorial practical experience to draw upon; land development right of local practice for reference; Scholars research results for the configuration of land development rights can provide necessary theoretical support, the setupof land development right is in line with the general rule of the development of land rights. Land development right in our country's land rights system should have a place. Legislation of our country's land rights system shows, in our country's land rights system, land ownership is central position, constitute the cornerstone of land rights system; other land rights are derived from the land ownership, or be creating by restriction the land ownership and use right. Such land rights system only reflects the static rights of land use, it does not reflect the dynamics rights of land use. The inadequate of our country's land right mainly appears in: Traditional land rights system can not resolve the problem of development interest which from change land use and improve land use intensity.

Principles of setting land development right should be followed, uphold fairness and efficiency of the dialectical unity, include the land development right in the property law system (including property substantive law system and Property procedural law system), and match to our current system. The ownership of Land development right of land should be vested in people. Ownership of land development right determines the ownership of Land value-added benefits, which is the first level of distribution land value-added benefits; the second level of the distribution land value-added benefits is is based on tax system, this level based on fairness and justice, and completion by the National imposition; the third level of the distribution land value-added benefits is based on charitable distribution system, this level based on ethics and moral system, and completion by social donations.

 Land development right can be achieved through Internal operation mechanism and external coordination mechanisms. Because the land ownership is divided into national land ownership and collective land ownership, and thus, the internal operation mechanism can be broken down into two areas, the achieve of land development rights on state-owned land and the achieve of land development rights on collective land ownership. External coordination mechanism to achieve our land development rights, mainly through coordination land development right and land use control, land development right and land use planning system, land development right and land acquisition system reform movements, land development right and the "small property room" legalization, etc. external relations to achieve.

目 录

第一章 绪论 …………………………………………………… 1
 一、研究背景及意义 ………………………………………… 1
 二、国内外研究现状 ………………………………………… 3
  （一）国内研究现状 ……………………………………… 3
  （二）国外研究现状 ……………………………………… 11
 三、研究路径与研究方法 …………………………………… 16
  （一）研究路径 …………………………………………… 16
  （二）研究方法 …………………………………………… 18

第二章 域外土地发展权的产生、发展及其制度模式 …… 22
 一、土地发展权的萌芽、形成与发展 ……………………… 22
  （一）土地发展权的萌芽 ………………………………… 22
  （二）土地发展权的形成 ………………………………… 24
  （三）土地发展权的发展 ………………………………… 25
 二、土地发展权的制度模式 ………………………………… 28
  （一）土地发展权国有模式 ……………………………… 28
  （二）土地发展权私有模式 ……………………………… 34
  （三）土地发展权共享模式 ……………………………… 60
 本章小结 ……………………………………………………… 62

第三章 土地发展权的法律性质 …… 65
一、土地发展权是一种权利 …… 65
（一）将土地发展权界定为权力值得商榷 …… 65
（二）土地发展权符合权利之本质 …… 70
（三）我国应将土地发展权设定为权利 …… 73
二、土地发展权是一种民事权利 …… 75
（一）土地发展权的权利内容是民事性而非政治性 …… 76
（二）土地发展权产生于民事法律关系而非公法关系 …… 81
（三）我国应将土地发展权设定为民事权利 …… 85
三、土地发展权是一种新型物权 …… 85
（一）土地发展权的物权性 …… 86
（二）土地发展权的设立丰富了传统物权体系 …… 89
（三）我国应将土地发展权设定为一种新型物权 …… 95
本章小结 …… 96

第四章 土地发展权法律关系解构 …… 98
一、土地发展权的主体 …… 98
（一）土地发展性利益的来源 …… 100
（二）对哈丁"公地悲剧"理论的理解和适用 …… 105
（三）土地发展权归属主体的价值取向 …… 108

二、土地发展权的客体 …………………………………… 111
（一）土地发展权客体既有观点及其评述 ……… 111
（二）民法上"物"的含义及其构成要件 ……… 118
（三）开发容量符合民法上"物"的构成要件
………………………………………………… 124

三、土地发展权的内容 …………………………………… 126
（一）土地发展权人之权利 ……………………… 126
（二）土地发展权人之义务 ……………………… 129

本章小结 …………………………………………………… 131

第五章 我国设置土地发展权的必要性和可行性 ………… 134
一、我国设置土地发展权的必要性 ……………………… 134
（一）保护和分配土地发展性利益，解决土地发展权问题 ……………………………………… 137
（二）解决土地征收矛盾，增加农民财产性收入
………………………………………………… 140
（三）保护耕地，促进土地资源节约集约化利用
………………………………………………… 144
（四）完善我国土地权利体系 …………………… 150

二、我国设置土地发展权的可行性 ……………………… 154
（一）党中央的政策依据 ………………………… 154
（二）域外经验可资借鉴 ………………………… 155
（三）我国地方土地发展权运用的实践可供参考
………………………………………………… 157

（四）学术研究成果提供了必要的理论支持 …… 163

本章小结 ……………………………………………… 165

第六章　土地发展权在我国土地权利体系中的法律地位

　　……………………………………………………… 166

一、土地发展权的设置弥补了我国土地权利体系的不足 ……………………………………………… 166

（一）我国土地权利体系的基本架构 ………… 166

（二）我国土地权利体系的不足 ……………… 168

二、土地发展权与已有土地权利之关系 …………… 170

（一）土地发展权与土地所有权 ……………… 170

（二）土地发展权与土地使用权 ……………… 174

（三）土地发展权与空间权 …………………… 178

三、土地发展权应当成为我国土地权利体系的重要组成部分 …………………………………………… 181

（一）土地权利的设置必须随着社会经济的不断发展而有所变化 ………………………… 181

（二）土地发展权是一项独立的不动产财产权 ……………………………………………… 185

本章小结 ……………………………………………… 188

第七章　我国土地发展权设置的原则和权利归属 ……… 190

一、我国土地发展权设置的原则 …………………… 190

（一）坚持公平与效率的辩证统一 …………… 191

（二）将土地发展权纳入物权法体系……………… 194
　　（三）与我国现行土地制度相匹配………………… 209
二、我国土地发展权的权利归属……………………… 213
　　（一）土地发展权是从土地所有权分离出来的
　　　　　财产性权利…………………………………… 214
　　（二）我国应将土地发展权归属于土地所有权人
　　　　　……………………………………………………… 219
　　（三）土地发展权的权利归属与土地发展性利益
　　　　　分配……………………………………………… 224
本章小结……………………………………………………… 227

第八章　我国土地发展权的实现……………………… 230
一、我国土地发展权实现的内部运行机制…………… 230
　　（一）国有土地上土地发展权的实现……………… 230
　　（二）集体土地上土地发展权的实现……………… 240
　　（三）国有土地发展权和集体土地发展权实现的
　　　　　统一……………………………………………… 248
二、我国土地发展权实现的外部衔接与协调机制…… 251
　　（一）土地发展权与土地用途管制的协调………… 251
　　（二）土地发展权与土地利用总体规划的衔接与
　　　　　协调……………………………………………… 254
　　（三）土地发展权与土地征收制度改革…………… 255
　　（四）土地发展权与"小产权房"的有条件
　　　　　合法化…………………………………………… 258

本章小结……………………………………………… 261

结论与创新…………………………………………… 263
　　一、物权法研究新视角……………………………… 263
　　二、系统论述了土地发展权是一种新型物权………… 264
　　三、对土地发展权的物权构成进行了全面论述……… 265
　　四、系统论述了我国设置土地发展权的原则………… 266
　　五、对我国土地发展权进行法律定位，明确其权利归属
　　　………………………………………………… 267
　　六、论述了我国土地发展权的权利实现机制………… 268

参考文献……………………………………………… 269

第一章 绪 论

一、研究背景及意义

改革开放30多年来,随着我国经济社会的高速发展,特别是城镇化的快速推进①,我国土地问题日趋复杂化和尖锐化,例如,耕地资源大量流失,不少地方的城镇化是以违法占用耕地为代价的;土地征收引发的社会冲突和矛盾不断加剧。中国社会科学院发布的2013年《社会蓝皮书》指出,由土地征收引发的群体性事件约占全国总数的一半②;违法占用农民集体土地,未获得规划许可或未办理相关审批手续的"小产权房"数量在全国范围内快速增长,上述土地问题既对我国耕地保护、粮食安全造成严重影响,又对我国城市房地产市场的有序化发展造成严重冲击,亟待解决。

自有人类社会以来,有关土地利用的权利设置和制度运行,始终与经济社会发展紧密相连,与国家的兴衰和人民的福祉息息相关。③ 我国现有土地权利的设置和制度的运行主要解

---

① 国家统计局:《2014年我国城镇化率已经达到54.77%》,http://www.stats.gov.cn/tjsj/,最后浏览日期:2015年10月8日。
② http://money.163.com/12/1219/08/8J2S2V69002534NU.html,最后浏览日期:2015年10月8日。
③ 参见王卫国《中国土地权利研究》,中国政法大学出版社1997年版,第1页。

决的是土地静态利用权利问题，而未能解决土地动态利用权利问题，因而在应对上述土地问题时捉襟见肘。土地利用的新变化（动态利用）要求必须对现有土地权利制度加以创新。土地发展权作为土地权利体系中的新成员，其创设就是为了解决新时代背景下产生的土地动态利用问题。在西方国家，土地发展权在耕地保护、环境保护等方面发挥着不可替代的作用，已经成为一种独立于土地所有权的重要土地权利。土地发展权的研究不仅为我国土地发展权的设置提供理论依据，推动我国土地权利体系的创新，而且为妥善解决现实存在的现有土地权利制度无法解决的大量土地发展权问题提供制度设计思路。

随着我国经济社会的发展，城镇化快速推进，变更土地使用性质或者提高土地利用集约度产生的巨大土地发展性利益客观存在，我国缺乏对上述土地发展性利益进行有效调整的土地权利制度。为此，中共中央十八届三中全会通过的《中共中央关于全面深化改革若干重大问题的决定》和2015年中央一号文件《关于加大改革创新力度 加快农业现代化建设的若干意见》都明确提出"建立兼顾国家、集体、个人的土地增值收益分配机制，合理提高个人收益"。经济学上的土地增值收益，用法学语言表达就是土地发展性利益。土地增值收益分配机制的建立必须通过土地发展权的设置及其实现予以解决。设置土地发展权，不仅可以在理论上对我国土地权利体系进行创新，而且可以解决我国实践中存在的土地问题，妥善分配经济社会发展和城镇化进程推进过程中所产生的巨大土地发展性利益，更是我国广大农民心声的体现。正如学者所论证的，我国立法虽然没有设置土地发展权，但设置土地发展权受到农民的拥护,具有相当的民意基础。① 土地发展权设置的价值在于,打破了20世纪之前土地权利的重心只关注静态土地权利设置的传统,发展成为在关注土地权利静态设置的同时,亦关注动态土地权利的设置;推进了土地权利体系的法制建设;丰富了土地权利法理论研究;解决了传统土地权利制度无法解决的现实问题。

二、国内外研究现状

(一) 国内研究现状

1. 国内研究内容

土地发展权是指变更土地使用性质或者提高土地利用集约度之权。自20世纪90年代以来,我国有众多学者关注土地发展权问题,学者们的研究内容主要集中在以下几个方面:

(1) 关于土地发展权的概念。对土地发展权概念的界定,是清晰认识该权利的前提条件。学者们对土地发展权概念的界定并不一致,概括起来主要有两种观点,即广义土地发展权说和狭义土地发展权说。

广义土地发展权说认为,土地发展权包括变更土地使用性质和提高土地利用集约度两个方面,为较多学者所赞同。② 在

---

① "我国农村集体经济有效实现的法律制度研究"课题组:《我国农村集体经济有效实现法律制度的实证考察——来自12个省的调研报告》,载《法商研究》2012年第6期。

② 例如,苏志超先生认为,土地发展权是指农地变更为建筑用地,或由粗放的建筑用地变更为更高度集约式的建筑用地。参见苏志超《比较土地政策》,五南图书出版有限公司1999年版,第520页。

分类上，土地发展权可划分为农地发展权、市地发展权和未利用地发展权。农地发展权是土地发展权的下位概念。

狭义土地发展权说认为，土地发展权仅指变更土地使用性质而不包括提高土地利用集约度[①]，认为土地发展权与农地发展权具有相同范畴。

（2）关于土地发展权的法律性质。土地发展权的法律性质是土地发展权理论研究中的核心问题，对土地发展权的设置起着决定性作用。我国学术界对土地发展权法律性质的研究成果较多，这些学术观点可以概括为三个方面，即权力与权利、公权利与私权利和新型物权与传统物权。关于权力与权利，绝大多数学者认为土地发展权是一种权利[②]，少数学者把土地发展权界定为警察权而归属权力范畴[③]，少数学者认为土地发展权是兼具警察权之公权力与财产权之私权利二重属性之权[④]。主张土地发展权是一种权利的观点可进一步划分为两种，即私权利说、私权利和公权利二元说。私权利说主张土地发展权是

---

① 例如，江平先生认为："土地发展权就是土地变更为不同使用性质的权利……又常称为农地发展权"。参见江平《中国土地权利研究》，中国政法大学出版社1999年版，第384页。

② 例如，陈华彬教授认为，土地发展权是土地所有权人发展或开发其土地的权利，参见陈华彬《民法物权》，中国法制出版社2010年版，第212页。陈柏峰认为"土地发展权是一项独立于土地所有权的权利（利益）"。参见陈柏峰《土地发展权的理论基础与制度前景》，载《法学研究》2012年第4期。

③ 例如，黄祖辉、汪晖认为，土地发展权类型之一，即城市规划中的分区控制属于警察权。参见黄祖辉、汪晖《非公共利益性质的征地行为与土地发展权补偿》，载《经济研究》2002年第5期。

④ 例如，孙弘认为，土地发展权相应的法律性质为具有警察权性质的财产权利。参见孙弘《中国土地发展权研究：土地开发与资源保护的新视角》，中国人民大学出版社2004年版，第90页。

一种财产权,因而属于私权利[①];私权利和公权利二元说认为,土地发展权是一项财产权,但土地发展权不是一项纯粹私法上的权利(私权利),其兼具私权利和公权利双重属性[②]。关于新型物权与传统物权,主张土地发展权是一种私权利的学者观点可进一步细分为以下五种,分别是空间物权说[③]、地役权说[④]、地上权说[⑤]、土地所有权权能说[⑥]和新型物权说[⑦]。

(3)关于土地发展权的作用。土地发展权的作用是一个与土地发展权理论和制度设置相关的重要问题。学者的探讨各有不同,这主要与不同国家土地发展权制度设计和学者探讨的视角不同有关。

苏志超先生认为,土地发展权在美国发挥的作用主要有三个方面:第一,保护生态资源;第二,保护名胜古迹;第三,

---

① 例如,梁慧星先生认为:"土地发展权是一种可与土地所有权分离的独立财产权"。参见梁慧星《中国物权法研究》,法律出版社1996年版,第369页。

② 例如,黄泷一认为,土地发展权可划分为"规划上的土地发展权"和"私法上的土地发展权"。参见黄泷一《美国可转让土地开发权的历史发展及相关法律问题》,载《环球法律评论》2013年第1期。

③ 参见王利明《物权法研究》,中国人民大学出版社2002年版,第477页。

④ 参见汪晗、张安录《基于科斯定理的农地发展权市场构建研究》,载《理论月刊》2009年第7期。

⑤ 参见陈明灿《古迹土地与容积移转》,载《月旦法学教室》2006年第76期。

⑥ 例如,刘俊教授认为,土地发展权是土地所有权在新时代背景下的一项权能,参见刘俊《中国土地法理论研究》,法律出版社2006年版,第176~180页。

⑦ 例如,马韶青认为,我国《物权法》应当以专章的形式规定土地发展权。参见马韶青《土地发展权的国际实践及其启示》,载《河北法学》2013年第7期。高洁、廖长林认为,土地发展权是一种独立的可转让的物权。参见高洁、廖长林《英、美、法土地发展权制度对我国土地管理制度改革的启示》,载《经济社会体制比较》2011年第4期。

保护开敞空间。①

孙弘认为，土地发展权的作用包括五个方面：第一，保护农地、自然资源与生态环境；第二，保存古迹，保存开放空间，保存环境敏感地带，调节土地使用产生的暴利与暴损；第三，消除因规划造成的土地所有人之间的不公平；第四，美国土地发展权移转（Transfer of Development Right，简称 TDR）用来替代或配合分区规划，解决因限制农地开发而产生的政治和法律问题；第五，替代征收或购买土地所有权。②

温丰文先生认为，土地发展权，特别是土地发展权移转，"系为使土地准予开发与限制开发保持均衡而创设的制度"③。

陈华彬教授认为，英国土地发展权制度的作用在于运用私法制度以弥补公法规划的不足，消弭土地所有权人之间因为公法规划而产生的不公平。④

由于不同国家或地区背景不同，不同国家或地区都根据自身国情来设计土地发展权制度，因而，土地发展权在不同国家或地区中发挥的作用并不相同。有学者从我国基本国情出发，认为土地发展权在我国将发挥独特作用。江平先生认为，我国

---

① 例如，波多黎各利用土地发展权实行环境保护；纽约市及芝加哥市利用土地发展权保持都市名胜古迹建筑物；在新泽西，设立土地发展权交易市场，可发展地区之土地所有人，如果愿意将其土地作集约发展者，可通过市场交易从保留作开敞空间之土地所有人处获得土地发展权。参见苏志超《比较土地政策》，五南图书出版有限公司1999年版，第566~569页。

② 参见孙弘《中国土地发展权研究：土地开发与资源保护的新视角》，中国人民大学出版社2004年版，第40~41页。

③ 温丰文：《土地法》，洪记印刷有限公司1997年修订版，第64页。

④ 参见陈华彬《建筑物区分所有权》，中国法制出版社2011年版，第79页。

土地发展权的作用在于保护耕地①。臧俊梅从农地发展权的角度，总结出土地发展权可在我国发挥的五点作用②。

（4）关于我国设置土地发展权的必要性和可行性。关于我国设置土地发展权的必要性问题，我国学术界研究较多，归纳起来有两种观点。第一种观点认为我国有设置土地发展权的必要性。例如，李世平从五个方面论述了我国设置土地发展权的必要性③。持此观点的学者居多。正是因为我国有设置土地发展权的必要，对土地发展权加以深入分析和研究才有意义。第二种观点认为我国没有设置土地发展权的必要性④。少数学者认为由于土地发展权的功能可以通过税收等加以替代，因而我国没有设置土地发展权的必要。

一种权利的设置，不仅需要进行必要性分析，还需要进行理论上和实践上的可行性分析。我国有学者对设置土地发展权的可行性进行分析。例如，解玉娟从五个方面论述了我国设置

---

① 参见江平《中国土地权利研究》，中国政法大学出版社1999年版，第386页。
② 具体包括实现效率与公平的目标、实现土地利用权利与权力制度化、保护环境与农地资源、宏观上控制土地开发总量与城市化进程及促进和调控集体农用地使用权流转。参见臧俊梅《农地发展权的创设及其在农地保护中的运用研究》，南京农业大学2007年博士学位论文，第254～257页。
③ 李世平认为，我国设置土地发展权的必要性体现为：第一，落实政府对土地用途管制的需要；第二，保障农民耕作权和收益的需要；第三，解决人地矛盾的需要；第四，维护国家利益，保障公益事业顺利建设的需要；第五，完善现行土地法，协调与土地相关法律的需要。参见李世平《土地发展权浅说》，载《国土资源科技管理》2002年第2期。
④ 例如，韩松教授认为，无论是英国土地发展权模式还是美国土地发展权模式，均不适合我国；关于土地发展性利益的分配，可通过税收制度加以调节，换言之，土地发展权制度的功能可以通过税收制度加以替代，因而，没有必要引入土地发展权。参见韩松《集体建设用地市场配置的法律问题研究》，载《中国法学》2008年第3期。

土地发展权的可行性：第一，符合所有权发展变化的一般规律；第二，我国现行土地管理制度为农地发展权的设置奠定了基础；第三，土地所有权的权利构成为农地发展权的设置提供了权利基础；第四，国外的实践经验可供借鉴；第五，国内的理论研究相对成熟。① 当然，也有学者就我国现阶段具备设置土地发展权的可行性持谨慎态度。例如，黄泷一指出，我国是否具备土地发展权制度运行的成熟前提条件？如果前提条件不够成熟，设置土地发展权就需要三思而后行。②

（5）关于我国土地发展权的归属。我国土地发展权的归属是国内学者研究的热点问题，形成了许多不同的观点，归纳起来主要分为单一主体论和多元主体论两大类。

单一主体论，顾名思义，即我国土地发展权的归属主体为单一的。该类主张可进一步分为以下两种观点：其一，应当将土地发展权归国家享有，实行"涨价归公"；③ 其二，应当将土地发展权归土地所有权人享有，实行"涨价归私"。④

多元主体论与单一主体论不同，认为基于我国特殊的国情背景，应当对单一主体论加以修正，即我国土地发展权的权利主体不应限制为单一的，而是多元的。持多元论观点的学者认为，将土地发展权权利主体单独设为国家或土地所有权人都不

---

① 参见解玉娟《中国农村土地权利制度专题研究》，西南财经大学出版社2009年版，第177~182页。

② 参见黄泷一《美国可转让土地开发权的历史发展及相关法律问题》，载《环球法律评论》2013年第1期。

③ 例如，洪琳认为，土地发展收益（土地发展性利益）应当为国家所有。参见洪琳《土地发展收益分配问题研究》，载《价格理论与实践》2009年第10期。

④ 例如，彭江波、王媛指出，我国应当以立法的形式设定土地发展权并明确土地发展权归土地所有权人。参见彭江波、王媛《新型城镇化融资中的财政与金融协调模式研究——基于土地增值收益管理的视角》，载《理论学刊》2013年第11期。

妥当，就我国集体土地上的土地发展权而言，或者由国家、农民集体（土地所有者）和农民个体共有，或者由国家和农民集体（土地所有者）共有，抑或由国家和农民个体共有。①

（6）关于土地发展权的价值及评估方法。土地发展权作为一项不动产物权（财产权），具有财产价值，可以用价格尺度进行衡量。国内学术界对土地发展权价格的研究主要集中于农地发展权价格及其评估方法。孙弘认为，土地发展权的价格包括三个部分②。臧俊梅认为，土地发展权的价格有七种评估方法③。高波、张鹏指出，土地发展权的价格分为三种，并运用经济学理论对我国各个省、自治区和直辖市的土地发展权价

---

① 主张国家、农民集体（土地所有者）和农民个体共有观点的学者，如于华江、杨飞认为，从我国国情出发，确定农村土地发展权应归属于国家、农民集体和农民共同所有。参见于华江、杨飞《城乡一体化建设与农民土地发展权保护》，载《中国农业大学学报（社会科学版）》2011年第2期。主张国家和农民集体（土地所有者）共有观点的学者，如马韶青认为，我国应当将土地发展权归国家和土地所有者共同所有。参见马韶青《土地发展权的国际实践及其启示》，载《河北法学》2013年第7期。主张国家和农民个体共有观点的学者，如朱启臻、窦敬丽认为，我国土地发展权应由国家和失地农民共享。参见朱启臻、窦敬丽《新农村建设与失地农民补偿——农地发展权视角下的失地农民补偿问题》，载《中国土地》2006年第4期。

② 土地发展权的价格包括以下三个部分：第一，用途变更所产生的价值变化；第二，开发密度变化所产生的价值变化；第三，体现在用途与开发密度价值中的区位价值。参见孙弘《中国土地发展权研究：土地开发与资源保护的新视角》，中国人民大学出版社2004年版，第90页。

③ 农地发展权价值是农地改变用途后的市场价值与农业用途的市场价值之差。土地发展权的价格评估方法有七种，即传统评估法、外部地价法、两步法、政府指导＋市场定价法、完全市场定价法、市场比较法和成本定价法。参见臧俊梅《农地发展权的创设及其在农地保护中的运用研究》，南京农业大学2007年博士学位论文，第184～192页。

格进行评估。①

2．国内研究综述

目前国内关于土地发展权的研究成果主要贡献和进一步研究的空间主要表现在以下几方面：

（1）在土地发展权的研究成果中，鲜有法学研究特别是物权法研究成果。已有研究成果大多集中在经济学研究、土地资源管理研究，而以不动产物权为角度的研究成果尚处于空白。

（2）在土地发展权的研究成果中，虽然关于土地发展权性质的研究成果较多，但将土地发展权界定为一种物权特别是新型物权的研究成果极少。其表现是，一方面，学者们没有对涉及土地发展权法律性质的各项要素进行系统化的梳理和论证，更多的只是对一部分要素有所提及；另一方面，大多数学者在论述土地发展权法律性质时较少运用物权法理论进行深入分析。

（3）在土地发展权的研究成果中，对我国设置土地发展权必要性的研究成果较多，而对我国设置土地发展权可行性的研究成果较少。特别是对我国设置土地发展权的原则研究则处于空白。

（4）在土地发展权的研究成果中，虽然关于我国土地发展权归属的研究成果较多，但研究成果的内容存在以下值得商榷之处：其一，将土地发展权的归属与土地发展性利益的分配

---

① 高波、张鹏指出，土地发展权的价格有价格下限、保留价格和实际交易价格三种，其中价格下限是土地发展权出售方的最低出售价，大约为6万元/公顷；土地发展权的保留价格是土地发展权购买方愿意支付的最高价，全国的平均价约为17.71万元/公顷；土地发展权实际交易价格是土地发展权的购买者与不特定出售者之间达成的成交价，会受到谈判策略、购买量和交易对象等因素的影响。此外，高波、张鹏对全国土地发展权价格进行估算。参见高波、张鹏《基于粮食安全的耕地保护补偿：土地发展权交易的视角》，载《学习与探索》2013年第10期。

等同。其二，较少运用物权法理论论述我国土地发展权的归属。土地发展权作为一项与土地所有权相独立的不动产物权（财产权），该权利的归属属于物权法的范畴，必须运用物权法理论对权利归属进行论证。

总体观之，学者们已有的研究成果为本书奠定了研究的逻辑前提，在已有研究成果的基础之上，本书从物权法的视角，运用物权法理论，对土地发展权的物权属性、土地发展权的物权构成、土地发展权在土地权利体系中的地位、我国设置土地发展权的原则和我国土地发展权权利实现等方面进行突破，以期推进正在发展中的物权法理论研究，为我国土地发展权问题解决提供制度设计思路。

（二）国外研究现状

1. 国外研究内容

国外关于土地发展权的研究肇始于20世纪三四十年代，伴随着西方国家战后重建而兴起，于20世纪六七十年代随着西方国家经济高速发展和城镇化快速推进而兴盛，至21世纪初仍是西方财产法、土地经济学等领域的研究热点。国外关于土地发展权的研究主要涉及财产法、宪法、土地管理法、土地经济学等学科领域，具体内容如下：

（1）关于土地发展权的法律性质。国外关于土地发展权法律性质的研究主要集中在财产法领域。学者们的研究成果主要有以下几个方面：其一，运用所有权"权利束"理论分析土地发展权的法律性质。有学者指出，在传统财产权理论中，土地发展权属于土地所有权的范畴，是土地所有权的应有之义，随着所有权社会化理念的兴起，土地发展权成为土地所有权"权利束"（A Bound of Rights）诸权利之一种，并可以与土地所有权相分离而独立存在。[①] 其二，运用地役权或空间权理论分析土地发展权的法律性质。有学者运用地役权理论分析土地发展权，认为土地发展权属于地役权范畴。[②] 有学者通过将土地发展权与空间权相联系来分析土地发展权的法律性质[③]。

（2）关于土地发展权的运行机理。有学者指出，土地发展权移转通过引入市场交易机制，为土地所有权人提供实现其土地发展性利益的投资渠道。表现为，当土地开发市场景气时，土地所有权人可以通过购买土地发展权来加大对土地的开发以获得利润；而当土地开发市场不景气时，土地所有权人可以选择出售多余的土地发展权以保持土地的低强度开发。[④]

有学者将土地发展权移转与排污权市场交易进行比较并指出，由于排污权市场交易可能导致部分地区污染物浓度增大，

[①] See John J. Delaney etal. TDR Redux: A Second Generation of Practical Legal Concerns, 15 *Urb. Law.* 593, 595 (1983). See Edward H. Ziegler. The Transfer of Development Rights (PartI), 18 *Zoning & Plan. L. Rep.* 61 (1995). See Franklin J. James, Dennis E. Gale. Zoning for Sale: A Critical Analysis of Transferable Development Rights Programs. 2 - 3 (1977). See Jennifer Frankel. Past, Present, and Future Constitutional Challenges to Transferable Development Rights, 74 *Wash. L. Rev.* 825, 828 (1999).

[②] See Thomas L. Daniels. The Purchase of Development Rights: Preservation Agriculture Land and Open Space, *J. Am. Plan. Assn*'430n. I (1991). See Mark R. Ricl, l Evaluating Farmland Preservation Through Sufolk County, New York's Purchase of Development Rights Program, 18 *Pace Envtl. L. Rev.* 97, 203 (2000 - 2001).

[③] See James M. Pedowitz. Transfers of Air Rights and Development Rights, 9 *Real Prop. Prob. & Tr. J.* 183, 197 - 199 (1974).

[④] See Franklin J. Jams, Dannis E. Gale. Zoning for sale: A Critical Analysis of Transferable Development Rights Programs. *The Urban Institute.* 2 (1997).

因而，土地发展权移转也可能导致部分地区土地的过度开发。①

有学者通过对土地发展权移转实施条件进行研究并指出，土地发展权移转需要严格的外部条件，包括对权利加以明确界定、对公众进行土地发展权移转相关知识的普及等。②

有学者指出，为了保障土地发展权移转的充分市场化，需要设立土地发展权银行（TDR Bank）并建立土地发展权交易公示制度。③ 有学者认为，土地发展权银行作为一个中介机构对土地发展权市场的形成起着积极作用④。

（3）关于土地发展权与征收、分区规划的关系。学者们常常将土地发展权与征收、分区规划等相联系。征收和分区规划都是政府行使公权力的行为，学者就两者之间的区别进行研究并指出，两者之间最明显的区别在于，前者是对私人财产权的完全剥夺，因而，依《美国宪法第五修正案》的规定，需要给予被征收人以补偿；而后者仅仅是对私人财产权的合法限制，不需要给予补偿。但是，在实践中也可能存在分区规划

---

① See W. E. Oates, P. R. Portney, A. M. McGartland. The net benefits of incentive-based regulation: a case study of environmental standard setting. *American Economic Review.* 1233-1242 (1989). See Marian Weber, Wiktor Adamowicz. Tradable Land-Use Rights for Cumulative Environmental Effects Management. *Canadian Public Policy.* 581-595 (2002).

② See Jason Hanly Forde, George Homsy, Katherine Lieberknecht, etal. Transfer of Development Rights Programs: Using the Market for Compensation and Preservation. http://government.cce.cornell.edu/doc/html/Transfer%20of%20Development%20Rights%20Programs.Html，最后访问日期：2015年8月18日。

③ See John J. Costonis. Development Rights Transfer: An Exploratory Essay, 83 *Yale L. J.* 75 (1973-1974).

④ See Rick Prutez. Beyond Taking and Giving Saving Natural Areas, Farmland, and Historic Landmarks with Transfer of Development Rights and Density Transfer Charges, *Arje Press.* 70 (2003).

"走得太远"的情形,① 此时,政府是否需要给予补偿?赋予土地所有权人以土地发展权是否属于补偿范围?土地发展权是否属于判定分区规划"走得太远"进而构成征收的标准?斯卡利亚大法官(Justice Scalia)认为,土地发展权与判定分区规划是否构成征收无关,土地发展权仅仅是土地所有权人享有的可以自由交易的财产权,并且在一定条件下可以避免征收行为的发生。② 美国土地发展权产生之始存在"合宪性"的争议,有学者认为,土地所有权是完整而不可侵犯的财产权,将土地发展权与土地所有权进行分割有违反《美国宪法第五修正案》财产权保障相关条款的嫌疑,但是,随着所有权社会化理论的兴起,学界认为将土地发展权与土地所有权加以分割并不违宪。

(4)关于土地发展权与土地管理之间的关系。土地管理法领域的学者将土地发展权视为土地管理制度的有益补充,在维护经济发展与耕地保护、环境保护之间的平衡方面发挥着重要作用。③ 有学者认为,土地发展权移转是对古迹和自然资源

---

① See Pennsylvania Coal Co. v. Mahon, 260 U. S. 393 (1922).
② See Suitum v. Tahoe Regional Planning Agency, 520 U. S. 725 (1997).
③ See Marcus, Norman. From Euclid to Ramapo: New Directions in Land Development Controls, 1 *Hofstra L. Rev.* 56 (1973). See Carlo, Candace. Wright, E. Robert. Transfer of Development Rights: A Remedy for Prior Excessive Subdivision, 10*U. C. D. L. Rev.* 1 (1977). See Delaney, JohnJ. Kominers, William. He. Who Rests Less, Vests Best. Acquisition of Vested Rights in Land Development, 23 *St. Louis U. L. J.* 219 (1979). See Lee. Franklin G.. Transferable Development Rights and the Deprivation of All Economically Beneficial Use: Can TDRs Salvage Regulations That Would Otherwise Constitute a Taking, 34 *Idaho L. Rev.* 679 (1997 – 1998). See Hitchcock, Michael B. Suitum v. Tahoe Regional Planning Agency: Applying the Takings Ripeness Rule to Land Use Regulations and Transferable Development Rights, 28 *Golden Gate U. L. Rev.* 87 (1998). See Juergensmeyer, Julian Conrad, Nicholas, James C, Leebrick, BrianD. Transferable Development Rights and Alternatives after Suitum, 30*Urb. Law.* 441 (1998).

进行保护的一种土地利用管理的技术性手段①。也有学者认为，土地发展权是政府调整土地开发的新手段，表现为政府通过允许土地所有权人在分区规划的总量控制下，自行调整土地开发的密度，可以有效缓解分区规划对土地所有权人造成的"刚性"限制。② 国外土地管理法领域的学者在研究土地发展权时，将这一财产性权利纳入土地管理的制度运行中，强调政府在土地发展权运行中占主导地位，因而具有很强的行政法色彩。

（5）关于土地发展权的市场化。土地经济学领域的学者认同土地发展权作为一项由市场化配置土地资源的方式。托马斯·思德纳认为，土地发展权的创设有助于消除隐含在财产权缺失中的外部性，土地发展权移转克服了传统分区规划的弊端，通过土地发展权移转，土地所有权人可以获得因分区规划被限制而损失的财产利益的补偿，并且土地所有权人共同分摊由此而产生的费用。③ 学者们坚持土地发展权市场化，认同运用市场手段配置土地资源的方式，并指出，政府只有在确有必要的时候才能适当介入土地发展权交易市场。④

2. 国外研究综述

国外关于土地发展权的研究成果主要贡献和进一步研究的

---

① See Daniel Mandelker. Land use law (Forth edition), *Lexis Law Publishing*. 472 (1997).

② See Robert C. Ellickson, Vicki L. Been. Land Use controls: Cases and Materials (Second edition). *Aspen Publishing Inc.* 191 – 192 (2003).

③ 参见（瑞典）托马斯·思德纳《环境与自然资源管理的政策工具》，张蔚文、黄祖辉译，上海三联书店2005年版，第124页。

④ 参见（美）保罗·R. 伯特尼、罗伯特·N. 史蒂文斯《环境保护的公共政策》，穆贤清、方志伟译，上海三联书店2004年版，第54页。

空间主要表现在以下几方面:

(1) 在土地发展权的研究成果中,关于土地发展权法律性质的研究成果较多。学者们主要是以财产权为视角,运用所有权"权利束"等财产权理论分析土地发展权的法律性质。相关的研究成果为本书研究土地发展权是一种新型物权(具有物权性)奠定了基础。

(2) 在土地发展权的研究成果中,关于美国土地发展权运行机理的研究成果较多。学者们关于土地发展权移转、土地发展权银行等运行机理的研究为本书研究我国土地发展权实现的内部运行机制奠定了基础。

(3) 在土地发展权的研究成果中,关于土地发展权与征收、分区规划、土地管理关系的研究成果较多。相关的研究成果为本书研究我国土地发展权实现的外部协调机制(土地发展权与土地用途管制、与土地利用总体规划、与土地征收制度改革动向、与"小产权房"合法化等相协调)奠定了基础。

(4) 在土地发展权的研究成果中,关于国外土地发展权的研究成果居多,鲜有中国土地发展权问题的研究。本书研究重点在于为我国土地发展权问题的解决提供制度设计。

三、研究路径与研究方法

(一) 研究路径

本书依循理论厘定、制度设置的必要性和可行性、制度设计思路和制度运行的逻辑结构,展开论题研究,提出了自己的一些见解,具体研究路径如图1-1所示。

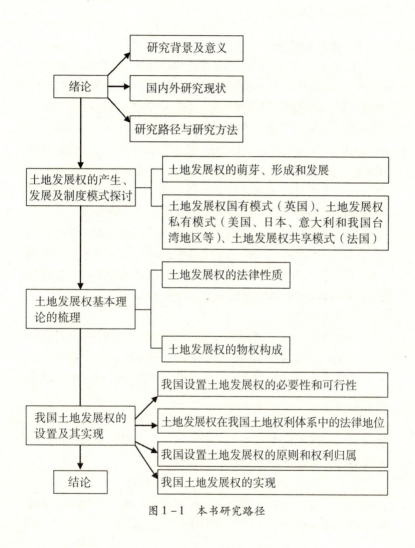

图 1-1 本书研究路径

(二) 研究方法

1. 比较研究法

比较研究方法是对不同法系或者不同国家的法律（制度）进行比较，发现其中之异同以及各自优点和缺点的研究方法。本书在研究问题时多处运用比较研究的方法，具体如下：

（1）运用比较研究的方法分析土地发展权三大实践模式。由于不同国家或地区的具体情况存在差异，因而，土地发展权在不同国家或地区的制度设计并不相同，通过对土地发展权三大实践模式及其所解决的社会问题、所承载的功能进行比较，分析各自的得失成败，有利于我国土地发展权的研究。

（2）运用比较研究的方法分析域外国家或地区的土地发展权三大主体模式。域外国家或地区土地发展权的三种主体模式各具特色，对三者的制度设计和实施效果进行比较，为我国土地发展权权利归属的模式选择提供借鉴。

2. 历史研究法

历史研究方法是通过对历史上的法律（制度）进行纵深考察，发现、归纳和推导事物发展的一般规律，进而把握事物未来发展趋势的研究方法。本书多处运用历史研究方法，具体如下：

（1）运用历史研究的方法分析土地发展权的萌芽、形成和发展，梳理土地发展权的历史脉络，把握土地发展权未来发展趋势，为我国土地发展权的设置作出铺垫。

（2）运用历史研究的方法分析所有权理念由近代个人本位向现代社会本位演变的过程，所有权社会本位理念是土地发展权得以从土地所有权处分离出来的理论基础。

（3）运用历史研究的方法分析民法上"物"的演进过程，

梳理民法上"物"在罗马法、近代法和现代法上的含义及构成要件，把握民法上"物"的未来发展趋势，为开发容量成为土地发展权（物权）客体提供理论支撑。

(4) 运用历史研究的方法分析土地权利的演变过程，具体表现为，罗马法的土地权利具备绝对性和以所有为中心两大特征；近代土地权利则表现为由绝对走向相对、由所有走向利用和由实物走向价值；现代土地权利在继受近代土地权利的基础上有了进一步的突破和创新，表现为由平面走向立体和由静态走向动态。我国设置土地发展权符合土地权利发展的一般规律。

3. 法经济学研究法

法经济学研究方法是运用经济学工具（如效率）来分析法律（制度）的研究方法。在经济学领域，土地发展权是一种产权，与经济生活密切相关，因此，采用法经济学研究方法对相关研究有所助益。

(1) 运用法经济学的方法分析土地发展权的主体。土地发展权作为一种产权，其设置的目的在于，通过产权的明晰以保护资源，防止"公地悲剧"现象的发生。土地发展权国有模式（英国）依循哈丁资源国有化思路，将土地开发容量上设置的财产权（土地发展权）归属国家，由国家统一进行保护；土地发展权私有模式（美国、日本、意大利、我国台湾地区）依循哈丁资源私有化思路，将土地开发容量上设置的财产权（土地发展权）归属土地所有权人，使私人产生保护土地开发容量的动机并承担相应的保护成本；土地发展权共享模式（法国）则依循资源混合产权思路，将土地开发容量私有化和国有化合于一体。

(2) 运用法经济学的方法分析我国设置土地发展权的原

则。运用效率、公平等经济学的工具分析土地发展性利益（土地增值利益）的分配问题。我国土地发展权的设置应当既实现效率，又保证公平，即将坚持效率和公平的辩证统一作为设置土地发展权的原则之一。

4. 法解释学研究法

梁慧星先生认为，法学之所以是科学，一个很重要的原因是其特有的研究方法，即法解释学的方法，包括狭义（如文义解释方法）和广义（如目的性扩张）两种。[①] 本书多处运用法解释学的方法，具体如下：

（1）运用法解释学的方法分析土地发展权的客体。对《中华人民共和国物权法》（以下简称《物权法》）第二条第二款、第四十七条和第五十条进行文义解释，分析指出，整部《物权法》都是围绕着"物"而构建的，虽然《物权法》对"物"没有进行直接的定义，但相关的条文既涉及有体物，又涉及无体物。

（2）运用法解释学的方法分析我国农民集体与集体成员（农民）之间的关系。对《物权法》第五十九条进行文义解释，分析指出，我国农民集体与集体成员（农民）之间是一种总有关系，即农民作为集体组成成员和土地使用者享有土地发展权的使用和收益权能，而对土地发展权的处分或管理则需要由集体成员共同决定。

（3）运用法解释学的方法对土地发展权能否成为担保物权标的进行分析。对《物权法》第一百八十条、第二百二十三条进行文义解释，从担保方式的选择（抵押或质押）和公

[①] 参见梁慧星《法学学位论文写作方法》（第二版），法律出版社2012年版，第83～84页。

示方式的选择（登记或交付）方面，为土地发展权成为担保物权标的提供理论支撑。

（4）运用法解释学的方法分析如何将土地发展权纳入我国物权程序法体系。对《不动产登记暂行条例》第五条、第六条、第八条、第十四条至第二十二条进行文义解释，从登记范围、登记机关、登记程序、登记效力和登记簿五个方面，为土地发展权纳入我国物权程序法体系提供理论支撑。

第二章 域外土地发展权的产生、发展及其制度模式

任何一项具体权利的产生都有其客观必然性,土地发展权亦不例外。探寻土地发展权的产生、发展及其制度模式有利于揭示土地发展权发展的一般规律,有助于我们对土地发展权本质和其所承载功能的认知,有助于我们对土地发展权准确的理解和把握,进而为我国土地发展权的设置提供可资借鉴的经验。

一、土地发展权的萌芽、形成与发展

"考察每个问题都要看某种现象在历史上怎样产生、在发展中经过了哪些主要阶段"①。土地发展权在历史上大体经历了三个阶段,即萌芽阶段、形成阶段和发展阶段。

(一) 土地发展权的萌芽

土地发展权的观念萌芽于英国改善金(Betterment Levies)制度。从严格意义上而言,英国的改善金制度与土地发展权并不完全相同,但是,该制度首次关注土地发展性利益问题,向

---

① 中共中央马克思恩格斯列宁斯大林著作编译局:《列宁选集》第4卷,人民出版社1995年版,第26页。

因政府规划或公共工程而使地产有所增值的受益者收取一定费用,这种观念在一定程度上影响了英国土地发展权的产生,因而可以认为英国土地发展权的观念萌芽于改善金制度。

早在中世纪,英国政府就构想向因规划而获得发展增益的土地所有权人收取一定比例的费用,即改善金,1531 年颁布的《下水道法案》(Statute of Sewers)首次将此构想付诸实施,它授权政府向因海防等工程而直接受益者收取一笔税金。《1662 年法案》授权政府向因伦敦街道扩宽工程而间接受益者收取一笔费用,1667 年《伦敦重建法案》(The Act for the Rebuilding of London)授权政府向因伦敦大火重建工程而间接受益者收取一笔费用。① 英国政府于 1909 年(The Housing, Town Planning, Etc. Act of 1909)和 1932 年(Town and Country Planning Act of 1932)颁布的法案规定了现代意义上的改善金制度②,即土地的使用性质决定土地的价值,因政府规划而获得地产增值的受益者应当向地方政府支付一笔费用,即"改善金"。

20 世纪上半叶,随着英国城镇化进程的快速发展,城市区域不断扩大,伴随而来的土地利用无序化和土地发展性利益分配等问题亟待解决。为了解决上述问题,英国政府相继于 1940 年公布《巴罗报告书》(Barlow Report)、1942 年公布

---

① See Owen Connellan, Nathaniel Lichfield. Great Britain. *The American Journal of Economics and Sociology*. 239 – 257 (2000).

② 参见(英)巴里·卡林沃思、文森特·纳丁《英国城乡规划》(第 14 版),陈闽齐等译,东南大学出版社 2011 年版,第 267 页;陈柏峰《土地发展权的理论基础与制度前景》,载《法学研究》2012 年第 4 期。

《斯科特报告书》(Scott Report)和《厄思沃特报告书》(Uthwatt Report),分别是有关产业、人口、保护田园和土地征用的研究报告,对英国土地开发利用法律制度的建立起了很大作用,特别是《厄思沃特报告书》的许多成果和建议,对英国土地征收制度方面的改革起了关键作用。例如,《厄思沃特报告书》就改善金制度进行深入分析并指出,改善金制度无法发挥其效用以满足社会现实的需要,因为无法有效判断规划行为在多大程度上影响土地的价值。该报告指出,土地用途管制不会对土地的总价值造成影响,只是产生价值的移转,即禁止开发的土地价值下降,而允许开发的土地价值上升。为避免此种不公平现象的产生,该报告引入土地发展权概念并建议对所有未开发的土地,以1939年3月31日的价格为基准,把土地发展权收归国有,[①]以此来解决城市化进程中土地发展性利益的分配与归属问题。

(二) 土地发展权的形成

人类土地权利发展史表明,土地权利体系是一个开放的系统,随着经济社会发展而不断变化,在这个动态变化过程中,新兴的土地权利不断涌入,陈旧的土地权利则被剔除[②]。土地发展权作为一种新兴土地权利,正是在特定的时代背景下,为因应经济社会发展而产生的。

[①] 参见惠彦、陈雯《英国土地增值管理制度的演变及借鉴》,载《中国土地科学》2008年第7期。

[②] 例如,我国台湾地区2010年新修正的"物权法"将永佃权予以删除,其主要原因是,永佃权已经不符合现代社会发展的现状。参见王泽鉴《民法物权》(第二版),北京大学出版社2010年版,第313~314页。

第二次世界大战后,英国政府迫于国家重建的压力,逐渐认识到土地资源的重要性,并开始重视对土地发展性利益的保护,包括土地使用性质改变产生的土地发展性利益和土地利用集约度提高产生的土地发展性利益。而对土地发展性利益进行调整的最优方式是将该种利益法律制度化。因此,1947年英国在修改《城乡规划法》(*Town and Country Planning Act*)时采纳了《厄思沃特报告书》关于设置土地发展权的研究成果,以正式法律文件的形式建立土地发展权制度。从英国土地发展权制度内容来看,英国1947年《城乡规划法》中的土地发展权是一种可与土地所有权相分离而单独处分的财产权。所谓土地发展权,就是土地变更为不同性质使用,如由农用地变更为非农用地,或提高土地原有利用集约度之权。创设土地发展权后,其他一切土地的财产权或所有权是以目前已经编定的正常使用的价值为限,换言之,土地所有权的范围,以现在已经依法取得的既得权利为限,至于此后变更土地使用类别则由土地发展权所决定。①

土地发展权在英国的正式法律制度中的确立,标志着这一土地权利的新品种正式登上历史舞台,意味着土地权利的设置开始由静态走向动态,土地权利体系因应经济社会发展的需要,凸显出土地权利体系的时代特性。

(三) 土地发展权的发展

土地发展权在英国形成后,逐渐被世界上许多国家或地区

---

① 参见柴强《各国(地区)土地制度与政策》,北京经济学院出版社1993年版,第105～106页。

的立法所借鉴并进行本土化，土地发展权因而获得了巨大发展。

美国在土地发展权发展过程中发挥巨大作用，甚至可以认为，美国关于土地发展权的制度设计和实践操作将土地发展权推向了一个高度。20世纪初的美国，经济高速发展，城镇化进程加快，城市周边大量的农地流失，为了解决上述问题，美国政府开始实施土地用途管制，但效果并不明显，原因在于该制度缺乏激励机制和灵活性，主要表现在，政府要求农地所有者按照规划不得对土地加以开发，但并没有给予农地所有者以经济补偿。农地所有者认为，政府的土地用途管制不仅使他们承受了不公平的负担，而且侵犯了他们的财产权。为了弥补传统土地用途管制的缺陷，美国于20世纪60年代引入土地发展权概念，但与土地发展权起源地——英国的做法所不同的是，"在美国，从来就没有实施过'土地发展权国有'"[①]，美国的土地发展权归土地所有者，是土地所有权"权利束"中的一种，是一种可以与土地所有权相分离的独立财产权。美国的土地发展权制度具体包括三个方面内容：一是土地发展权移转；二是土地发展权征购（Purchase of Development Right，简称PDR）；三是土地发展权银行。

法国在第二次世界大战后的20多年里，城镇化进程快速推进，由此产生地价飞涨、城市居住环境变差、土地发展性利益分配不公等一系列问题，为了解决上述问题，法国于1975年设立了被学者称为土地发展权的法定上限密度，以容积率为

---

① See Edward H. Ziegler. Transfer Development Rights and Land Use Planning in the United states. *The Liverpool Law Review*. 147 – 148（1996）.

量化标准将土地发展权（在法国法上称为建筑权）划分为法定土地发展权和增额土地发展权。法定上限密度内的土地发展权为法定土地发展权，归属于土地所有者；超过法定上限密度的土地发展权为增额土地发展权，归属于国家（地方政府）。土地所有者可以超过法定上限密度开发土地，但应当向国家（地方政府）购买相应的增额土地发展权。

日本设立了未利用容积的利用权（土地发展权），虽然日本未利用容积的利用权（土地发展权）的设置主要参考美国土地发展权移转，但与美国不同，日本法中的未利用容积的利用权（土地发展权）并未与空间权分离，而美国法则将土地发展权与空间权相分离。

意大利自 1990 年起，为了解决在土地资源配置过程中传统的政府命令与控制（分区规划）方式的不足，开始引入市场机制，实施土地发展权移转。意大利的土地发展权归属于土地所有者。意大利的土地发展权移转分为两种模式：其一，城市范围内的所有土地都参加土地发展权移转，并且被相应地划分为发送区和接受区；其二，城市范围内的部分土地参加土地发展权移转。[1]

我国台湾地区在借鉴美国土地发展权制度，主要是借鉴美国土地发展权移转制度的基础之上，于 1998 年发布《古迹土地容积移转办法》，该文件成为我国台湾地区关于土地发展权最早的法规文件。在此基础上，我国台湾地区"内政部"营建署于 1999 年颁布了《都市计划容积移转实施办法》，并分

---

[1] See Ezio Micelli. Development Rights Markets to Manage Urban Plans in Italy. *Urban Studies.* 141-154（2002）.

别于 2001 年、2002 年、2004 年、2009 年和 2010 年对该办法加以修正，标志着我国台湾地区的土地发展权制度已形成基本框架。

综上所述，土地发展权自 1947 年英国《城乡规划法》修订产生以来，已经在世界范围内获得了巨大发展，受到理论界和实务界的广泛关注，成为土地权利体系的重要组成部分。上述土地发展权产生与发展的客观事实表明：一方面，土地发展权具有极大的理论价值和实践意义；另一方面，揭示了土地权利体系的开放性以及土地权利所具有的时代性。

二、土地发展权的制度模式

土地发展权在域外国家或地区的制度设计可以总结为三大模式，即土地发展权国有模式（英国）、土地发展权私有模式（美国、日本、意大利、我国台湾地区等）和土地发展权共享模式（法国）。

（一）土地发展权国有模式

实行土地发展权国有模式的国家基于"涨价归公"的理念，将土地发展权归属于国家所有，土地开发者需要向国家购买土地发展权才能对土地进行开发。英国实行该模式。

1947 年英国首次在立法层面将土地发展权与土地所有权相分离，并将土地发展权界定为一项可单独处分的财产权，归国家所有。英国政府基于"涨价归公"的理念，将土地发展权归国家享有，土地开发者（包括原土地所有权人）① 如果开发土地，必须向国家购买相应的土地发展权，土地发展权被私人购得后即属于私人之财产权。②

由于英国工党和保守党执政理念有所冲突，英国土地发展权国有制度随着两个党派的更替而不断变动，大致分为以下四个阶段：

第一阶段：1947—1952 年。1945 年英国工党击败保守党成为英国执政党，为解决"二战"后土地开发问题，工党政府于 1947 年修订《城乡规划法》，设置土地发展权制度。私

---

① 英国土地制度是一种保有制，形成于 1066 年诺曼征服，由征服者威廉自欧洲大陆引入英国。在保有制下，英王是全部土地的所有者，他将土地分封给大贵族以换取大贵族对英王的效忠，大贵族作为领主将其领地再次分封给小贵族，以此种分封方式直至最底层的佃农。实际掌握土地者叫持有人而非所有人，享有的是一种保有权而非所有权。在 1925 年英国财产法改革前，土地持有人享有保有权的同时，还应当承担相应的义务（包括人身义务和财产义务）。有学者指出，英国的保有制与古日耳曼法的上下级土地所有权相似。亦有学者指出，英国的保有制与古罗马法上的"行省土地所有权"相似。随着 1925 年英国财产法的改革，土地持有人所承担的封建义务被荡涤一清，国王享有的土地所有权变为领土主权而不具有任何私法上的实质意义，土地持有者转身成为实质意义上的土地所有权人，这也意味着英国保有制的名存实亡。参见汪洋《罗马法"所有权"概念的演进及其对两大法系所有权制度的影响》，载《环球法律评论》2012 年第 4 期。参见梅夏英《财产权构造的基础分析》，人民法院出版社 2002 年版。参见（美）约翰·梅利曼《所有权与地产权》，赵萃萃译，载《比较法研究》2011 年第 3 期；王卫国《中国土地权利研究》，中国政法大学出版社 1997 年版；吴一鸣《英美物权法》，上海人民出版社 2011 年版；厉以宁《罗马－拜占庭经济史》，商务印书馆 2006 年版。

② 例如，苏志超先生指出，私人依法取得土地发展权之后，该权利即属于私人之财产权。任何他人对于此项财产权如有侵害时（包括降低原使用等级或集约度），应给予损害赔偿。参见苏志超《比较土地政策》，五南图书出版有限公司 1999 年版，第 519 页。

人土地所有者如果想对土地进行开发，必须向国家购买特定的土地发展权，购买土地发展权的价格为全部土地发展性利益，具体的计算方法为土地开发后之价值减去土地开发前之价值。

这一阶段，英国土地发展权国有制度实施得并不算成功，具体表现为实行土地发展权国有化后土地市场几乎完全处于停顿状态，原因在于，在经济上，私人开发土地需购买土地发展权，土地开发成本大幅上升，致使土地的市场价格大幅上涨，同时，由于私人土地所有者需将全部土地发展性利益归于国家以作为购买土地发展权的对价，私人失去了对土地进行开发的经济动因；在政治上，实行土地发展权国有化后导致私人土地所有者无法获得土地发展性利益，严重损害了保守党和地主的利益，因此，工党政府受到猛烈抨击。随着保守党于1951年击败工党成为英国执政党，1947年《城乡规划法》自然难逃被废止的命运，最终，保守党政府于1952年12月将1947年《城乡规划法》予以废止。在1947年《城乡规划法》实施期间，私人因购买土地发展权仅向工党政府支付了约8600万英镑，由此可见，这一期间英国的土地开发受到了较大冲击。

第二阶段：1967—1970年。1964年工党成为执政党并于1967年通过了《土地委员会法》（Land Commission Act）。该法案与1947年《城乡规划法》相似，规定土地发展权归国家享有，土地所有权人只有向国家购买该权利以将其变为私人财产权才能开发土地，所不同的是购买土地发展权的价格有所变化，不再是全部土地发展性利益，而是降低为土地发展性利益的40%，即购买土地发展权的价格＝40%×（土地开发后之价值－土地开发前之价值）。该法案于1967年4月6日正式生效，虽然购买土地发展权的价格有所降低，但是私人开发土地的动力并未有显著提升，英国工党政府预计1967年可收取的土地发展权购买金约为8000万英镑，实际上却只收到大约1500万英镑，次年也只收到大约3200万英镑。可见，相较于1947年《城乡规划法》，1967年《土地委员会法》实施的土地发展权国有并未有多大起色，英国社会对该法案的评价也不高，因而，该法案与1947年《城乡规划法》的命运相同，保守党于1970年击败工党上台执政，并于当年将1967年《土地委员会法》予以废止。

第三阶段：1976—1985年。工党于1974年击败保守党上台执政，就土地发展权的立法进行第三次尝试，并于1976年出台《土地发展税收法案》（The Development Land Tax Act）。与前两次立法不同，此次法案是由保守党内阁提议，并于1976年8月正式生效。该法案依旧坚持土地发展权归国家享有，土地所有权人只有向国家购买该权利以将其变为私人财产权才能开发土地，不过购买土地发展权的价格与前两次立法不同，规定为土地发展性利益的80%，即购买土地发展权的价格=80%×（土地开发后之价值－土地开发前之价值），并计划逐渐上升至100%。由于没有实质性改变，该法案的实施效果仍旧不理想，并在实施过程中遭到严重抵制。随后土地发展权的价格下调为土地发展性利益的60%。1983年，保守党上台执政，并于1985年出台《财政法案》（Finance Act），《土地发展税收法案》同时废止。

第四阶段：1990年至今。由于经济社会快速发展，土地价格不断上升，巨大的土地发展性利益被私人土地所有者获得。尽管与工党执政理念不同，但是基于上述事实，保守党逐渐认同土地发展权初始归属于国家，即"涨价归公"的理念，并于1990年出台新《城乡规划法》（Town and Country Planning Act）。该法案规定土地发展权初始归属于国家，私人土地所有者需向国家购买土地发展权以将其变为私人财产权后才能开发土地，所不同的是土地发展权的价格和购买方式不同于前三次立法。在前三次立法中，土地发展权的购买方式为私人土地所有者将土地发展性利益以发展税的方式支付给国家，土地发展权的价格为百分比×（土地开发后之价值－土地开发前之价值）。1990年《城乡规划法》将议价机制作为私人购买土地发展权的基本方式，同时，私人购买土地发展权的对价主要表现为承担一定的规划义务（Planning Obligation）。

土地发展权议价机制是指私人土地所有者或开发商与政府作为买卖土地发展权的双方当事人，彼此之间通过讨价还价的方式进行谈判以达成买卖协议的机制。可见，英国的土地发展权作为一项财产权，虽然初始归属于国家，但国家将其转让给私人土地所有者或开发商的过程表现为平等主体之间的讨价还价，即国家此时是以市场主体的身份而非以公权力机关的身份参与土地发展权交易，体现的是一种平等协商的关系。

私人土地所有者或开发商购买土地发展权的价格为承担一定的义务，1990年《城乡规划法》第一百零六条对此有详细规定。义务的具体形式多种多样，包括私人土地所有者或开发商购买土地发展权时可以支付现金、出让某种权益或者承担某些基础设施的建设等，其中基础设施的建设主要包括建造经济适用房、交通设施、学校、公共图书馆、运动设施、宗教设施、博物馆、公共剧院等。因为私人土地所有者或开发商与政府在买卖土地发展权时采用议价机制，因此，土地发展权的对价在不同个案中的表现形式有较大差异，具体的形式主要取决于个案的具体状况和交易双方的谈判能力。①

土地发展权议价机制在实践中也存在一些问题，比如由于机制的透明度不够容易滋生政府寻租现象、双方讨价还价时间较长产生一定的谈判成本等。针对这些问题，英国政府不断加以改进和完善，取得了一些成果。

综上可知，英国土地发展权国有自创设以来由于受党派纷争等因素的影响几经波折，具体分为上述四个阶段。值得注意的是，不管经济社会如何发展变化，英国将土地发展权作为一项可与土地所有权相分离的独立财产权并将其初始归属于国家的理念一直没有变化，即使是在20世纪80年代撒切尔政府施行私有化期间，也未将土地发展权初始归属于私人土地所有者。坚持和贯彻"涨价归公"理念、试图实现绝对公平是英国坚持将土地发展权归属于国家的缘由。

但是，英国政府追求绝对公平的理念属于理论上的自说自话，在实践中并不成功，究其原因，政党纷争的影响不应忽视，但更为重要的是，一方面，土地发展权初始归属于国家的做法不符合财产权理论，私人土地所有者认为政府与民争利，侵犯了他们的财产权，纷纷加以抵制；另一方面，英国土地发展权国有的价值取向只关注公平，而忽视了效率，这显然是与市场经济运行所追求的价值相违背。从英国政府将议价机制引入土地发展权国有来看，其显然已经认识到上述问题。作为土地发展权的发源地，英国的土地发展权国有将何去何从值得我们关注。

---

① See Lynne Franklin, Clive Read. Making development pay: section 106 agreements and the planning gain supplement, *Martineau Johnson*, 2006.

（二）土地发展权私有模式

土地发展权私有模式是国家基于"涨价归私"的理念，将土地发展权归属于土地所有者，土地所有者可以处分该财产权或在符合规划许可的前提下将该财产权用以土地开发的模式。美国、日本、意大利和我国台湾地区等实行该模式，具体分解如下。

1. 美国

美国虽然属于英美法系，但是美国的包括不动产法在内的财产法制度却继受了罗马法，土地所有权的范围"上达天宇，下及地心"，"谁拥有了土地，谁就拥有了天空和地下"。[1] 这种所有权绝对理念在相关案例中得以体现，例如，在1586年布里诉蒲柏（Bury v. Pope）一案中，当土地所有权与相邻地采光权发生冲突时，法官优先保护土地所有权。[2] 肯特法官（Chancellor Kent）在《美国法律评述》（*Commentaries on American Law*）中认为，土地所有权及于土地之上下而无所限制。[3] 正是受所有权绝对理念的影响，在美国早期的城市化进程中，土地所有权人可以行使权利而不受任何限制，由此造成城市迅速向外扩张、大量农用地流失的严重后果。

为了解决上述存在的问题，美国政府早在20世纪20年代

---

[1] See W. Barton Leach. *Property Law*, Talks on American law, 237–249.

[2] See Parker&Edgartonv. Foote, 19 Wend. 309 (1838).

[3] See Kent. Commentaries on American Law, Vol. 11. 402 (1892). See John Cobb Cooper. Roman law and The Maxim CUJUSEST SOLUM in The International Law, 1 *McGill L. J.* 23, 60 (1952). 肯特法官在美国享誉盛名，号称"美国的布莱克斯通"。

就开始实施土地用途管制，运用警察权实行土地分区规划。①依据警察权理论，在规划管制区内，土地所有权人权利的行使受到限制，并且就其因规划所受的损失不得向政府请求赔偿。土地所有权人认为，分区规划违反《美国宪法第五修正案》及《美国宪法第十四修正案》。美国最高法院对此的态度摇摆不定，例如，1926 年，在欧几里得诉琥珀地产有限公司（Euclid v. Amber Realty Co.）一案中，美国最高法院认为政府分区规划合法且属于警察权的行使，因此，政府无需对财产权人进行补偿。② 但在 1928 年，美国最高法院又持相反态度。1962 年，在戈德布拉特诉斯特德（Goldblatt v. Hempstead）一案中，美国最高法院转而又认同政府分区规划行为合法且属于警察权的行使。③

美国分区规划不仅在理论上存在诸多争议，而且在实践运行中也未能达到预期效果，表现在农地流失状况仍然非常严重。例如，在采取土地用途管制较早的新泽西州，农地仍以每年 1 万英亩的速度减少。马里兰州的蒙哥马利县（Montgomery County），到 20 世纪 60 年代末仍然失去了 18% 的农地。并且，美国农地流失不仅仅体现在面积减少方面，而且体现在农用地越来越被分割成小块土地而无法形成规模效应和优质耕地大量

---

① 警察权源自国家主权，是政府基于维护公共安全、健康、道德及提高一般福利而享有的权力。警察权与征收权的区别，学界有两种界定方式，其一，有害原则。警察权行使的目的在于消除财产权有害行使给公众造成的侵害，而征收权的行使是为了满足基于公共利益而使用财产的需要。其二，有无补偿原则。警察权的行使无需对造成的财产损失加以补偿，而征收权的行使则必须给予补偿。

② See Euclid v. Amber Realty Co., 272 U.S. 365, 388 (1926).

③ See Goldblatt v. Hempstead, 369 U.S. 590 (1962).

减少方面。① 美国土地分区规划失效的主要原因有三个：其一，土地所有权人认为政府规划行为侵害了他们的财产权，并进行抵制；其二，分区规划过于僵硬而缺乏一定的灵活性，无法满足实践的需要；其三，土地所有权人常常利用自己的影响干扰政府规划的制定，导致政府权力寻租现象的发生。

为了弥补土地分区规划的不足，美国政府于20世纪60年代引入土地发展权概念，并将其本土化。美国土地发展权的基本理念是，土地产权并非单一而不可分割，土地上存在权利束，权利束中的任一权利都可与其他权利相分离而单独处分。

美国土地发展权制度由三个部分组成：其一，土地发展权购买制度；其二，土地发展权移转制度；其三，土地发展权银行制度。

（1）土地发展权购买制度。土地发展权购买制度的主要内容为美国州政府及地方政府出资向土地所有权人购买土地发展权。政府获得土地发展权后一般不会开发土地，土地所有权人出卖土地发展权后仍旧享有土地所有权，可以依现状使用土地，但不再享有开发土地的权利。土地发展权购买的资金主要来源于政府财政支出，少量来源于私人或非营利组织的捐赠。土地发展权购买制度设立之初的目的在于保护城市周边的优质农田，随着该制度的进一步实施，其目的也呈现多元化，包括保护历史古迹、保护环境敏感地带以及保护开敞空间等。土地发展权购买制度由纽约市的萨福克县（Suffolk county）于1974

---

① 参见刘国臻《论美国的土地发展权制度及其对我国的启示》，载《法学评论》2007年第3期。

年首次实施,① 随后,马里兰州、康乃狄克州、新泽西州、马萨诸塞州和宾夕法尼亚州等也相继实施该制度。②

土地发展权购买制度主要由地方政府运作,联邦政府仅向地方政府提供部分资金援助,其他运作并不参与。例如,联邦政府于 1990 年通过的《农场发展法》(*Farms for the Future Act*) 规定,由联邦政府设立土地发展权专项基金,每年向地方政府援助 1000 万美元用于购买土地发展权。土地发展权买卖制度运作机制在于,虽然土地发展权购买的双方当事人是地方政府与私人土地所有者,但地方政府是以市场主体而非公权力机构的身份参与其中,这与土地征收存在本质区别。在土地征收中,政府是以公权力机构的身份参与,这就决定了土地征收行为的强制性,换言之,土地征收的实施不需要征得被征收方的同意。土地发展权购买是建立在意思自治及平等自愿基础之上的,这就决定了土地发展权购买的非强制性,即土地发展权购买需要征得土地发展权人的同意。在美国,土地发展权归属原土地所有权人所有,土地所有权人与土地发展权人是竞合的。所以,地方政府向私人土地所有者购买土地发展权,也就是向原土地所有权人购买土地发展权。

---

① 萨福克县 (Suffolk county) 于 1975 年 2 月顺利完成第一次购买工作。总共有 383 块土地的所有权人愿意出售土地发展权。政府购买土地发展权对应的土地面积约有 17000 英亩,购买总价金约为 1.17 亿美元,土地发展权的单价为每英亩 4000~20000 美元不等,平均价格约为每英亩 6900 美元,参见苏志超《比较土地政策》,五南图书出版有限公司 1999 年版,第 581 页; See Mark R. Rielly. Evaluating Farmland Preservation through Suffolk County, New York's Purchasable of Development Rights Program, *Environmental Law Review*. (2000).

② See Jess M. Krannich. A Modern Disaster: Agricultural Land, Urban Growth, and the Need for a Federally Organized Comprehensive Land Use Planning Model, *Cornell Journal of Law and Public Policy*. (2006).

土地发展权买卖建立在双方合意基础之上的制度设计，可以从其具体操作过程得到体现。美国各地土地发展权购买的具体操作过程大体而言包括以下四个步骤：

第一步：土地所有权人向地方政府表明其想出售土地发展权的意愿（也存在地方政府向土地所有权人发出要约的情形），随后地方政府就该块土地进行考察。

第二步：土地所有权人与地方政府就土地发展权价格进行协商，也可以委托专业评估机构进行评估或者参照基本公式进行评估。专业评估机构评估土地发展权价格一般根据土地的利用条件，评估最佳用途收益和现状收益之间的差值，并将其作为土地发展权的价格，该价格一般约为土地市场价值的 1/2～2/3。①

第三步：土地所有权人与地方政府协商达成合意后签订土地发展权购买协议。

第四步：经土地所有权人与地方政府签字的协议需要进行备案。

在土地发展权购买过程中，遵守契约精神，土地所有权人和地方政府都享有一定的权利并承担相应的义务。土地所有权人的权利具体为，可以向地方政府请求支付购买费用和依土地原使用性质继续使用土地；土地所有权人的相应义务是，向地方政府让渡土地发展权，在继续使用土地过程中不得变更土地使用性质。地方政府的权利是：向土地所有权人请求让渡土地发展权；地方政府的相应义务是，向土地所有权人支付购买土

---

① See U. S. Department of Agriculture, Soil Conservation Service. *National Agriculture Land Evaluation and Site Assessment Handbook*. Washington, D. C.: U. S. Department of Agriculture. (1983).

地发展权对价。①

土地发展权购买制度在具体实施过程中主要有两种方式：其一，地方政府在实行土地分区规划的基础上实行土地发展权购买；其二，地方政府不实行土地分区规划，单独实行土地发展权购买，土地所有者的参与完全出于自愿。② 以宾夕法尼亚州土地发展权购买制度为例，该州于 1987 年开始实施土地发展权购买制度，州政府向农业保护区的农地所有者发出购买土地发展权的要约，有意愿出售土地发展权的农地所有者需要与政府签订一份有具体期限（分为 25 年和永久两种）的土地发展权购买合同，并且该土地发展权购买合同签订后需要到地方政府的农业部门进行备案登记。土地发展权在合约期内属于地方政府，而土地所有权人不管是将该块土地供自己继续使用或出售给他人，都无权变更土地使用性质。宾夕法尼亚州土地发展权购买的初始资金主要来源于地方公债，后来该项目的资金来源已经多元化，包括联邦财政拨款、州议会拨款等。③

土地发展权购买制度功效主要表现在如下几个方面：

第一，能够有效地利用土地资源。在土地发展权购买制度产生之前，美国地方政府为保护优质耕地，通常采用高价购买土地所有权的方式进行，而且地方政府获得土地所有权后一般

---

① See Mark W. Cordes. Fairness and farmland preservation: A response to professor Richardson, *Journal of Land Use and Environmental Law*. (2005).

② 参见相蒙、于毅《美国农地利用规划中农地发展权国家购买制度述评》，载《世界农业》2012 年第 2 期。

③ See Tom Daniels. The Purchase of Development Rights, Agricultural Preservation and other Land Use Police Tools: The Pennsylvania Experience, in D. P. Ernestes, D. M. Hick (eds.). Increasing Understanding of Public Problems and Policies: Proceedings of the 1998 National Public Policy Education Conference, Oak Brook, IL. US: *Farm Foundation*. 33 – 44 (1998).

不行使权利,从而使得土地被闲置,未能物尽其用,造成土地资源的浪费。在土地发展权购买制度实施后,地方政府为保护优质耕地只需要购买土地发展权,土地所有权人在转让土地发展权后,仍然可以依原状继续使用土地,土地资源得以有效利用。

第二,易于实行。经验表明,基于所有权优越的心态,财产权人对所有权极为重视,对涉及所有权处分时都比较保守和慎重,地方政府以高价购买土地所有权的方式保护优质耕地,往往要付出高昂代价。然而,地方政府购买土地发展权则比购买土地所有权付出的代价少,而且地方政府购买土地发展权采用等价有偿机制,而非强制购买,易于实行。

第三,充分发挥契约精神。地方政府购买土地发展权采用合同形式,在签订土地发展权购买合同之后,土地所有权人履行合约的积极性非常高,几乎不存在违约现象。

土地发展权购买制度颇受美国地方政府的青睐,据统计,有23个州已经实施土地发展权购买制度。美国有200多万英亩的优质耕地是通过土地发展权购买制度获得保护的。

当然,土地发展权购买制度也存在一些有待改进之处,例如,土地发展权购买制度的实施要求地方政府提供大量资金(其中主要资金来源于财政支出,少量资金来源于非营利机构等民间组织的捐赠),增加了地方政府的财政负担。土地发展权购买是以土地所有权人的自愿为前提,土地发展权购买合同的达成需要双方的合意,由于没有强制性,就会产生诸如如何确保土地所有权人自愿签订土地发展权购买合同、如何确保土地发展权购买合同到期后土地所有者愿意续约等问题。为了克服上述不足之处,美国地方政府对土地发展权购买制度往往不单独实施,而是与土地发展权移转制度和土地发展权银行制度合并实施。

(2) 土地发展权移转制度。土地发展权移转制度是运用市场手段,实现土地发展权在不同市场主体之间流转,该制度在土地所有权人与土地开发者之间构建起交易平台。美国学者杰拉尔德·劳埃德(Gerald Lloyd)于1961年首次提出土地发展权移转之构想。该制度于1968年纽约市修正《地标保护法》(Landmarks Preservation Law)时首次实施。

1968年,纽约市允许地标建筑物的所有权人将其未使用的容积率移转至其他土地上(该土地不要求与地标建筑物相邻,并且该土地所有者可以与地标建筑物所有人不同),地标建筑物的所有权人通过容积率移转可以获得一定的经济利益,既可减少所有权人的抵触,又可有效地保护历史文化遗产。[1]1968—1970年,纽约市有将近300个地标建筑物可以转让土地发展权。[2]

纽约市土地发展权移转制度实施之后,引起美国社会的广泛讨论。美国学者约翰·考斯通(John J. Coston)认为,纽约市土地发展权移转制度存在两大缺陷,即限制条件多和市场不够充分,并针对以上缺陷创设了芝加哥计划(the Chicago Plan)。该计划指出,应该设立土地发展权发送区(Sending Areas),在该发送区内,土地所有权人可以自由移转土地发展权而不必受到过多限制。同时,该计划还指出,应该设立土地发展权银行,以解决市场不充分问题。当市场对土地发展权没有需

---

[1] See Development Rights Transfer in New York City, 82 *Yale L. J.* 351 – 352 (1972 – 1973).

[2] See Michael Kruse. *Constructing the Special Theater Subdistrict: Culture, Politics, and Economics in the Creation of Transferable Development Rights.* 103.

求时，土地发展权银行可以购买土地发展权；而在市场对土地发展权过度需求时，土地发展权银行可以出售土地发展权。①

约翰·考斯通的上述计划后来逐渐被美国地方州采纳并实施。

自纽约市首次实行土地发展权移转制度以来，美国许多州都纷纷效仿，取得了较好效果。20 世纪 70 年代，美国有 11 个州总共约 20 多个土地发展权移转项目得以实施；20 世纪 80 年代，美国有 19 个州总共约 60 多个土地发展权移转项目得以实施；20 世纪 90 年代，美国有 13 个州总共约 40 多个土地发展权移转项目得以实施。② 至 2007 年，美国有 33 个州总共 181 个土地发展权移转项目得以实施。③ 由于美国各地情况不同，各地实施土地发展权移转的目的也有所不同。例如，纽约市为保存古迹，允许古迹所有权人可以出售其不能自行开发之土地发展权给其他需要建筑而无土地发展权的土地所有权人。新泽西州为保存农用地和开放空间，设立土地发展权交易市场，不能实施开发的土地所有权人，通过出售土地发展权给其他可以实施开发土地者以获得对价，而可实施开发土地的土地所有权人，必须向保存土地作农用地或开放空间的土地所有权人购买土地发展权，以作为较高密度开发的前提条件。马里兰州和弗吉尼亚州利用土地发展权移转制度辅助土地规划管制，一切允许开发

---

① See John J. Costonis. Development Rights Transfer: An Exploratory Essay, 83 Yale L. J. 75（1973 – 1974）.

② See Rick Prutez. Beyond Taking and Giving Saving Natural Areas, Farmland, and Historic Landmarks with Transfer of Development Rights and Density Transfer Charges, Arje Press. 35（2003）.

③ See Rick Pruetz, FAICP, Erica Pruetz. Transfer of Development Rights Turns 40. American Planning Association Planning &Environmental Law. 3 – 11（2007）.

的私有土地，都将指定一定数量的土地发展权，土地所有权人必须具有足够数量的土地发展权才能实行开发，土地所有权人一旦出售土地发展权，将不能开发其土地，除非他再度买回足够数量的土地发展权。①

美国在建立土地发展权制度之前，主要依靠土地分区规划公法性制度来实现土地资源的有效利用，其效果并不理想。为了改变传统公法制度的不足，美国政府建立土地发展权制度，在土地资源利用方面形成了私法与公法的双轨机制，取得了较大成功。而这种双轨机制在土地发展权移转制度与分区规划制度方面体现得最为明显。在土地发展权移转制度实施之前，政府依分区规划确立适合开发区和不适合开发区。适合开发区一般是城市中心或者是未来城市的发展区，上述区域为土地发展权移转的接受区（Receiving Areas）；而不适合开发区一般是农业地区、环境敏感地区、开敞空间和历史建筑物保护区等，上述区域为土地发展权移转的发送区。

土地发展权移转制度的运行具体表现为，发送区的土地所有者将其土地发展权在市场上转让给接受区的土地所有者，发送区的土地所有者在土地发展权转让后只能依现状使用土地，而没有继续开发之权利，而接受区的土地所有者购买土地发展权后即可与其原有之土地发展权叠加使用，实现额外开发土地之目的。土地发展权移转制度的运行采用市场机制，参与土地发展权移转的双方均为市场主体，土地发展权移转是建立在市场主体意思表示一致的基础之上，体现了浓厚的私法色彩。美国土地发展权移转制度具体有两种操作方式，即容积率移转和

---

① 参见苏志超《比较土地政策》，五南图书出版有限公司1999年版，第526～531页。

户数密度移转。容积率移转主要运用于市区,因而又被称为市区移转,该方式在大都市如纽约、旧金山、洛杉矶等地区运用较为普遍。户数密度移转方式主要运用于郊区,因而又被称为郊区移转,该方式在松林保护区(Pinelands Reserve)、蒙哥马利(Montgomery)等地区运用较为普遍。两种操作方式具体如图2-1、2-2所示。

在美国,土地发展权移转通常与土地征收和土地分区规划相联系。因此,有必要厘清三者之间的关系。土地征收制度主要体现在《美国宪法第五修正案》的征收条款(taking clause),即不经正当法律程序,不得被剥夺生命、自由或财产;不给予

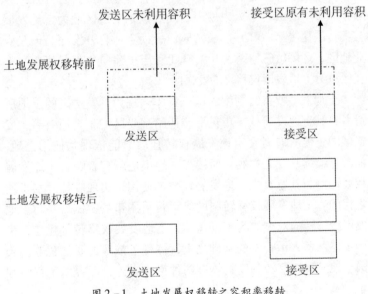

图2-1 土地发展权移转之容积率移转

第二章　域外土地发展权的产生、发展及其制度模式

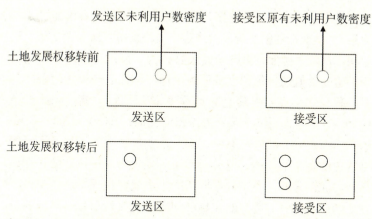

图2-2　土地发展权移转之户数密度移转

公平赔偿，私有财产不得被充作公用。① 在美国，征收的形式较为宽泛，不仅对财产权的剥夺属于征收范畴，对财产权的其他限制，如妨害财产权的行使也可被认定为征收，需要给予补偿。② 征收权属于国家主权范畴，由国家公权力机构享有并行使，其中最核心的内容是，征收必须给予补偿。分区规划是政府基于警察权的行使而对私人财产权加以限制的行为，并且政府无需就限制行为造成的损失给予补偿。

从理论上而言，征收和分区规划两者以"有害原则"为界分标准，即征收以公共利益及增进共同福利为目的，因而需要给予补偿，而分区规划的行使是为了消除财产的有害利用，因而不需要给予补偿。但在实践当中，两者的界限并非清晰可见，

---

① 原文如下：nor be deprived of life, liberty, or property, without due process of law; nor shall private property be taken for public use, without just compensation。

② 参见林来梵《美国宪法判例中的财产权保护——以 Lucas v. South Carolina Coastal Council 为焦点》，载《浙江社会科学》2003年第5期。

而是充满争议，因为，分区规划对财产权的限制有可能"走得太远"，从而造成财产价值的严重贬损，从而被认为在实质上已经构成征收。例如，霍姆斯大法官认为，财产由于政府规划行为而遭受价值贬损的程度需要被考虑。但凡财产被规划限制到某一程度（该规划限制走得太远），该规划行为就构成征收。[1] 再如，在卢卡斯诉南卡莱罗来纳州海安局（Lucas v. South Carolina Coastal Council）一案中，南卡莱罗来纳州为保护沿海岸线地区免受海洋的侵蚀，把沿海岸地区规划为保护区，禁止在该区域内建造房屋，而原告卢卡斯的土地就在该保护区内，由于受规划影响，卢卡斯不能在自己的土地上兴建房屋，土地的价值严重贬损，近乎构成对财产权的完全剥夺，在实质上已经构成征收，因而，卢卡斯主张政府必须给予补偿，斯卡利亚（Scalia）法官支持卢卡斯的观点，认为当分区规划造成财产物理上的损害或者剥夺了近乎全部的经济利益时就构成管制性征收，必须给予补偿。[2]

由于判定规划在何种程度上属于"走得太远"缺乏明确标准，因而，涉及分区规划违反《美国宪法第五修正案》的争议时有发生，使得分区规划处于进退维谷的地步。一方面，基于警察权的分区规划限制私人财产权的行使目的在于消除财产的有害利用，具有目的正当性，并且符合财产权社会化的现代财产法理念，因而，就限制行为造成的财产损害可以不予补偿。另一方面，分区规划在某些情形之下确实会严重损害私人财产权，甚至完全剥夺被限制财产的经济利益，财产权人主张规划构成管制性征收，要求政府给予补偿的诉求也不无道理。正是

---

[1] See Pennsylvania Coal Co. v. Mahon, 260 U.S. 393 (1922).
[2] See Lucas v. South Carolina Coastal Council, 505 U.S. 1003 (1992).

基于上述缘由，分区规划在实践中未达到预期效果。主要表现为，违反分区规划变更土地使用性质的现象大量发生，同时，土地所有者利用自身力量渗透议会并通过议会修改或变更分区规划的现象大量存在。[①]

土地发展权移转制度可以妥善解决上述问题。首先，虽然分区规划限制财产权人权利的行使，例如，限制土地所有权人开发土地，但土地发展权移转制度赋予土地所有权人以土地发展权，土地所有权人可以通过移转土地发展权获得不菲的收入，从而既变相满足了财产权人获得补偿的诉求（关键是财产权人获得的补偿不是来自政府财政支出，而是通过财产权在市场主体之间的流转来实现），又回避了对分区规划在何种程度上构成管制性征收的判定。其次，在土地资源的配置过程中引入市场机制，以财产权或产权为基本要素，解决了分区规划权力干预模式在资源配置时的僵硬和无效率。因此，土地发展权移转制度在理论上解决了征收与分区规划之间的纠葛，在实践上为土地资源的市场化配置（灵活化和效率化）提供了路径。

美国土地发展权移转制度取得了巨大成功，不仅深受土地所有者和开发商的支持，而且在保护耕地、环境敏感地带、开敞空间等方面发挥着重要作用。土地发展权移转制度在实践中的成功得益于其自身所具备的五大优势。

第一，运用市场机制配置土地资源。在市场经济条件下，市场机制在资源配置中应当起主导作用，土地发展权移转制度采用市场机制。

[①] See Jess M. Krannich. A modern disaster: Agricultural land, urban growth, and the need for a federally organized comprehensive land use planning model. *Cornell Journal of Law and Public Policy*. (2006).

第二，克服传统分区规划的弊端。传统分区规划容易形成"暴利—暴损"和"权力寻租"现象，表现为：允许开发的土地价值将大幅上涨，土地所有权人获得"暴利"，而禁止开发或只能以低容积率开发的土地价值将大幅下降，土地所有权人将面临"暴损"。而"暴利"和"暴损"全依赖于政府的分区规划，因而，土地所有权人为获得开发土地的机会，常常贿赂政府官员，造成"权力寻租"现象的发生。土地发展权移转通过土地发展权在市场主体之间的流转可以实现利益在不同主体之间的分配，避免"暴利—暴损"和"权力寻租"现象的发生。

第三，土地发展权移转制度作为一种私法制度，为政府低成本保护耕地提供了有效方法。无论是政府直接购买耕地所有权，或者是在耕地上设立地役权（保存地役权）[1]，抑或购买土地发展权，甚至动用征收权征收土地，均需要政府财政提供相当的资金，保护耕地的成本较高。土地发展权移转通过土地发展权在市场主体之间流转而无需政府财政支出即可有效保护耕地，因而保护耕地的成本较低。这种低成本使得土地发展权移转被地方政府广泛运用。截至 2009 年 6 月，蒙哥马利共有 71353 英亩耕地受到保护，其中有 52052 英亩耕地的保护是通过土地发展权移转实现的。[2]

第四，土地发展权移转制度可以适用于多种资源的保护。虽然土地发展权移转制度设立之初的目的是保护耕地，但随着该制度的不断发展，其适用范围也越来越广，现已扩展至历史

---

[1] See Nancy A. McLaughlin. Increasing the Tax Incentives for Conservation Easement Donations-A Responsible Approach, 31 *Ecology L. Q.* 1 (2004).

[2] See http://www.montgomerycountymd.gov/content/omb/fy11/cipree/voll/cnr-agland.pdf，最后访问日期：2015 年 8 月 19 日。

人文景观的保护、开敞空间的保护、生态环境的保护等领域。

第五，土地发展权移转制度体现了政府对公民财产权的保护。美国将土地发展性利益上升为财产权（土地发展权），并将该财产权赋予私人土地所有者，同时，土地发展权移转依照财产法原理实现对土地发展权的设置和保护，体现了政府对公民财产权的保护。正是基于这种保护，土地发展权移转制度在实施过程中几乎很少受到公民的抵制。

尽管土地发展权移转制度具备五大优势，但值得注意的是，美国理论界对土地发展权移转制度也存在一些争议，比如，有学者通过将土地发展权移转和排污权交易进行对比研究后指出，由于排污权交易可能导致部分地区污染物浓度增大，因而，土地发展权移转也可能导致部分地区的土地过度使用。[1] 还有学者通过对土地发展权移转实施的条件进行研究，指出土地发展权移转需要严格的外部条件，包括对土地发展权进行明确界定、对公众进行土地发展权移转相关知识的普及等。[2] 上述争议为美国土地发展权移转制度的发展和完善提供了建设性意见。

美国土地发展权移转制度实质上是以财产权的形式表达土地发展性利益，并通过市场机制实现土地发展权在不同市场主体之间的流转。依据科斯定理，在产权明晰、市场均衡的条件

---

[1] See W. E. Oates, P. R. Portney, A. M. McGartland. The net benefits of incentive-based regulation: a case study of environmental standard setting. *American Economic Review*. 1233–1242（1989）. See Marian Weber, Wiktor Adamowicz. Tradable Land-Use Rights for Cumulative Environmental Effects Management. *Canadian Public Policy*. 581–595（2002）.

[2] See Jason Hanly-Forde, George Homsy, Katherine Lieberknecht, etal. *Transfer of Development Rights Programs: Using the Market for Compensation and Preservation*. http://government.cce.cornell.edu/doc/html/Transfer%20of%20Development%20Rights%20Programs.Html，最后访问日期：2015年8月18日。

下，资源配置将实现帕累托最优。美国土地发展权移转制度实践表明，市场在配置资源中具有优越地位和广阔前景。这为我国土地发展权的设置提供了可供参考的蓝本。

(3) 土地发展权银行制度。美国土地发展权的流转和土地发展性利益的市场化配置离不开土地发展权银行制度的推行。土地发展权移转制度在设立之初市场化尚不够充分，主要表现为，土地发展权的价格随着房地产市场的冷热而波动过大。当房地产开发过热时，开发商往往迫切需要大量土地发展权，土地发展权交易市场供不应求，造成土地发展权价格的迅速上涨。当房地产开发过冷时，开发商购买土地发展权的热情不高，土地发展权交易市场供过于求，不可避免地造成土地发展权价格的迅速下跌。土地发展权银行制度的建立是为了实现土地发展权的充分市场化，使土地发展权银行成为土地发展权"最后的买家和卖家"，确保土地发展权价格的相对稳定，避免供不应求造成没有土地发展权可购买或者供过于求造成无人愿意购买土地发展权现象的发生。土地发展权银行制度的创设对土地发展权移转的实施具有正面影响。[①] 目前美国建立了十几家土地发展权银行。

土地发展权银行承担着多种职能，概括起来主要包括以下三种：

第一，为土地发展权交易提供服务。土地发展权银行为土地发展权交易的双方提供交易信息和交易场所，并建立交易数据库以供交易者查阅。负责土地发展权交易的登记工作，并提

[①] See Michael D. Kaplowitz, Patricia Machemer, Rick Pruetz. Planners'experiences in managing growth using transferable development rightsin the United States. *Land Use Policy*. 378 – 387 (2008).

供土地发展权权利证书，登记的内容包括交易双方的基本信息、交易地块的基本信息、交易的时间和价格等。

第二，直接参与土地发展权交易。土地发展权银行直接参与土地发展权交易的基本前提是，不得损害私人之间的交易，换言之，土地发展权银行购买土地发展权应以市场需求过低、出售土地发展权应以市场需求过高为基本准则，并且土地发展权银行购买土地发展权的价格不得低于市场价格的80%。土地发展权银行出售土地发展权时应当采取公开拍卖的方式。此外，土地发展权银行接受土地发展权抵押并为抵押人提供贷款。土地发展权银行作为市场主体直接参与土地发展权交易的目的在于培育土地发展权交易市场，而非垄断土地发展权交易市场。

在土地发展权交易市场发展的早期阶段，土地发展权银行直接参与土地发展权交易，并发挥着重要作用，但是，随着土地发展权交易市场逐渐稳定和成熟，土地发展权银行作为市场主体直接参与土地发展权交易的职能就显得不那么重要了，因而，美国有些州在土地发展权交易市场稳定和成熟后颁布禁令，禁止土地发展权银行涉足私人交易。土地发展权交易市场稳定和成熟后，土地发展权银行实际上不再是一个市场交易者，而是转变为单纯的私人交易的服务提供者。例如，新泽西州规定，土地发展权银行直接参与市场交易的截止日期为1990年12月31日，后来这个日期被延迟至2005年12月31日，在这个日期之后，土地发展权银行不再是市场交易的直接参与者，而是私人交易的服务提供者。①

第三，其他职能。主要包括向大众宣传土地发展权移转。

---

① See Pinelands Protection Act, L.1985, Amended by L. 1997.

主要措施是举办公开演讲、展览、建立相关网站等。

为了保证土地发展权银行制度在土地发展权移转过程中能发挥积极的作用,各州一般都会制定适合本州具体情况且较为完整的土地发展权银行法律体系,规范土地发展权银行的设立条件、组织架构、组织性质、运行等。

土地发展权银行的设立一般依据地方立法,设立资金主要来自地方政府财政支持。土地发展权银行的决策机构是董事会,董事会成员具体包括政府官员、相关专家、土地所有者、当地居民等。土地发展权银行的组织性质依据其承担的职能不同而有所区别,可分为市场主导型和政府主导型两种。市场主导型的土地发展权银行是一个独立的法人,侧重于服务市场,主要提供交易场所、接受土地发展权的抵押等。政府主导型的土地发展权银行是一个政府机构,侧重于市场管理,主要办理土地发展权登记等。土地发展权银行运行需要严格遵守法律规定并接受公众监督、披露财务状况和相关业绩等。

综前所述,美国的土地发展权制度已经发展成为一项包括土地发展权移转制度、土地发展权购买制度和土地发展权银行制度的较为完整和成熟的法律制度,有效地解决了耕地保护、土地发展性利益分配等现实性问题。具体而言,土地发展权购买更加适用于经济发展水平较低、土地市场不够发达的地区。而土地发展权移转更加适用于经济发展水平较高、土地市场相对发达的地区。土地发展权移转所形成的土地发展权价格较为客观和真实,应用的频率也较土地发展权购买更高。但是,两者之间并非互相排斥,美国不少地区将两者相结合并取得了较好的实践效果。① 土地发展权银行扮演的是推动土地发展权充分市场化的角色。

美国土地发展权取得成功的关键在于,将土地发展权界定为一项财产权并归属于原土地所有权人所有,同时为土地发展权流转创造充分的市场条件。一方面,体现在政府保护私人财产权,既避免了政府与民争利之嫌,又可以通过财产权的赋予产生激励效果。另一方面,在市场经济条件下,政府充分利用市场机制配置资源,能够达到效率最大化。美国土地发展权制度在有效利用土地资源方面,与分区规划配合,形成了私法与公法双轨机制,取得了巨大的成功。

2. 日本

日本于20世纪六七十年代,在学习和借鉴美国土地发展权移转的基础上,设置了与之类似的未利用容积的利用权(土地发展权)。②

日本法上的未利用容积的利用权(土地发展权)同样是一项独立于土地所有权的财产权,并且归属于土地所有者。③但是,由于日本与美国的法律传统和法律体制不同,两国关于土地发展权的设置不可避免地存在差异,其中最为明显的当属美国的土地发展权(Development Right)与空间权(Air right)之间被明确区分。土地发展权与空间权是两种不同的财产权形

---

① 参见柴铎、董藩《美国土地发展权制度对中国征地补偿改革的启示》,载《经济地理》2014年第2期。

② 参见陈华彬《建筑物区分所有权》,中国法制出版社2011年版,第80页;(日)野村好弘、小贺野晶一《被移转的未利用容积的权利的性格》,载《法律时报》第64卷第3号。

③ 参见姜贵善《日本的国土利用及土地征用法律精选》,地质出版社2000年版,第47页以下。

态,而日本未将土地发展权与空间权予以区分。在日本立法上,土地发展权是空间权的另一种形态,属于空间权的子概念,换言之,日本法中的空间权在权利内容上包括美国法中的空间权和土地发展权两种权利。

日本未利用容积的利用权(土地发展权)的运行主要是通过容积率转移,即某一块土地上未利用的容积率转移至邻近的土地上来具体操作的(见图2-3)。

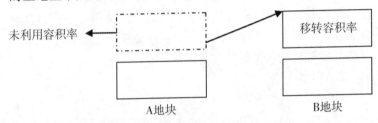

图2-3 未利用容积的利用权的运行方式

由于容积率移转造成空间在不同地块之间移转的表象,因而,日本未利用容积的利用权(土地发展权)移转被认为是空间权的移转,未利用容积的利用权(土地发展权)被认为是空间权的次元概念。[①] 其实,日本关于未利用容积的利用权(土地发展权)移转被认为是空间权的移转的做法仅仅关注表象而忽视实质,因为,空间是由"八至"所确定,具有不动产的特性,特定的空间是不可能在不同土地之间进行移转的。所以,在不同地块之间移转的不是空间,而是开发土地的权利(土地发展权)。

日本未利用容积的利用权(土地发展权)中最具代表性

[①] 参见(日)野村好弘、小贺野晶一《被移转的未利用容积的权利的性格》,载《法律时报》第64卷第3号。

的是特定街区。所谓特定街区是指，为创造良好居住环境、合理布局建筑物的街区，允许不同地块的所有者之间就未利用的容积率进行转让。需要指出的是，日本特定街区在最初实施时是以实现街区的合理布局为目的，而非以未利用容积的利用权（土地发展权）移转为目的。

日本特定街区的未利用容积的利用权（土地发展权）移转表现为两种类型：其一，同一个街区内不同地块的所有者之间进行的未利用容积的利用权（土地发展权）移转；其二，相邻街区之间进行的未利用容积的利用权（土地发展权）移转。随着特定街区的实施，其目的由单纯地保障特定街区的环境和布局，转变为更为宽泛的城市整体居住环境的改善，因而表现出与美国土地发展权移转相类似的特质。

一团地认定是为了创造良好的居住环境，同时为了更有效率地利用土地，将相邻的土地视为一团地（一个基地），该相邻的土地所有者之间可以依合意移转未利用的容积率。一团地认定通过使相邻土地的基地合并（视为一团地）而使未利用容积的利用权（土地发展权）得以在不同土地所有者之间依合意进行流转。

综合设计创设于1969年，旨在配合特定街区，克服未利用容积的利用权（土地发展权）移转程序上的不足。市街地住宅综合设计设立于1984年，旨在配合一团地认定。综合设计和市街地住宅综合设计使得容积率在土地所有者与土地开发者之间移转和利用更有效率，从制度上保障了未利用容积的利用权（土地发展权）移转的灵活性。

日本未利用容积的利用权（土地发展权）属于空间权体系的一部分，是以未利用容积的利用权（土地发展权）在私人土地所有者之间的流转为核心而构建的，旨在建立良好的宜居环境和实现土地资源利用的效率化。值得注意的是，日本是大陆法系中第一个确立未利用容积的利用权（土地发展权）在私人之间进行流转的国家。

3. 意大利

意大利在设置土地发展权前单纯依靠土地分区规划措施配置土地资源，但未取得预期的效果。为了实现土地资源的有效利用，意大利于 1990 年在吸收和借鉴美国土地发展权移转制度的基础上也建立了土地发展权制度。意大利的土地发展权是一种具有经济价值的独立财产权，归属于土地所有者，所有土地所有者都被公平地赋予可以移转的土地发展权。

意大利引入土地发展权移转制度的目的并非替代传统的土地分区规划，而是将两者相互结合，形成私法和公法双轨制，同时利用市场"看不见的手"和政府"看得见的手"来配置土地资源，实现土地资源配置的效率化。意大利在土地发展权移转制度实施后，政府依分区规划确立适合开发区和不适合开发区。不适合开发区的土地所有者将其土地发展权在市场上转让给适合开发区的私人土地所有者，转让后只能依现状使用土地，而没有继续开发土地之权利，并且如果该土地被政府征收，土地所有者只能获得依原状使用土地价值的补偿（因为土地发展权已经被土地所有者转让），而接受区的私人土地所有者购买土地发展权后即可以与其原有之土地发展权叠加使用，实现额外开发土地之目的，如果接受区的私人土地所有者的土地被政府征收，土地所有者可以获得依开发后土地价值的补偿（该土地的价值包括土地所有权和土地发展权）。

意大利土地发展权移转制度实施 20 多年以来，取得了较大的成功，归结起来主要有以下两方面原因：其一，在配置土地资源时将私法手段和公法手段相结合。传统的公法手段

（土地分区规划）在配置土地资源时收效甚微，新的私法手段（土地发展权移转制度）的建立，并与传统公法手段相配合，实现了优势互补。其二，在配置土地资源时将"看不见的手"和"看得见的手"相结合。市场"看不见的手"在配置土地资源时起主导作用，政府"看得见的手"在必要时起辅助作用。

4. 我国台湾地区

我国台湾地区的容积移转，是在借鉴美国土地发展权移转制度的基础上，以容积为量化标准而创设的历史性新制度。[①] 我国台湾地区容积移转最早的法律渊源是 1998 年 9 月 7 日颁布的《古迹土地容积移转办法》（以下简称《办法》），依据《办法》第三条规定：经指定为古迹之私有民宅、家庙、宗祠所定着之土地或古迹保存区内、保存用地之私有土地，因古迹之指定或保存区、保存用地之划定、编定或变更，致其原依法可建筑之基准容积受到限制部分，土地所有权人得依本办法申请移转至其他地区建筑使用。从《办法》第三条的上述规定可知，其实施目的是为了保存古迹，具体运行方式为，古迹之私人土地所有者将其未利用之容积移转至其他区域。在《办法》颁布前，我国台湾地区主要依靠分区规划来保存古迹，被划定为古迹的土地所有者不得开发土地，如果私人土地所有者认为政府的分区规划行为侵犯了其财产权，政府只能基于保存古迹的公共利益征收目的征收私人所有之土地，并给予被征收的私人土地所有者以补偿，但高额的征收补偿费用给政府财政造成了沉重负担。

为了解决上述困境，我国台湾地区引入容积移转，赋予私

---

① 参见温丰文《土地法》，洪记印刷有限公司 1997 年版，第 64 页。

人土地所有者以土地发展权,被划定为古迹的土地所有者可将其享有的土地发展权出售给其他区域的土地所有者,这样既避免了限制古迹所有者开发土地所引起的侵犯财产权的争议,又使得政府财政不必支付高额征收补偿费就可以实现保存古迹的目的。同时,《办法》为了避免对我国台湾地区既有土地权利体系、民法物权体系等造成过大的冲击,仅就古迹容积移转的操作方式作出规定,其他方面则避而不谈。

在《办法》的基础上,我国台湾地区"内政部"营建署于1999年6月颁布了《都市计划容积移转实施办法》(以下简称《实施办法》),《实施方法》颁行的主要目的是为了都市更新,因而适用土地的范围较窄,主要包括都市内私有公共设施或公共开放空间用地,以及私有的具有保存价值的土地等,《实施办法》的颁布目的及制度运行方式与《办法》相似。

《实施办法》自颁布以来实施较为成功。正如有学者指出的,都市容积移转具有不可小觑的优势,[1] 当然,《实施办法》也存在一些不足,主要集中在以下几个方面:其一,作为物权的土地发展权,其设定应有法律根据。目前之《实施办法》不具备足够的法律地位,无创设物权之绝对效力,在实务操作时,恐滋生争议;其二,虽然土地发展权是一项物权,但依《实施办法》的规定,该权利的移转是以债的方式进行,有悖于土地发展权作为物权之本质,因此,需要协调土地发展权变动与既有土地登记两者之间的关系;[2] 其三,容积移转可能会

---

[1] 参见谢琦强、庄翰华《台湾容积移转制度的潜在区位开发特性:台中市个案研究》,载《华冈地理学报》2006年第19期。

[2] 参见何庆《台湾关于空间权与发展权的立法研究》,载《中外房地产导报》2001年第18期。

使移入地区负荷过重,影响移入地区的居住环境。①

　　随着《实施办法》的实施,在实践中也不可避免地出现一些技术性问题,例如,适用范围过窄、交易市场不完善等。为此,我国台湾地区"内政部"营建署于 2004 年就《实施办法》作出修正,修正的主要内容是:拓宽适用土地的范围,不限于都市内私有公共设施或公共开放空间用地;私有具有保存价值的土地,还包括因军事、航空、噪音,其他因法律规定而禁止私人土地所有者开发的土地;简化容积移转的操作程序;容积可以跨区域进行流转;建立类似美国土地发展权银行或其他中介机构等。② 2009 年我国台湾地区"内政部"营建署就《实施办法》第四条、第五条、第九条、第九之一条、第十六条、第十七条再次进行修正。2010 年我国台湾地区"内政部"营建署又就《实施办法》第六条、第十六条、第十七条进行修正。通过以上三次内容的修正,我国台湾地区的容积移转(土地发展权移转)制度已经比较完善。

　　需要指出的是,我国台湾地区将土地发展权设计为以容积为量化标准的财产权,并归属于土地所有者,但在如何处理土地发展权与既有土地权利,特别是与土地物权之间的关系方面,立法上仍旧缺乏明确规定。同时,虽然我国台湾地区学界

---

① http://www.ours.org.tw/workpaper/al.htm,2014 年 9 月 1 日访问。
② 参见欧阳恩钱《台湾地区"都市计划容积移转办法"对我国城市房屋拆迁补偿的启示》,载《前沿》2005 年第 2 期。

大部分学者将土地发展权界定为一项物权,① 但是,立法内容却规定采取债权变动的方式对土地发展权变动进行处理。此外,土地发展权变动与登记之间的关系缺乏明确界定。上述问题的协调与解决将是我国台湾地区容积移转（土地发展权移转）制度发展的方向。

5. 其他国家或地区

印度土地法律制度中也存在土地发展权移转内容,其基本的制度操作为,土地所有权人将土地发展权转让给开发商,开发商购买土地发展权后可以在原有的基础上获得额外开发土地的机会。波多黎各为了保护沿海土地也引入了土地发展权移转制度。此外,哥斯达黎加则尝试在国家间进行土地发展权移转。②

（三）土地发展权共享模式

土地发展权共享模式的基本内容是,国家基于"涨价归公私共享"的理念,将土地发展权按照一定标准进行分割,一定标准范围内的土地发展权归属于土地所有者,超过一定标准的土地发展权则归属于国家（地方政府）。土地所有者可以将其享有的土地发展权用于土地开发,并可以超过标准开发土

---

① 参见温丰文《土地法》,洪记印刷有限公司1997年版；李鸿毅《土地法论》,台湾三民书局1999年版；边泰明《土地使用规划与财产权》,台湾詹氏书局2003年版；苏志超《比较土地政策》,五南图书出版有限公司1999年版；陈明灿《财产权保障、土地使用限制与损失补偿》,台湾翰芦图书出版有限公司2001年版。

② See Theodore Panayotou. Economic instruments for environmental management and sustainabledevelopment. *United Nations environment programme* (*UNEP*). 56 – 58 (1994).

地,但需要就超出部分向国家(地方政府)购买土地发展权。法国是实行土地发展权共享模式的国家。

在土地发展权的定性方面,法国与英国、美国将土地发展权界定为与土地所有权相分离独立的财产权的做法一样,赋予土地发展权以独立的财产权地位。但是,在土地发展权的归属方面,法国既没有采取英国的土地发展权国有,也没有采取美国的土地发展权私有,而是另辟蹊径,通过设定一个法定上限密度,将土地发展权分解为法定土地发展权和增额土地发展权,在法定上限密度内的土地发展权为法定土地发展权,归属于土地所有者;超过法定上限密度的土地发展权为增额土地发展权,归属于国家(地方政府),土地所有者可以超过法定上限密度开发土地,但应当向国家(地方政府)购买相应的增额土地发展权。

法国在法定上限密度制度建立之初,将巴黎市区的法定上限密度值设定为1.5,其他地区则设定为1.0。由于是以容积率为量化标准,因而,法定上限密度值1.5意味着土地所有权人在100平方米的土地上可以建造不超过150平方米的建筑物,如果土地所有权人想要建造超过150平方米的建筑物,则需要就超出部分(150平方米－100平方米＝50平方米)向国家(地方政府)支付相应的土地发展权对价。由于初始设定的法定上限密度值过低,土地所有者享有的法定土地发展权范围过窄,法国政府被认为过度限制私人土地所有者的财产权,同时,过低的法定上限密度值造成私人开发土地成本的快速提高,严重打击了私人开发土地的积极性。因而,法国政府随后一再将法定上限密度值上调,1982年巴黎市的法定上限密度值由1.5上调至1.5～3.0,其他地区由1.0上调至1.0～2.0,在上述范围内,由各个地区自行决定。1986年再次将数值进一步上调。①

法国的法定上限密度实际上是对土地发展权这一财产权进行价值上的分割，实现公私共享土地发展性利益。法定上限密度的高低决定着私人土地所有者和国家（地方政府）之间利益分配的比例，法定上限密度值设定得越低，则意味着国家（地方政府）享有土地发展性利益越多，相反，法定上限密度值设定得越高，则意味着私人土地所有者享有土地发展性利益越多。法国法定上限密度值设定由低至高的发展趋势反映了私人土地所有者分享土地发展性利益越来越多这一客观事实，标示着土地发展权归私是土地发展权制度设计的发展趋向。这也间接解释了美国土地发展权私有制度较之英国土地发展权国有制度实施得更为成功的原因。

本章小结

本章比较详细地论述了土地发展权的产生、发展及制度模式。土地发展权的概念萌芽于英国改善金制度。《厄思沃特报告书》就改善金制度进行深入分析，指出改善金制度无法发挥其效用以满足社会现实的需要，并在此基础上引入"土地发展权"概念。英国于1947年《城乡规划法》中正式设立土地发展权国有制度。土地发展权制度在英国建立后，逐渐被世界上其他国家或地区的立法所借鉴，并进行本土化制度建设，土地发展权制度获得了长足发展。

土地发展权制度在域外国家或地区的实施可以归纳为三大

---

① 参见张瑜编译《各国（地区）土地制度比较研究》，载《经济研究参考资料》1989年第96期。

模式，即土地发展权国有模式、土地发展权私有模式和土地发展权共享模式。

土地发展权国有模式是，国家基于"涨价归公"的理念，将土地发展权归国家享有，土地所有权人只有向国家购买土地发展权才能对土地进行开发利用。英国实行土地发展权国有模式。英国的土地发展权国有制度自创设以来，由于受工党与民主党的党派纷争等因素影响而几经波折。但是，英国将土地发展权作为一项可与土地所有权相分离的独立财产权，并将其归属于国家的理念一直未变。

土地发展权私有模式是，国家基于"涨价归私"的理念，将土地发展权归土地所有权人享有，土地所有权人可以处分土地发展权或在符合规划许可的前提下将土地发展权用于土地开发。实行该模式的国家或地区主要有美国、日本、意大利和我国台湾地区等。

美国的土地发展权制度具体可细分为三个组成部分：其一，土地发展权购买制度；其二，土地发展权移转制度；其三，土地发展权银行制度。日本于20世纪六七十年代，在学习和借鉴美国土地发展权移转制度的基础上，设置了未利用容积的利用权（土地发展权），日本法上的未利用容积的利用权（土地发展权）同样是一项财产权，并且归属于土地所有者。意大利于1990年在吸收和借鉴美国土地发展权移转制度的基础上建立了土地发展权制度。意大利的土地发展权也是一种具有经济价值的财产权，归属于土地所有者，所有土地所有者都被公平地赋予可以移转的土地发展权。我国台湾地区在借鉴美国土地发展权移转制度的基础上，以容积为量化标准创设容积移转，并将以容积为量化标准的土地发展权归属于土地所有者。

土地发展权共享模式的主要内容是，国家基于"涨价归公私共享"的理念，将土地发展权按照一定标准进行分割，标准范围内的土地发展权归土地所有权人享有，超过标准的土地发展权则归国家（地方政府）享有。土地所有权人可以将其享有的土地发展权用于土地开发，并可以超过标准开发土地，但需要就超过标准的土地发展权向国家（地方政府）支付地价。法国实行该模式。法国于1975年12月31日设立了被学者称为土地发展权的法定上限密度，以容积率为量化标准将土地发展权（在法国法上称为建筑权）划分为法定土地发展权和增额土地发展权，前者归属于土地所有者，后者归属于国家（地方政府）。

第三章 土地发展权的法律性质

土地发展权的法律性质是土地发展权理论研究中的核心问题，对土地发展权的设置起着决定性作用。虽然我国学术界对土地发展权法律性质的研究成果较多，但已有的研究成果尚有值得商榷之处，表现为：一方面，已有研究成果没有对涉及土地发展权法律性质的各项要素进行系统化的梳理和论证，更多的只是对一部分要素有所提及；另一方面，尽管大多数学者承认土地发展权是一种物权（财产权），但在论述土地发展权法律性质时没有运用物权法理论进行深入分析，而是仅仅停留在"引进和介绍"层面。本章从权力与权利、民事权利与非民事权利（公权利）、新型物权与传统物权三个维度，考察与论证土地发展权的法律性质，并得出土地发展权是一种独立的新型物权的结论。

一、土地发展权是一种权利

（一）将土地发展权界定为权力值得商榷

权力与权利是法学领域中一对基本范畴。权力是主体按照其所希望的方式，贯彻自己的意志和政策，控制、操纵或影响他人行为（而不管他人同意与否）的能力。[①] 权力是在公法领

---

① 参见张文显《法哲学范畴研究》（修订版），中国政法大学出版社2001年版，第396页。

域内使用的概念。权力的行使主体为国家公权力机关及其工作人员;权力行使过程体现的是一种命令与服从的关系;权力不能成为市场交易的对象,因而,其不具有可交易性和有偿性。

土地发展权与土地分区规划有着密切的联系,因而有学者把土地发展权界定为权力而归属政府警察权范畴。例如,黄祖辉、汪晖认为,土地发展权类型之一,即城市规划中的分区控制属于警察权。① 洪琳认为,土地发展权的权力主体为中央政府②。有学者虽然承认土地发展权的财产权属性,但认为土地发展权同样属于警察权而具有权力属性。例如,孙弘认为,土地发展权来源于土地所有权和警察权,具有警察权性质和财产权性质。③ 这种认识是值得商榷的。

政府警察权源自国家主权,是政府基于维护公共安全、健康、道德以及提高一般福利而行使的权力。政府警察权体现的是国家意志,该权力的行使主体是国家公权力机关,当然不能通过市场交易让渡给私人主体。境外立法制度已经表明,土地发展权是一项独立于土地所有权的财产权,可以归属市场主体享有,并可以通过市场交易。这一点可以从域外国家或地区土地发展权的制度设计中得到印证。

在英国,虽然土地发展权归国家享有,但其法律属性并非属于公权力,市场主体可以向国家购买土地发展权的制度设计标示:土地发展权可以让渡。土地发展权经由国家出让给市场

---

① 参见黄祖辉、汪晖《非公共利益性质的征地行为与土地发展权补偿》,载《经济研究》2002 年第 5 期。

② 参见洪琳《土地发展收益分配问题研究》,载《价格理论与实践》2009 年第 10 期。

③ 参见孙弘《中国土地发展权研究:土地开发与资源保护的新视角》,中国人民大学出版社 2004 年版,第 90 页。

主体后，即属于市场主体之私有财产。其他任何主体对该项权利加以侵害时（包括降低原使用等级或集约度），都应当给予土地发展权人以损害赔偿。①

在美国，土地发展权为土地所有权权利束中的一种权利，自始归土地所有权人享有，土地所有权人可以单独将土地发展权进行处分，转让给土地开发者，换言之，土地发展权可以在市场上流通，成为市场主体交易的对象。这些内容表征表明土地发展权不是一种公权力。

在日本，土地发展权作为空间权的一种，归私人土地所有权人享有，并可以在私人主体间以未利用容积率的形式进行流转。这也说明，日本的作为空间权之一种的土地发展权也不是一项公权力。

在意大利，立法制度内容显示，土地发展权是一种具有经济价值的财产权，归土地所有权人享有，所有土地所有权人都被公平地赋予可以移转的土地发展权。这也说明，意大利的土地发展权也不是一项公权力。

在我国台湾地区，土地发展权被设计为以容积率为量化标准的财产性权利，并归土地所有权人享有，该项财产性权利可以跨区域在市场主体之间流转。这也说明，我国台湾地区的土地发展权也不是一项公权力。

在法国，土地发展权作为一项财产权利被分割为法定土地发展权和增额土地发展权，前者归土地所有权人享有，后者虽然归国家（地方政府）享有，但增额土地发展权可以在私人与国家（地方政府）之间流转，换言之，增额土地发展权可以成为交易对象。这说明，法国的增额土地发展权不是一项公

---

① 参见苏志超《比较土地政策》，五南图书出版有限公司 1999 年版，第 519 页。

权力。

通过上述梳理可见,土地发展权的可交易性和有偿性,使之区别于政府警察权,因而,把土地发展权界定为政府警察权而归属权力范畴是值得商榷的。

其实,我国有学者主张土地发展权属于权力范畴可从"父爱主义"思想观念得到解释。父爱主义(paternalism)源自拉丁语pater,其含义是决策者像"父亲"一样替他人("孩子")作出为他人好的决策,而不管他人("孩子")的意愿如何。"父爱主义"有两个特征,即"善意"和"强制"。政府决策者认为其行为是"善意"的,所以可无需征求其治下子民的意见而"强制"推出,"管制你,是为你好"就是政府父爱主义思想的逻辑体现。[①] 法律上的"父爱主义"是一种精英主义,民众被立法者推定为欠缺自我决定能力者,政府部门及其官员总觉得自己比民众站得高看得远,或者比民众自身更清楚需要什么,因而,政府往往事无巨细地替民众作出决定,而不管民众是否同意。[②]

"父爱主义"虽然是一个外来概念,但这种思想观念在中国传统文化中有迹可循。我国封建社会时期,在儒家治国理念的影响下,统治老百姓的是精英阶层,只有精英阶层才能担负起治理国家的重任,成为"父母官",为老百姓造福,而老百姓只需要统治阶级像"父亲"一样替他们做主。在新中国成立以后,这种思想文化没有完全肃清,加之实行计划经济体制,政府事无巨细地从国家的发展大计到老百姓的衣食住行都

---

① 参见马特《父爱主义与"还地于民"》,载《北方法学》2010年第6期。
② 参见邓聿文《"绿坝"与国家"父爱主义"》,载《联合早报》2009年7月2日。

大包大揽，替老百姓作出决定。在这种"父爱主义"的体制下，资源配置呈现低效率，老百姓的自由被限缩在很小的范围。①

改革开放后，我国对土地资源的管理仍深受"父爱主义"思想的影响，土地权利的立法内容特征更多地表现为经济法特色，民法内容很少。正是自觉不自觉地受这种思想观念影响，人们才会认为土地发展权应当以权力的形式存在并由政府直接主导。这种思想观念与市场经济和依法治国理念格格不入，其所潜在的危险应当引起足够的警惕，理由在于，"父爱主义"思想观念造成的低效率和不自由，严重影响着我国市场经济的发展和法治道路的进步。

土地作为人类生存和发展最为重要的不动产（资源），在市场经济体制下单纯地依靠权力加以配置和规制必然产生诸多弊端，造成"权力失灵"后果，这有史为鉴。英国在设置土地发展权之前已经实行土地分区规划，但这种单纯依靠权力配置土地资源的制度实施的效果并不理想，土地的价值几乎完全依赖于规划，被划入开发区的土地价格飞涨，私人土地所有者不劳而获；未划入开发区的土地价值贬值，私人土地所有者觉得自己的利益被非法剥夺，最终造成暴利和暴损及"权力寻租"现象的发生，造成"权力失灵"后果。美国在设置土地发展权之前同样单纯地依靠土地分区规划配置土地资源，未划入开发区的私人土地所有者认为政府的行为违宪，侵犯了他们

---

① 学者们普遍认为"父爱主义"与效率相对立，同时，"父爱主义"从前提、实践和结果上都颠覆了自由理念的根基，与自由相斥。参见（美）理查德·A. 波斯纳《法律的经济分析》，蒋兆康译，中国大百科全书出版社1997年版，第492～493页；（英）约翰·密尔《论自由》，许宝骙译，商务印书馆1959年版，第14页。

的土地财产权，纷纷进行抵制，加之分区规划制度过于僵硬而欠缺灵活，因而，在实践中未达到预期的效果，也造成"权力失灵"后果。为改变上述单纯地依靠权力对土地资源加以配置而造成"权力失灵"后果，土地发展权作为一种权利被创设出来。

（二）土地发展权符合权利之本质

权利的本质是什么？学者们的研究给予了很好的回答。近世法力说认为权利之本质为特定利益之力，换言之，权利为特定利益与法律之力的结合。① 如日本学者四宫和夫所言："法律的使命乃将权利赋予生活关系中之当事人，分配得享有之生活上利益。"② 一言以蔽之，权利的本质就是主体对特定利益的享有。

在社会生活中，利益的种类和形式非常丰富，但并非所有存在之利益都受到法律的保护。法律对何种利益予以保护，主要以该利益能否满足社会成员普遍生存和发展之需要为标准，对能满足社会成员普遍生存和发展之需要的利益赋予法律之力而使其上升为权利。③ 当然，由于社会成员普遍生存和发展之

---

① 参见梁慧星《民法总论》（第四版），法律出版社2011年版，第69~70页。

② （日）四宫和夫：《日本民法总则》，唐晖、钱孟珊译，五南图书出版有限公司1995年版，第29页。

③ 在民法中，社会生活中的利益依其是否受到法律保护可分为法外利益和法内利益。其中，法内利益依其受法律保护的形式可分为以权利形式保护的利益和以非权利形式保护的利益（如占有利益），当然，前者是普遍情形，而后者则属于例外情形，换言之，权利是法律对特定利益予以保护的基本形式。参见李岩《法益：权利之外的新视域》，载《光明日报》2008年10月7日；姚建宗《法理学》，科学出版社2010年版，第101页；曹险峰《在权利与法益之间——对侵权行为客体的解读》，载《当代法学》2005年第5期。

需要并非一成不变,而是随着经济社会的发展而有所变动,因而,权利体系具有一定的开放性。

土地发展性利益为变更土地使用性质或者提高土地利用集约度而产生的增值利益,用经济学范畴表达就是"土地增值收益"。变更土地使用性质或者提高土地利用集约度而产生的发展性利益客观存在,正如有学者所言:"中国事实上存在大量土地发展权问题。"① 最为明显的当属农用地转为非农用地(土地使用性质的转变)致使土地价值几倍甚至成十倍、百倍地增长,这些增长的土地价值就是土地发展性利益(变更土地使用性质产生的)。随着经济社会的飞速发展和城市化进程的快速推进,土地发展性利益愈来愈受到人们的关注,并逐渐成为社会成员生存和发展中不可或缺之利益。自 19 世纪末期以来,土地发展性利益就引起学者的广泛讨论,英国著名的哲学家、经济学家约翰·斯图尔特·穆勒(John Stuart Mill)清楚地认识到土地发展性利益②,美国学者亨利·乔治(Henry George)在 1880 年出版的《进步与贫困》一书中对土地发展性利益有所论及③,孙中山先生对土地发展性利益同样予以高度关注④,可见,土地发展性利益自近代以来已经具有上升为权利的基本条件。为了调整土地发展性利益关系,法律应当使土地发展性利益权利化,为此,英国、美国、法国、日本、意大利和我国台湾地区等国家或地区均将土地发展性利益权利

---

① 王永莉:《国内土地发展权研究综述》,载《中国土地科学》2007 年第 3 期。
② 参见(英)约翰·穆勒《政治经济学原理及其在社会哲学上的若干应用》(下卷),胡企林、朱泱译,商务印书馆 1991 年版,第 391 页。
③ 参见(美)亨利·乔治《进步与贫困》,吴良健、王翼龙译,商务印书馆 2010 年版,第 323~329 页。
④ 参见孙中山《孙中山文集》(上册),团结出版社 1997 年版,第 619 页。

化。因此,土地发展权符合权利之本质,由于土地发展性利益与传统利益相比较而言表现为一种新型利益,因而土地发展权不仅是一种权利,而且是一种新型权利。我国立法虽然没有明确规定土地发展权,但我国政府已经认识到土地发展性利益的重要性。

考察土地发展权的产生过程可进一步佐证土地发展权符合权利之本质。土地发展权的产生绝非偶然,而是有着深刻的社会基础。土地发展权得以生成的社会基础当属土地所有权社会化即土地所有权由绝对走向相对。在绝对土地所有权理念之下,土地所有权的范围"上可达天宇,下可至地心",这种绝对土地所有权理念之下的制度安排是,变更土地使用性质或提高土地利用集约度产生土地发展性利益(土地发展权)属于土地所有权的应有之义,实际上,绝对土地所有权理念盛行时代的生产力发展状况决定了变更土地使用性质或提高土地利用集约度产生土地发展性利益(土地发展权)并不明显,至少没有成为社会关注的焦点。土地发展权没有现实必要与土地所有权相分离而成为单独的财产权予以规范。

随着生产力的不断发展,资本主义由自由走向垄断,绝对所有权理念逐渐不能适应社会变化,逐渐被相对所有权理念所取代。在相对土地所有权理念之下,土地所有权的内容被分割,采矿权(Mineral Right)、空间权(Air Right)和土地发展权(Land Development Right)等纷纷与土地所有权相分离而成为独立的财产权。[①] 当矿产资源的稀缺性日渐凸显时,原本作

---

① 参见陈华彬《土地所有权理论发展之动向——以空间权法理之生成及运用为中心》,载梁慧星主编:《民商法论丛》第3卷,法律出版社1995年版,第99~100页。

为土地附属物的矿物通过法律规制而成为与土地相分离的独立物，采矿权从土地所有权的权能中被分割出来；当人类利用土地的行为由地表延伸至地上和地下时，原本隶属于地表的地上和地下空间通过法律拟制而成为与地表相分离的独立物，空间权从土地所有权的权能中被分割；当人们利用土地的行为由静态转变为动态时，原本静态的土地价值以时间维度分割成当前的土地价值和未来发展的土地价值。① 土地发展权得以从土地所有权中分离出来。因此，土地发展权与采矿权、空间权等得以生成的社会基础都是土地所有权社会化，土地发展权脱胎于土地所有权，是一项可以与土地所有权相分离的独立财产权，换言之，土地发展权的权源是土地所有权，是土地所有权为因应时代发展而分离出来的产物。

（三）我国应将土地发展权设定为权利

人多地少、土地资源稀缺是我国的基本国情。为了有效配置土地资源，我国实行世界上最严格的土地管理政策，建立了土地用途管制制度和土地利用总体规划制度。不可否认，这种土地制度在配置土地资源层面发挥了一定的作用，但是，随着我国市场经济建立与发展，城镇化进程的加快，这种完全依靠公权力管理的土地制度已经越来越不能适应现实需求，土地征

---

① F. H. 劳森将以时间维度分割土地价值比喻为贝多芬交响曲的第四乐章，称其为第四维度，并指出这是一种令人振奋的法则，随着这一法则的建立，财产法不再呆板而缺乏想象力，参见（英）F. H. 劳森、B. 拉登《财产法》（第二版），施天涛、梅慎实、孔祥俊译，中国大百科全书出版社 1998 年版，第 86～87 页。

收补偿问题①、"小产权房"问题②等的产生意味着单纯依靠土地用途管制制度和土地利用总体规划制度对我国土地资源进行配置显然已不合时宜。将土地发展权界定为权力，不仅会与土地用途管制制度和土地利用总体规划制度产生重叠，无法发挥土地发展权的作用，而且也不能满足实践需求，以及有效地解决当前土地管理制度所产生的问题。因而，只有把土地发展权界定为一种权利，才能与既有的土地用途管制制度和土地利用总体规划制度相配合，对土地资源形成有效配置。

《中共中央关于全面深化改革若干重大问题的决定》（以下简称《决定》）明确提出"赋予农民更多财产权利"。如果将土地发展权设定为一种权力，则意味着土地发展权只能由公权力机关行使，广大农民不能成为土地发展权的主体，这显然与《决定》精神相违背。同时，在实践中，土地发展性利益实质上由地方政府和开发商获取，并因此而引发了一系列矛盾。如果将土地发展权设定为一种权力，土地发展性利益就在立法上归属于地方政府，失地农民在法律层面彻底失去分享土地发展性利益的机会。

我国实行社会主义市场经济，市场经济在资源配置时首先依靠市场，作为"守夜人"的政府只有在市场机制失灵时才予以干预。对此，《决定》作出明确规定："紧紧围绕使市场在资源配置中起决定性作用深化经济体制改革。"土地发展性

---

① 我国土地征收补偿的核心问题是土地发展性利益分配问题，失地农民通常只获得土地农用时价格（一般而言比较低廉）的补偿，而农地转为非农地产生的巨大土地发展性利益则被地方政府和房地产开发商所获取，由此引发失地农民的不满和抗争。

② "小产权房"问题的产生，其实质是我国现有土地制度对农民土地发展性利益的压制与农民迫切想要分享土地发展性利益之间的矛盾。

利益的分配和权利归属应当按照上述规定，通过立法形式赋予农民集体和农民个体。如果将土地发展权设定为一种权力，则意味着政府直接取得土地发展性利益的分配权而把市场排除在外。因而，只有把土地发展权设定为一种权利，以产权的形式界定并保护土地发展性利益，充分发挥市场机制的作用，才能有效调整土地发展性利益关系。

二、土地发展权是一种民事权利

权利可以进一步界分为民事权利（私权利）与非民事权利（公权利）。关于民事权利（私权利）与非民事权利（公权利）的界分可追溯至罗马法。在古罗马，罗马市民享有一种专属性的权利，即市民权（Status Civitatis）。市民权的内容包括民事权利（私权利）与非民事权利（公权利），其中，非民事权利（公权利）包括选举权和被选举权等，民事权利（私权利）包括婚姻权、财产权和遗嘱权等。[1]

后世学者关于民事权利（私权利）与非民事权利（公权利）的界分多来源于罗马法，但具体的界分标准不一，归纳起来，大致有以下四种标准：①主体说。民事权利（私权利）是民事主体之间发生的、一方主体得对抗另一方主体之权利，换言之，民事权利的权利人为民事主体，该权利之义务人同样也是民事主体；非民事权利（公权利）是国家与民事主体之间发生的、一方主体得对抗另一方主体之权利。②利益说。民事权利（私权利）是关于民事个体利益之权利；非民事权利（公权利）是关于国家利益和公共利益之权利，是公民参与国

---

[1] 参见周枏《罗马法原论》（上册），商务印书馆2009年版，第109页。

家政治生活或社会公共事务时的权利。③法律依据说。民事权利（私权利）是依据私法规定而产生之权利；非民事权利（公权利）是依据公法规定而产生之权利。④生存目的说。民事权利（私权利）是以民事个体的生存为目的之权利；非民事权利（公权利）是以国家的生存为目的之权利。① 关于民事权利（私权利）与非民事权利（公权利）的界分标准尽管存在不同观点，但其界分标准的共性不言而喻：一是权利的内容，即前者一般是民事性的，后者一般是政治性的；二是权利的产生，即前者源于民事法律关系，后者源于公法关系。② 因此，在界定权利的性质时，应当从权利的内容和权利的产生来把握。

（一）土地发展权的权利内容是民事性而非政治性

就土地发展权的权利内容而言，域外国家或地区的制度安排都是将土地发展权与土地所有权相分离，把土地发展权作为一项独立的财产性权利。土地发展权之权利内容为土地发展性利益，显然，土地发展权的权利内容是民事财产性的，而与政治性无关。

土地发展权权利内容的民事性也可以从英美法系学者的论述中找到佐证。与大陆法系财产法严格区分权利与权利客体不同，英美法系的财产法对权利与权利客体并不加以严格区分。美国学者认为，不动产（Real Property）由土地上的权利以及

---

① 参见梁宇贤《法学绪论》，自刊 2006 年版，第 124～125 页。
② 参见吴汉东《关于知识产权私权属性的再认识——兼评"知识产权公权化"理论》，载《社会科学》2005 年第 10 期。

附着于土地上的物上的权利所组成。英美法系的财产（Property）虽然经常与物（Things）相联系，但法律一般将财产定义为与物有关的人与人之间的权利，并且表现为"权利束"，主要包括排他权（the Right to Exclude）、占有使用权（the Right to Possess and Use）、转让权（the Right to Transfer）等，这些权利都可以由财产所有人分别予以处分。① 土地发展权是土地权利束中的一项权利，不仅可以与土地所有权相分离，而且具有财产价值，可以单独在市场上流转。②

土地发展权权利内容的民事性还可以从美国法院的判例中得以体现。例如，在 West Montgomery Country Citizens Assoc v. Maryland-National Capital Park and Planning Commission 一案中，法院判决认定土地发展权是土地所有权"权利束"中的一种权利，它包括对土地进行开发和提高土地利用度。③ 在 Suitum v. Tahoe Regional Planning Agency 一案中，原告 Suitum 夫妇于1972年在内华达州（Nevada）购买了一块地，拟退休后建造供自己居住的房屋，1989年 Suitum 夫妇退休后在该块土地上建造房屋时，却发现该块土地已经被当地政府的分区规

---

① 参见（美）约翰·G. 斯普兰克林《美国财产法精讲》（第二版），钱书峰译，北京大学出版社2009年版，第1~8页。

② See John J. Delaney etal. TDR Redux: A Second Generation of Practical Legal Concerns, 15 *Urb. Law.* 593, 595 (1983). See Edward H. Ziegler. The Transfer of Development Rights (Part I), 18 *Zoning&Plan. L. Rep.* 61 (1995). See Franklin J. James, Dennis E. Gale. Zoning for Sale: A Critical Analysis of Transferable Development Rights Programs. 2-3 (1977). See Jennifer Frankel. Past, Present, and Future Constitutional Challenges to Transferable Development Rights. 74 *Wash. L. Rev.* 825, 828 (1999).

③ See Danner. TDRS-Great Idea but Questionable Value. *The Appraisal Journal.* April (1997).

划划为河流环境保护区域而禁止开发。虽然 Suitum 夫妇享有土地发展权并可将其转让，但由于其不能建造房屋，于是 Suitum 夫妇以被告 Tahoe Regional Planning Agency 违反正当程序为由向法院提起诉讼。被告 Tahoe Regional Planning Agency 以原告 Suitum 没有尝试着将土地发展权这一财产权利转让给他人为由提出抗辩，法院采纳了被告 Tahoe Regional Planning Agency 的抗辩理由。① 此案表明，土地发展权是可以流转的财产权利，具有财产权属性，权利内容具有民事财产性。

土地发展权权利内容的民事性还可以从域外国家或地区的制度安排得以体现。在英国，土地所有权人向国家购买土地发展权需要支付一定的对价，土地发展权作为一项财产权，经由国家转让给土地所有权人后即属于私人之财产权。在美国，土地发展权作为土地所有权人不动产产权之一部分，具有财产价值，土地所有权人可以将其自由处分（包括转让和抵押），并可以申请产权登记，同时，该权利的享有者需要依据该权利财产价值之多少交纳相应的不动产税。因此，从域外国家或地区关于土地发展权的制度安排来看，土地发展权是一种财产权，其权利内容具有民事财产性而非政治性。

需要指出的是，财产权受到限制是一种普遍现象，不能因为土地发展权受到限制就否认其民事财产性。在现代社会，民事权利（特别是财产权）并非绝对不受限制，所有权受到来自公法和私法不同程度的限制，公法方面的限制，如征收、规划等；而私法方面的限制，如权利不得滥用、相邻关系中的容

---

① See Suitum v. Tahoe Regional Planning Agency, 520 U. S. 725 (1997).

忍义务、权利行使遵循公序良俗和诚实信用等①。如果一项民事权利不受任何限制，那么它就不再属于民事权利范畴而演变成为一种特权，如果因为民事权利受到限制就认定其改变属性的话，那么这世界上就不存在完整而纯粹的民事权利了。

在我国，民事权利特别是土地财产权都在不同程度上受到公法的限制，作为用益物权的建设用地使用权，其权利人行使权利的期限受到严格的限制，如《中华人民共和国城市房地产管理法》第二十六条规定：超过出让合同约定的动工开发日期满一年未动工开发的，可以征收相当于土地使用权出让金20%以下的土地闲置费；满二年未动工开发的，可以无偿收回土地使用权。作为用益物权的土地承包经营权，其权利的行使同样受到严格的限制，如《中华人民共和国土地管理法》第三十七条第三款规定：承包经营耕地的单位或者个人连续二年弃耕抛荒的，原发包单位应当终止承包合同，收回发包的耕地。

在德国，财产权承担社会义务已经成为理论界和实务界的共识。例如，德国的耕地大部分为私人所有，但私人耕地所有权的移转却受到国家法律的严格限制，德国对耕地的转让或出租都实行许可制，即必须得到国家的批准，否则转让或出租行为无效。②

土地发展权作为一项财产性权利同样受到限制，而容忍来自公法和私法的合理限制是土地发展权作为财产性权利的应有之义，其权利内容并不因受到一定的限制而有所改变。

---

① 参见金俭《自由与和谐：不动产财产权的私法限制》，载《南京师范大学学报（社会科学版）》2011年第4期。
② 参见孙宪忠《论物权法》，法律出版社2001年版，第625～626页。

作为财产权的土地发展权是否具有财产权与人权双重属性①？这个问题应该辩证看待。近代启蒙思想家为冲破封建黑暗统治的桎梏，保障人们的劳动所得，提出财产权是先于国家而存在的自然权利，并将财产权与生命权、自由权一起归属于人与生俱来的、不可剥夺和侵害的天赋权利。②现代人权理论家主张财产权是个人生存和发展所必须具备的基本权利，财产权具有天赋人权的地位和意义。③《世界人权宣言》④和《欧洲人权公约》⑤都规定了财产权。

随着经济社会的快速发展，物质财富的急剧增加，财产在近现代社会的意义不言而喻，财产权已经成为个人生存和发展所不可或缺的权利。诚如西谚所云：体面的人是一个有财产的人（He is a good man who is a man of goods）。财产甚至被作为个人人格的延伸⑥。恩格斯指出："人们首先必须吃、喝、住、穿，然后才能从事政治、科学、艺术、宗教等等。"⑦ 由此可

---

① 参见朱未易《论物权法上土地发展权与人权法上发展权的制度性契合》，载《政治与法律》2009年第9期。

② 参见（英）洛克《政府论》（下篇），叶启芳、瞿菊农译，商务印书馆1964年版，第4页。

③ 参见（瑞典）格德门德尔·阿尔弗雷德松、（挪威）阿斯布佐恩·艾德编《〈世界人权宣言〉：努力实现的共同标准》，中国人权研究会译，四川人民出版社。

④ 《世界人权宣言》第十七条规定："一、人人得有单独的财产所有权以及同他人合有的所有权；二、任何人的财产不得任意剥夺。"

⑤ 《欧洲人权公约》第一议定书规定：每一个自然人或法人和平地享用其财产权。

⑥ 参见王利明《人格权法的发展与完善——以人格尊严的保护为视角》，载《法律科学》2012年第4期。

⑦ 《马克思主义著作选编》，乙种本，中共中央党校出版社1997年版，第152页。

见，人们首先关注的必定是物质财富的权利，然后才是政治、科学、艺术、宗教等的权利。① 我国有学者甚至提出："无财产即无人格"②。

正是基于上述认识，现代的人权观点认为财产权应当是一项基本人权，大多数国家不仅在民法中规定财产权，而且在宪法中将财产权作为一项基本权利，上升到人权的高度予以规定。因此，土地发展权作为一种财产权而当然具有人权意义，换言之，土地发展权与土地所有权、土地使用权、土地抵押权等一样都属于财产权而具有人权意义。同时应该认识到，将财产权上升到人权高度认识，并未否定财产权的民事权利属性，也不意味着财产权民事权利属性的消解。

综上所述，土地发展权是一种财产性权利，其权利内容是民事性而非政治性，就权利内容而言，其与公权利（如选举权）存在明显的区别。因土地发展权受到一定的限制而否认其民事权利属性的观点值得商榷。土地发展权作为一种财产权而具有人权意义，同时，土地发展权作为一项财产权利而当然属于民事权利。因而，在权利的范畴里，应当将土地发展权界定为民事权利。

（二）土地发展权产生于民事法律关系而非公法关系

一般而言，民事法律关系是民事主体之间基于意思自治而

---

① 参见孙宪忠《论物权法》，法律出版社2001年版，第287页。
② 参见尹田《无财产即无人格——法国民法上广义财产理论的现代启示》，载《法学家》2004年第2期；尹田《再论"无财产即无人格"》，载《法学家》2005年第2期。

形成的法律关系。在法律关系中当至少有一方为国家公权力机关时，则法律关系属于公法关系，当然，如果在法律关系中国家公权力机关是以民事主体的身份参与，则这种法律关系仍然属于民事法律关系。

现代社会，国家享有民事权利的情形并不少见，而这些民事权利并不因为其归国家享有而改变权利属性。最为显著的例子是土地所有权，无论是实行土地公有制的国家，还是实行土地私有制的国家，国家都可拥有土地所有权。土地所有权并不因归属于国家而改变其民事权利属性，换言之，即使国家拥有土地所有权，反映的也是民事法律关系。我国大陆地区实行土地公有制，土地所有权分为国家土地所有权和农民集体土地所有权，尽管国家土地所有权的主体是国家，但"国家土地所有权是国家享有的一种民事权利。国家土地所有权关系属于民事法律关系的范畴，受民法调整。在这种法律关系中，国家是一个民事主体，同其他民事主体处于平等地位"[①]。既然土地所有权并不会因为其主体是国家而改变其民事权利的性质，那么同样作为土地权利束之一种的土地发展权，也不应因其归国家享有而改变其民事权利的性质。

土地发展权产生于民事法律关系，这从域外国家或地区土地发展权的制度运行可以得到进一步佐证。

在英国，私人与国家之间的土地发展权买卖，是一种平等的民事法律关系而非命令与服从的公法关系。私人与政府作为买卖土地发展权的双方当事人，彼此之间通过等价有偿的方式达成买卖协议。国家将土地发展权转让给私人的过程表现为一

[①] 王卫国：《中国土地权利研究》，中国政法大学出版社1997年版，第72页。

种平等主体之间的协商过程。国家将土地发展权转让给私人是以民事主体（财产权的卖方）的身份，而非以公权力机关的身份，体现的是一种民事法律关系。同样，在法国，市场主体向政府购买增额土地发展权体现的也是一种平等主体之间的民事法律关系，而非命令与服从的公法关系。国家可以与自然人、法人等民事主体一样享有财产权。法律关系中国家为当事人一方的事实，并不意味着要将国家从民事法律领域中移除。[1]

有学者认为，上述英国或法国的私人土地所有者向国家购买土地发展权的过程是一种行政许可，土地发展权的产生源自于公法关系，进而得出土地发展权具有公权利属性。这种观点值得商榷。依前文所述，虽然英国或法国的土地发展权购买法律关系的主体一方为国家，但这种法律关系是一种平等的民事法律关系，而非命令与服从的公法关系，退一步讲，即使这种关系表现为行政许可关系，也不能因此得出土地发展权产生自公法关系，原因在于，行政许可根本不能被理解为土地发展权产生的原因，而应该被理解为土地发展权产生的一个程序，正如，作为民事主体的企业法人的设立需要行政机关的审批和许可一样，但不能认为行政许可是企业法人产生的原因，进而得出企业法人这一民事主体具有公法上的属性。不动产物权变动时需要在行政机关进行登记（不管是登记对抗主义或登记生效主义），行政机关对不动产物权变动相关材料进行必要审查（实质审查或形式审查），但不能据此认为必要审查是不动产物权变动的原因，进而得出不动产物权变动具有公法上的属

---

[1] 参见（奥）凯尔森《法与国家的一般原理》，沈宗灵译，中国大百科全书出版社1996年版，第227页。

性。准物权的设立也需要行政机关的审批和许可,但不能认为行政机关的审批和许可是准物权设立的原因,进而得出准物权是公权利。

在美国,无论是土地发展权移转,还是土地发展权购买,土地发展权的产生均源自民事法律关系。在土地发展权移转下,法律关系的主体是享有土地发展权的土地所有权人,双方平等协商进行交易,该法律关系反映的是民事法律关系,这点并不难理解,具体分析如下:

在土地发展权购买中,虽然法律关系的一方主体是地方政府,但该法律关系表现为享有土地发展权的私人土地所有权人向地方政府作出出售土地发展权之意思表示,地方政府经过实地考察后向私人作出同意购买土地发展权之意思表示(承诺);或者地方政府基于保护耕地的需要向私人土地所有者作出购买土地发展权的意思表示(要约),私人土地所有权人向地方政府作出同意出售土地发展权之意思表示(承诺)。不管地方政府在土地发展权购买中是要约方还是承诺方,其法律关系中的身份都一样,即不是公权力机关,而是民事主体。日本的未利用容积移转、意大利的土地发展权转移和我国台湾地区的容积移转制度都是借鉴美国土地发展权移转制度而建立起来的,这些国家或地区的土地发展权制度的运行与美国土地发展权移转极为相似,土地发展权在不同民事主体之间的流转反映的法律关系均为民事法律关系。

综上所述,无论是英国土地发展权买卖、法国土地发展权买卖,或者是美国的土地发展权购买、土地发展权移转,抑或日本的未利用容积移转、意大利的土地发展权移转和我国台湾地区的容积移转,土地发展权流转过程反映的是民事法律关系,就此而言,土地发展权与公权利(如选举权)存在明显的区别。因而,在权利的范畴里,应当将土地发展权界定为民事权利。

(三) 我国应将土地发展权设定为民事权利

我国改革开放前,由于实行计划经济体制,加上受苏联法学的影响,① 使得民事权利观念被压抑,民事权利种类极其匮乏。改革开放后,虽然随着我国社会主义市场经济体制的建立与发展,民事权利观念逐渐得以释放,民事权利的种类逐渐增多,然而,由于受苏联法学思想影响较深,我国民事权利体系并不发达和完善,作为市场经济运行基本要素的民事权利的范围需要进一步扩展。

在市场经济环境下,土地发展权制度作为一项财产性权利制度,承担着调节土地发展性利益的功能。只有遵循市场经济发展的基本规律,把土地发展权设定为一项民事权利,才能准确把握土地发展权的内涵,有效发挥土地发展权的制度功能,满足我国社会实践的需求。

三、土地发展权是一种新型物权

在民事权利的范畴中,作为财产性权利的土地发展权具有绝对性和支配性等物权特征,因而,应当将其界定为一种物权。在物权法律体系内,关于土地发展权是一种新型物权还是

---

① 例如,就所有权而言,主张国家所有权优于集体所有权,集体所有权优于个人所有权,这种意识形态对法学领域的影响在农村土地所有权的变迁过程中表现得最为明显,参见孙宪忠《争议与思考:物权立法笔记》,中国人民大学出版社2006年版,第449页。

传统物权,学界存在不同的观点,笔者认为,土地发展权属于新型物权。

(一)土地发展权的物权性

所谓物权性,是指物权的本质特征,或判断某一权利是否为物权之标准。[①] 物权性与学者们对物权的认识紧密联系在一起,随着人们对物权概念理解的不同而发生变化,因此,物权性是一个历史性概念。物权是一种权利人对特定物的权利,其客体主要为物(只有少数的权利可以作为物权的客体),因而,物权又被称为对物权,债权是权利人(债权人)请求义务人(债务人)为一定行为(给付)或不为一定行为的权利,其客体为特定之行为,因而,债权又被称为对人权。[②]

对物权与对人权区分的标准源起于罗马法上对物之诉与对人之诉的区分。由于诉表现为一种人与人之间的关系,因而,对物权与对人权均被界定为一种人与人之间的关系,不同之处在于前者体现的是权利人与任何人之间的关系,而后者体现的是权利人与相对人之间的关系。对此,康德(Immanuel Kant)总结为:"对物权通常的解释是,对抗物之任何占有人之权利。"[③] 由于罗马法时期学者们对物权或物权的认识是从人与人的关系视角出发,而对人与物的关系几乎视而不见,因而,绝对性被视为物权的本质特征。

[①] 金可可:《预告登记之性质——从德国法的有关规定说起》,载《法学》2007年第7期。

[②] 参见梁慧星、陈华彬《物权法》(第五版),法律出版社2010年版,第5页。

[③] Immanuel Kant, MetaphysischeAnfangsgründe der Rechtslehre, Die Metaphysik der Sitten, bei Friedrich Nicolovius, *KÊnigsberg.* 80 (1797).

受 18 世纪末期至 19 世纪初期法学学科体系化运动的影响，法学家对民事权利进行体系化。由于受康德哲学中意志和自由概念的影响，法学家将权利界定为主体对客体自由支配或统治之权，由此，对物权或物权被重新定义为一种人对物直接支配的权利。萨维尼（Friedrich Carl Von Savigny）指出："（对物权或物权）以占有或者对物事实上的支配为内容。"[①] 普赫塔（Puchta）认为："对物的法律统治，形成了一种对物的权利，即对物权"，"对物权是对物的法律统治或法律支配"。[②] 此阶段法学家对物权或物权认识的视角从人与人的关系转向人与物的关系，因而，支配性被视为物权的本质特征。

20 世纪以来，学者们综合上述两种观点认为，对对物权或物权的认识应当从人与人的关系和人与物的关系两个方面出发。对物权或物权首先表现为人对物的直接支配关系，即人与物的关系。但是，这种人与物的关系必须建立在人类社会共同体这一大背景之下才有价值，换言之，人与物的关系必须和人与人的关系相结合才有意义。因而，对物权或物权是权利人对物直接支配（人与物的关系），并且可以对抗权利人之外任何人（人与人的关系）的权利。绝对性和支配性均被视为物权的本质特征，因此，物权具有绝对性和支配性两大特性。[③]

[①] Savigny, System, B. 1, S. 338, 367.

[②] Georg Friedrich Puchta, Cursus der Institutionen, Erster Band, Leipzig. 85 – 87（1841）. Georg Friedrich Puchta, CursusderInstitutionen, *Zweiter Band*, Leipzig. 276（1842）.

[③] 例如，Canaris 认为，物权性包括对标的物的直接支配性以及效力的绝对性两方面，see Von Claus-Wilhelm Canaris, Die VerdinglichungObligatorischerRechte, Festschrift für Werner Flume zum 70. Geburtstag, B. I, Verlag Dr. Otto Schmidt KG, *KÊl n.* 373（1978）.

从域外国家或地区土地发展权的制度安排来看，土地发展权具有显著的绝对性。在英国，国家享有土地发展权，除国家以外之任何人均负有不作为之义务。私人向国家购买土地发展权后即成为土地发展权人，除权利主体以外之任何人（即使是国家）均负有不作为之义务，权利主体之外的任何人侵害私人之土地发展权，都需要承担赔偿责任。可见，在英国，无论土地发展权主体是国家抑或私人，该权利均具有绝对性。在美国，土地发展权归土地所有权人享有，除土地所有权人以外之任何人均负有不作为之义务，土地所有权人将土地发展权转让给国家，或者土地所有权人将土地发展权转让给其他市场主体后，除受让土地发展权的人，其他任何人均负有不作为之义务。可见，在美国，土地发展权亦具有绝对性。由于日本、意大利和我国台湾地区土地发展权的设置是以美国土地发展权为蓝本，所以这些国家或地区的土地发展权的绝对性不用质疑。在法国，无论是法定土地发展权，还是增额土地发展权都具有绝对性，表现为权利主体以外之任何人均负有不作为之义务。

土地发展权是开发土地之权利，土地发展权人依自己之意思即可以行使或处分权利，并享有土地发展性利益，而无需他人的介入，具有显著的支配性。在英国，国家享有土地发展权，国家可依自己之意思行使或处分该权利，而无需他人意思或行为的介入。国家一般不具体开发土地，所以，国家支配土地发展权的具体形式是将土地发展权让与私人。国家把土地发展权让与私人后，土地发展权即属于私人之财产权，私人可以依自己之意思行使土地发展权，或者开发土地或再把土地发展权转让。在美国，私人土地所有人享有土地发展权，私人土地所有人可以依据自己的意思对土地发展权加以处分，如可以将土地发展权转让给国家或转让给其他私人或中介机构。在土地发展权接受区内，购得土地发展权的市场主体可以依据自己的意思自由行使土地发展权。土地发展权人亦可以依自己之意思持有土地发展权而暂不行使。日本、意大利和我国台湾地区土地发展权也具有显著的支配性。在法国，法定土地发展权归土地所有权人享有，土地所有权人可依自己之意思行使权利，而无需他人意思或行为的介入，增额土地发展权归国家享有，国家可依自己之意思行使或处分该权利。国家将土地发展权让与私人后，土地发展权即属于私人之财产权，私人可以依自己之意思行使土地发展权。

作为民事权利的土地发展权具有绝对性和支配性两大特性，而这两大特性正是物权性的本质特征，因此，土地发展权具有物权性，属于物权的范畴。

（二）土地发展权的设立丰富了传统物权体系

在物权的范畴里，关于土地发展权是一种新型物权抑或传统物权，学界存在不同的观点，概括起来大致有以下四种：

第一，土地发展权是空间物权的一种新形式。该观点与日本法上关于土地发展权的制度设计相关，将土地发展权作为空间权的次元概念。美国有少数学者将土地发展权移转与空间权等同[1]。我国大陆学界亦有学者认同此观点[2]。

第二，土地发展权是地役权的一种新形式。地役权理论在

---

[1] See David L. Callies. Preserving Paradise：Why Regulation Won't work. University of Hawaii Press. 96–97（1994）.

[2] 例如，陈华彬教授认为："土地发展权为……空间权的另一种形态"，参见陈华彬《建筑物区分所有权》，中国法制出版社 2011 年版，第 78 页。

当代有了新的发展，适用范围不断扩展，不仅有欧陆国家（主要是德国、法国和瑞士）适用限制营业竞争的地役权①，也有美国法上用于保护生态环境的保存地役权②。美国有学者指出，土地发展权是一种消极地役权③。我国大陆学界亦有学者持此观点④。

第三，土地发展权是地上权的一种新形式。持此观点的学者大多为我国台湾地区的学者，该观点出于避免对传统物权体系造成过大的冲击的考虑，主张不适宜将土地发展权单独作为一种独立的新型物权，而应当将其嵌入既有的物权体系，可以把土地发展权界定为区分地上权，作为地上权的一种新形式。例如，有学者认为，土地发展权的法律性质与我国台湾地区的区分地上权相类似，登记机关办理登记时以"地上权"名称办理即可。⑤

第四，土地发展权是土地所有权在新的时代背景下产生的土地权利内容，是土地所有权权能之一种。持此观点的学者认为，土地发展权是土地所有权人基于社会发展而拥有的一种特殊性质的权利，是土地所有权的一项特殊的权利内容，本质上

---

① 参见王泽鉴《民法物权》（第二版），北京大学出版社2010年版，第327页。
② See The American Law Institute. Restatement of the Law. Third, Property (Servitudes).
③ See Thomas L. Daniels. The Purchase of Development Rights: Preservation Agriculture Land and Open Space, *J. Am. Plan. Ass'n n. l.* 430（1991）.
④ 例如，孙鹏、徐银波认为，在美国即存在与地票制度相似的土地发展权交易制度，其即遵循地役权机理，参见孙鹏、徐银波《社会变迁与地役权的现代化》，载《现代法学》2013年第3期。
⑤ 参见陈明灿《古迹土地与容积移转》，载《月旦法学教室》2006年第76期。

仍然属于土地所有权范畴。①

上述四种观点将土地发展权界定为传统物权。我们认为土地发展权是一种新型物权。土地发展权是为因应社会经济发展需要而产生的新的物权品种，具有作为独立的新型物权的价值和意义。土地发展权与我国已设置的其他土地权利并不重叠，也不冲突，相反，设置土地发展权弥补了我国现有土地权利体系的不足。

从土地发展权的权利本质和权利价值而言，土地发展权与空间物权、地役权、地上权以及土地所有权都有明显的不同，不能简单、笼统地将其归入空间物权、地役权、地上权或土地所有权的范畴，而应当将其界定为一种新型物权，具体分析如下。

1. 土地发展权具有与空间物权不同的权利本质和权利价值

空间权是在空中或地中横切一立体空间并以之为标的而设定的权利，属于不动产财产权之一种。② 空间物权是空间权的下位概念，空间权是一个权利束，包括空间所有权和空间利用权，其中空间利用权又可分为物权性空间利用权（空间物权）和债权性空间利用权（空间债权）。③ 空间物权是以土地之上或之下特定的立体空间为标的所设定的物权。空间物权产生于

---

① 刘俊教授认为，在新时代背景之下，土地所有权的权利内容或权能应该摒弃原有的四分法（占有、使用、收益和处分）而加以重构，具体应当包括土地设定权、土地收益权、土地使用权、土地发展权和土地回归权五部分。参见刘俊《中国土地法理论研究》，法律出版社2006年版，第176～180页。

② 参见梁慧星、陈华彬《物权法》（第五版），法律出版社2010年版，第151页。

③ 参见温丰文《空间权之法理》，载《法令月刊》1988年第3期。

人们对独立于地面之空间加以利用的需要，其权利之本质在于，通过将具有独立价值的空间"物"化以实现对空间利用的有序化和效率化，进而保护空间所有与利用过程中产生的利益。因而，空间物权的权利价值在于，促进土地由横向利用转向纵向利用，实现土地利用的立体化。

土地发展权是开发土地之权利，产生于人们对土地开发的需要，其权利之本质在于，以权利的形式界定、分配和保护特定的土地发展性利益。因而，土地发展权的权利价值在于，以时间维度将土地当前经济价值与土地未来经济价值进行分割，促进土地由静态利用转向动态利用。由此可见，土地发展权与空间物权在权利本质和权利价值上存在明显区别，将土地发展权归为空间物权范畴，不仅扼杀土地发展权的作用，而且可能导致空间物权体系的混乱，土地发展权具有不同于空间物权而独立存在的理论价值和实践价值。

2. 土地发展权具有与地役权不同的权利本质和权利价值

地役权是以他人不动产供自己不动产便利之用的权利，属于用益物权的范畴[①]。地役权可进一步划分为积极地役权和消极地役权，前者以地役权人能够在供役地上为一定行为为权利内容；后者以供役地人不能在供役地上为一定行为为权利内容。地役权的权利本质是以用益物权的形式保护土地利用关系中产生的利益。因而，地役权的权利价值在于物尽其用，促进土地静态利用的效率化。土地发展权的权利本质是以权利的形式界定、分配和保护特定的土地发展性利益，其权利价值在于促进土地的动态利用。将土地发展权界定为消极地役权并不科

[①] 参见王利明《物权法论》（修订二版），中国政法大学出版社 2008 年版，第 285 页。

学，这种界定无法回答土地发展权为何能在市场上流通、土地发展权为何能从一块土地转移至另一块土地。因此，土地发展权与地役权在权利本质和权利价值方面都存在明显差异，两者是不同类型的物权。土地发展权具有不同于地役权而独立存在的理论价值和实践价值。

3. 土地发展权具有与地上权不同的权利本质和权利价值

地上权作为大陆法系的传统物权肇始于罗马法，该权利创设的目的在于，解决土地所有与土地使用之间的冲突和矛盾。依罗马市民法的"附合原则"，地上物是土地的从物，地上物的所有权属于土地所有权人，因而，购买地上物者必须同时购买土地。由于罗马法时期土地价格超出一般人所能承受的限度，为了调和土地所有与土地使用之间的紧张关系，法务官遂允许土地使用者可以向土地所有权人支付一定的地租而使用土地。同时，土地使用者对建筑物的所有权不适用"附合原则"，自此，以使用他人所有之土地为目的的地上权被创设出来，随后该权利为欧陆诸国民法所继受。[①]

综上所述，不难发现，地上权的权利本质是以物权的形式保护支付一定地租而使用他人所有之土地过程中产生的利益。因而，地上权的权利价值在于有效调和土地所有者与土地使用者之间的矛盾，并且通过对这种所有与使用关系的调整，促进土地资源的有效利用。近现代以来，随着科学技术的进步，土地的使用呈现分层化趋势，区分地上权得以产生，但是，区分地上权不是一种新创设的物权，而是地上权的一种次类型，区

[①] 参见周枏《罗马法原论》（上册），商务印书馆1994年版，第420~421页。

分地上权与普通地上权没有质的差异，仅有量的差异，① 因而，区分地上权作为地上权的次类型与地上权具有相同的权利本质和权利价值。

依前文所述，土地发展权的权利本质是以权利的形式界定、分配和保护特定的土地发展性利益，其权利价值在于促进土地的动态利用。土地发展权与地上权在权利本质和权利价值上都存在明显差异。仅出于避免对既有物权体系的冲击，而简单、笼统地将土地发展权纳入地上权范畴的观点，在理论上不能自圆其说，而且无法解决因土地开发而产生的土地发展性利益的分配和权利归属问题。因而，土地发展权具有不同于地上权而独立存在的理论价值和实践价值。

4．土地发展权具有与土地所有权不同的权利本质和权利价值

无论是大陆法系国家还是英美法系国家，土地所有权作为土地权利体系中的核心，是权利人对土地享有的最为完整的财产权。其被创设的目的有二：其一，明确特定土地的归属，并通过对这种归属关系的保护达到定纷止争的社会效果；其二，为了保护劳动和其他资本投入的成果，促进社会整体生产力的增强（特别是农业生产力）。② 土地所有权的权利价值有两个

---

① 参见王泽鉴《民法物权》（第二版），北京大学出版社2010年版，第280页。
② 著名学者加藤雅信教授通过实地调查和文献调查发现，人类土地所有权的产生或表现形式与对土地的资本投入有密切关系，在对土地的资本投入为零的社会，土地所有权是不存在的；在对土地的资本投入为中间状态的社会，土地所有权表现为萌芽或者集体共有的形式（日耳曼法的总有或日本的入会权）；在对土地的资本投入为较大的社会，土地所有权表现为完整的形态或者私人土地所有权得以确立。加藤雅信教授进一步指出并再三强调，土地所有权概念的确立不仅有利于权利人本身，还具有促使社会整体生产力最大化的功能。参见（日）加藤雅信《"所有权"的诞生》，郭芙蓉译，法律出版社2012年版，第146、168页。

层次：一是保护权利人对土地享有的支配利益；二是通过对权利人利益的保护实现社会整体生产力的提升及良好秩序的建立。

近代以前，人类对土地的利用主要表现为静态化利用，变更土地使用性质或提高土地利用集约度产生的发展性利益表现得并不明显，人们还没有认识到保护发展性利益的重要性，土地发展权还没有从土地所有权中独立出来的社会必要性。但随着经济社会的进步、城市化的发展，变更土地使用性质或提高土地利用集约度产生的利益越来越受重视，土地发展权作为独立的财产权有被创设出来的客观必要性。土地发展权具有不同于土地所有权的权利本质，并且发挥着与土地所有权完全不同的权利作用，是一种与土地所有权相分离的独立财产权。这种独立性可以从世界范围内所有创设土地发展权的国家或地区的制度中得到佐证。因而，土地发展权具有不同于土地所有权而独立存在的理论价值和实践价值。

综上可见，土地发展权具有与空间物权、地役权、地上权和土地所有权完全不同的权利本质和权利价值。只有将土地发展权界定为一种独立的新型物权，才能正确认清土地发展权的权利本质与价值，充分发挥土地发展权的制度功效。

（三）我国应将土地发展权设定为一种新型物权

2007年我国通过并实施的《物权法》建立了包括所有权、用益物权和担保物权在内的较为完整的物权体系，在定纷止争和促进物尽其用等方面发挥着重要的作用。然而，应当看到的是，法律规范与社会现实之间仍存在差距，这种现象由于物权法定原则的要求而表现得尤为突出。我国现有物权体系已经不能完全适应经济社会发展的现实需要，最为明显的是，现有物权法律体系仅反映和规范静态利用土地的权利关系，并未反映和规范动态利用土地的权利关系。

土地利用的实践表明，土地发展权已经与土地所有权相独立而具有自身独立的权利本质与价值。依上文所述可知，土地发展权不同于空间权；土地发展权也不能简单地用消极地役权（保存地役权）理论进行解释；土地发展权也不宜简单地纳入地上权（建设用地使用权）的范畴；土地发展权也不是土地所有权的一项权能，可见，土地发展权作为一个独立的物权品种在我国物权体系中应有一席之地，我国应当将土地发展权设定为一项新型物权。

本章小结

本章从三个维度对土地发展权的法律性质进行论证，就权力与权利这一维度而言，土地发展权符合权利之本质，是一种权利而非权力，将土地发展权界定为权力值得商榷；就民事权利与非民事权利这一维度而言，土地发展权的权利内容是民事性的而非政治性的，土地发展权产生于民事法律关系而非公法关系，因而，土地发展权是一种民事权利；就新型物权与传统物权这一维度而言，土地发展权具备物权的绝对性和支配性两大特性，属于物权范畴。还要指出的是，土地发展权具有与空间物权、地役权、地上权和土地所有权完全不同的权利本质和权利价值。只有将土地发展权界定为一种独立的新型物权，才能正确认清土地发展权的权利本质与价值，充分发挥土地发展权的作用。

三个维度层层递进，厘清了土地发展权的本质特征，比较完整地揭示了土地发展权的法律性质。土地发展权作为一种独立的新型物权，它的创设丰富了传统物权体系的内容。我国应当将土地发展权纳入物权体系。鉴于我国物权立法采用物权法定原则，因而，为保证土地发展权作用的充分发挥，应当由《物权法》或其他法律就土地发展权及其内容作出明确的立法规定。

第四章 土地发展权法律关系解构

在前一章论证清楚了土地发展权是一种新型物权、是对传统物权体系丰富的基础上，有必要进一步厘清土地发展权的法律关系，推进土地发展权理论研究，为我国土地发展权制度建设提供理论支持。我国学术界关于土地发展权法律关系的研究鲜有涉猎，这显然不利于我国土地发展权的理论发展和制度建设。本章运用物权法律关系理论，从主体、客体和内容三个方面对土地发展权进行剖析，以期为我国土地发展权法律制度的建设有所裨益。

一、土地发展权的主体

土地发展权主体的确定关乎土地发展性利益的归属。域外国家或地区的立法例有三种不同的制度安排，分别是英国土地发展权国有模式、美国（日本、意大利、我国台湾地区）土地发展权私有模式和法国土地发展权国有与私有共享模式。需要指出的是，这三种土地发展权主体模式是以土地发展权的初始归属为依据的分类。土地发展权在初始归属确定后，其主体可以发生变更。例如，美国土地发展权初始为私有，私人土地所有权人嗣后可以将其拥有的土地发展权转让给其他私人或国家。

值得注意的是，土地发展权作为一种物权（财产权），其主体的不同仅仅意味着土地发展性利益归属的不同，与土地发展权的法律性质无关。现代社会，国家作为公法法人拥有财产权的情形已经普遍存在。例如，在德国，根据"公法法人的私有财产权利"理论，各种公法法人，如联邦政府、州政府、市镇政府以及各级政府的机关都可以成为财产权的主体。这些公法法人的财产权彼此之间独立，上下级政府之间的关系与各自拥有的财产权无关。此外，这些公法法人的财产权与一般自然人或法人的财产权并无二致，其享有的方式和得到法律保护的方式也没有根本区别，因此，公法法人享有的财产权属于公法法人的民事权利。①

我国《物权法》同样承认公法法人的物权（财产权），例如，《物权法》第四条承认国家享有物权并受到法律的保护②；《物权法》第五十三条和五十四条规定，政府机关法人和事业单位可以享有物权③。"从物权法的法理上分析，公法法人，包括中国的机关法人，他们作为一种特殊的民事主体，其物权的拥有与一般民事主体的物权没有太大的区别"④。

可见，依据现代社会公认的物权法理论和世界各国物权法（财产法）的立法规定的内容，土地发展权作为一项物权（财产权），其主体可以是国家（地方政府），也可以是私人。域外国家或地区关于土地发展权主体的三种模式是基于以下三个

---

① 参见孙宪忠《论物权法》，法律出版社2001年版，第572页。

② 《物权法》第四条规定："国家、集体、私人的物权和其他权利人的物权受法律保护。"

③ 《物权法》第五十三条规定："国家机关对其直接支配的不动产和动产，享有占有、使用以及依照法律和国务院的有关规定处分的权利。"《物权法》第五十四条规定："国家举办的事业单位对其直接支配的不动产和动产，享有占有、使用以及依照法律和国务院的有关规定收益、处分的权利。"

④ 孙宪忠：《中国物权法总论》（第三版），法律出版社2014年版，第118页。

判定标准：其一，关于土地发展性利益的来源；其二，对哈丁"公地悲剧"理论不同的理解和适用；其三，对不同价值取向（公平或效率）的选择。

（一）土地发展性利益的来源

土地发展性利益是土地变更使用性质或提高利用集约度产生的增值收益。土地发展性利益的来源问题直接关乎土地发展权主体的界定，换言之，对土地发展性利益来源的不同理解直接影响土地发展权主体的制度设计。

自19世纪以来就有不少法学和经济学等领域的学者对土地发展性利益予以关注，并且发表了许多重要论述，但关于土地发展性利益的来源问题却一直争论不休。学者们关于土地发展性利益来源的观点，归纳起来主要有以下三种：

（1）外力论。土地发展性利益是社会全体民众共同努力的结果，由外部性力量所产生，因而，土地发展权应当归国家（全民代表）享有，即"涨价归公"。

（2）自力论。土地发展性利益来源于土地所有权，是土地所有权权能在时间维度上的分割，由内部性力量所产生，因而，土地发展权应当归土地所有权人享有，即"涨价归私"。

（3）协力论。土地发展性利益可分为由外力引发的土地发展性利益和由自力引发的土地发展性利益。土地发展性利益是社会全体民众共同努力和土地所有权人两方面共同协力的结果，因而，土地发展权应当由国家（全民代表）与土地所有权人共享，即"涨价归公私共享"。

持土地发展性利益来源外力论观点的学者，最早可以追溯至19世纪英国经济学家约翰·穆勒（John Stuart Mill），约翰·穆勒指出："社会的进步和财富的增加，使地主的收入无时无刻不在增长……依据社会正义的一般原则，他们究竟有什么权利获得这种自然增加的财富？"① 主张外力论者中最具影响力的当属美国学者亨利·乔治（Henry George），他在穆勒的基础上走得更远，不仅主张由于土地发展性利益是社会发展的结果，因而应当把这些利益全部收归国有，而且认为应当废除土地私有制，实现土地公有制。土地的价值完全不是劳动或资本这种要素制造的，其所表示的仅仅是占用土地得来的好处，它在任何情况下都不是占有土地者个人创造的，而是由社会发展创造的。② 孙中山先生"平均地权"思想在我国台湾地区影响深远。我国台湾地区学者林英彦认同"平均地权"。林英彦指出，目前之土地市价，尚包含庞大的自然增值额，这是应当属于社会全体的。③ 我国大陆学者周诚认为，农地改变用途的增值来源于整个社会，应当归社会所有。④

英国土地发展权国有主体模式是土地发展性利益来源外力论的具体实践。英国土地发展权制度通过将国家作为土地发展权的主体，试图实现土地发展性利益的全民共享。

土地发展性利益来源自力论一直以来都是西方学术界的主流观点，学者们认为，城镇化意味着农用地客观上被动地转变用途，这些增值收益源自土地所有权，应当归土地所有权人享有，并且从促进土地高效利用和推动经济发展的角度出发，也

---

① 参见（英）约翰·穆勒《政治经济学原理及其在社会哲学上的若干应用》（下卷），胡企林、朱泱译，商务印书馆1991年版，第391页。
② 参见（美）亨利·乔治《进步与贫困》，吴良健、王翼龙译，商务印书馆1995年版，第347～356页。
③ 参见林英彦《土地经济学通论》，台北文笙书局1999年版，第174页。
④ 参见周诚《农地征用中的公正补偿》，载《中国经济时报》2003年9月2日。

应当将这些利益归土地所有权人享有,[①] 土地发展性利益在土地发展权未作为独立的财产权与土地所有权相分离前属于土地所有权的权利内容,在土地发展权与土地所有权分离后,由于土地所有权是土地发展权的唯一权利来源,没有土地所有权也就没有土地发展权,土地所有权是土地发展权权利存续的唯一基础,根本就不存在脱离土地所有权而能够单独产生和存在的土地发展性利益,因而,土地发展性利益来自于土地所有权,土地发展权应当归土地所有权人享有。

况且,即使依照土地发展性利益来源外力论,土地发展性利益是社会全体作用的结果,应当归社会全体,但土地所有权人同样是社会全体中的一分子,毫无疑问也应当获得相对应的一部分利益,外力论却认为土地发展性利益与土地所有权人无关,将土地所有权人排除在利益分享之外,这显然自相矛盾。同时,土地发展性利益来源外力论主张土地发展性利益应当归社会全体,然而在实践中,土地发展性利益具体是由国家(地方政府)享有,如何确保国家(地方政府)能站在社会全体成员的立场将土地发展性利益公平地分配给社会所有成员,而不是形成分配不均或"权力寻租"现象,也是外力论者所不能妥善解决的。公共选择理论表明,政府也有自己的利益,在具体的经济关系中,它仍然是一个特定的物质利益实体。

美国(日本、意大利、我国台湾地区)土地发展权私有主体模式是土地发展性利益来源自力论的具体实践。美国(日本、意大利、我国台湾地区)土地发展权制度通过将土地所有权人作为土地发展权的主体,确保土地所有权人享有土地

---

① 参见高洁、廖长林《英、美、法土地发展权制度对我国土地管理制度改革的启示》,载《经济社会体制比较》2011年第4期。

发展性利益。

土地发展性利益来源协力论认为，土地发展性利益的产生是社会全体民众和土地所有权人双方协力的结果。由于土地发展性利益包含土地所有权引发的利益（自力增值）和社会全体民众引发的利益（外力增值）两方面，因而，土地发展性利益应当由土地所有权人和国家（全体民众）共同分享，土地所有权人与国家（全体民众）都是土地发展权的主体。我国大陆学者周诚在修正了其自力论观点之后开始主张协力论，认为土地所有权是土地发展性利益的来源，但由于土地与一般财产不同，具有社会性，土地发展性利益同样来源于社会整体经济的发展，因而，土地发展性利益应当由"公私共享"。[①]至于土地所有权人与国家（全体民众）双方分享土地发展性利益的比例，则需要依据具体情况而定，但就实践而言，土地所有权人享有的土地发展性利益逐渐增加而国家享有的土地发展性利益逐渐减少是发展趋势。

法国土地发展权共享主体模式是土地发展性利益来源协力论的具体实践。法国土地发展权制度通过容积率为量化标准将土地发展性利益进行分割，调和国家和土地所有权人之间的利益，实现公私共享土地发展性利益，即"涨价归公私共享"。

关于土地发展性利益来源的三种观点在实践中对应三种土地发展权主体模式，即英国土地发展权国有主体模式（外力论）、美国（日本、意大利、我国台湾地区）土地发展权私有主体模式（自力论）和法国土地发展权共享主体模式（协力论）。评判土地发展性利益来源的三种观点需要把握以下

---

① 参见周诚《土地增值分配应当"私公共享"》，载《中国改革》2006年第5期。

几点：

第一，实践是检验真理的唯一标准。理论的探讨最终是为了满足实践需求、解决实践问题，因而，理论需要实践加以检验。上述三种观点都有具体的实践，但效果却差别很大，其中，美国（日本、意大利、我国台湾地区）土地发展权私有主体模式（自力论）的实践效果最好，法国土地发展权共享主体模式（协力论）次之，而英国土地发展权国有主体模式（外力论）则较差。

第二，符合市场经济的基本运行规则。根据马克思主义关于经济基础决定上层建筑的论断，建立在经济基础之上的上层建筑（主要是政治法律制度）必须符合经济基础。① 在当代社会，市场经济已经是全球大多数国家实施的基本经济体制，因而，土地发展权主体的制度设计应当符合市场经济的基本规律。

众所周知，市场经济的基本运行规则是，在利益分配或资源配置时应以市场作为首选手段，国家干预次之。美国（日本、意大利、我国台湾地区）土地发展权私有主体模式（自力论）就是有效、充分地利用市场手段来分配土地发展性利益，符合市场经济的基本运行规则。相反，英国土地发展权国有主体模式（外力论）和法国土地发展权共享主体模式（协力论）均未能有效、充分地利用市场手段来分配土地发展性利益，不符合市场经济的基本运行规则。

第三，近现代以来私有财产权理念的勃兴。在近代人文主义革命以前，封建统治阶级和被统治阶级之间的不平等是公开、合法和终身的，被统治者无法享有基本的权利，包括财产

---

① 参见马克思《〈政治经济学批判〉序言》，《马克思恩格斯选集》第 2 卷，人民出版社 1972 年版，第 82 页。

权。人文主义革命后，社会民众的财产权获得了法律的尊重和保护（上升为基本权利高度），以此来确保社会民众能够抵制公权力的侵害，因而，民众获得生存和自由发展的机会，同时，私有财产权的确立极大地促进了经济社会的发展，如英国法学家布莱克·斯通所言：没有任何东西像财产权那样如此普遍地焕发起人类的想象力，并煽动人类的激情。① 因而，对私有财产权的保护有效地激发了社会的创造力，促进了经济社会发展。不论是发达国家的物质财富积累过程，还是中国、印度等亚洲国家近数十年改革的历史，都证明了将物权（财产权）充分交付给民众，而不是集中在公共权力手中，是经济社会发展的必由之路。②

美国（日本、意大利、我国台湾地区）土地发展权私有主体模式（自力论）将土地发展权赋予私人土地所有权人，符合近现代私有财产权理念。相反，英国土地发展权国有主体模式（外力论）和法国土地发展权共享主体模式（协力论），将土地发展权都不同程度地赋予公共权力机构，与近现代私有财产权理念相悖。

（二）对哈丁"公地悲剧"理论的理解和适用

"公地悲剧"概念出自英国人口学家威廉·福斯特·劳埃德（William Forster Lloyd）于 1833 年发表的论著③，用来形容

---

① 参见（德）罗伯特·霍恩、海因·克茨、汉斯·G. 莱塞《德国民商法导论》，楚健译，中国大百科全书出版社 1996 年版，第 189 页。

② 参见孙宪忠《中国物权法总论》（第三版），法律出版社 2014 年版，第 3～4 页。

③ See William Forster Lloyd. *Two Lectures on the Checks to Population*, Oxford University Press.（1833）.

有限的资源因为不受限制而被过度使用的情形。1968年加勒特·哈丁（Garrett Hardin）在《科学》（Sciences）期刊发表论文《公地悲剧》（The Tragedy of the Commons）对上述概念加以归纳和延伸，考察了产权与资源保护之间的关系并指出，造成资源"公地悲剧"的原因是产权不清，当没有人有权禁止或限制他人使用资源时，有限的资源将会被消耗殆尽，因而，只有明晰产权，使得有人可以禁止或限制他人使用资源时，才能解决资源的"公地悲剧"。哈丁运用财产权理论论述了两种解决资源"公地悲剧"的方案，其一，私有化方案。将使用"公地"的权利赋予私人，使私人产生保护财产（资源）的动机并承担相应的保护成本；其二，国有化方案，国家享有资源的财产权，国家对财产（资源）进行统一保护。[1] 在哈丁理论的基础上，学者丹尼尔·科尔（Daniel Cole）认为，单纯私有化或国有化都无法有效地解决"公地悲剧"，应当实行混合产权化，即将资源私有化和国有化合于一体。[2]

自由市场环境主义（Free Market Environmentalism）学者认同哈丁的第一种解决方案，即资源私有化。他们指出，正如哈丁所分析的，"公地悲剧"产生的原因在于所有人都可以使用资源，并且由于没有私有权利，使用者不会有保护资源的动机。因而，只有将资源私有化，才能使产权人基于私有权利而产生保护资源的动机，并且通过资源的私有化可以充分发挥市场机制的效用，使得资源的配置和保护更有效率。同时，历史

---

[1] See Garrett Hardin. The Tragedy of the Commons, Science, Vol. 162. 1243–1248 (1968).

[2] See Daniel H. Cole. From Local to Global Property: Privatizing the Global Environment? Clearing the Air: Four Propositions about Property Rights and Environmental Protection, DukeEnvtl. L. &Pol'y F. 10 (1999).

上解决"公地悲剧"所采取的方式也大都是将资源私有化，例如，知识产品的私有化（知识产权）带来了技术的革新。自由市场环境主义学者还认为资源的私有化和市场化是非常美好的制度。①

有学者提出，将资源完全私有化以解决"公地悲剧"只有在交易成本为零时才能行之有效，而这种情形在现实中不可能存在，资源的私有化不是解决"公地悲剧"的有效路径，相反，在有些情形下，政府行为比市场行为更加有效，因而，应当将资源国有化，由国家享有资源的财产权，国家对财产（资源）统一加以保护。②

在前述资源私有化和资源国有化理论之外，近年来有学者提出混合产权化理论，即资源的半私有和半国有。这种观点在英美法系和大陆法系的资源财产权的制度设计中均有体现。英美法系的混合产权化主要体现在，将信托理论运用于资源的产权化，以海洋资源为例，国家作为公共信托人享有整体海域的所有权，国家将海洋资源向私人分配，私人就具体分配的海洋资源享有所有权，从而形成"双重所有权"。这种情形同样适用于大气资源的产权化（排放权）。大陆法系的混合产权化主要体现在，将准物权理论运用于资源的产权化，同样以海洋资源为例，国家享有海域的所有权（母权），而私人享有海域的使用权（子权），私人的海域使用权是一种特殊的用益物权而得准用物权法的基本理论。

土地发展权以土地开发容量为支配对象，在古代农耕社会

---

① See Amy Sinden. The Tragedy of the Commons and the Myth of a Private Property Solution, *U. Colo. L. Rev.* 78 (2007).

② See Harold Demsetz. The Cost of Transacting, *Q. J. Econ.* 82 (1968).

和近代早期工业社会里,土地开发容量不具备稀缺性,变更土地使用性质或提高土地利用集约度属于土地所有权的应有之义,而当然由土地所有者行使,此时,土地开发容量尚未上升至资源层面,土地发展权也无确立之必要。随着经济社会发展,城市化和工业化进程加快,人类无秩序、无限制开发土地的弊端日渐凸显,而要求有序开发、利用土地的呼声与日俱增,土地开发容量逐渐成为具有稀缺性的资源。为了避免土地开发容量被滥用而枯竭,造成"公地悲剧",必须实现土地开发容量的产权化,而实现土地开发容量产权化的法律手段当属物权化(财产权化)和建立权利流转机制。

哈丁"公地悲剧"理论为土地开发容量产权化提供了路径,具体而言,将土地开发容量物权化(财产权化)时,英国土地发展权国有主体模式依循哈丁的资源国有化思路,将土地开发容量上设置的财产权(土地发展权)归国家享有,由国家统一进行保护;美国(日本、意大利、我国台湾地区)土地发展权私有主体模式依循哈丁的资源私有化思路,将土地开发容量上设置的财产权(土地发展权)归土地所有权人享有,使私人产生保护土地开发容量的动机并承担相应的保护成本;法国土地发展权共享主体模式则依循第三种路径,即混合产权化,将土地开发容量私有化和国有化合于一体。

(三) 土地发展权归属主体的价值取向

立法价值取向的不同决定土地发展权归属不同主体。公平与效率是一对基本价值范畴,公平的基本含义是公正和平等。公正具体包括起点公平、过程公平和结果公平三个方面。效率从宏观角度而言,是指社会整体的发展和提高,从微观角度而言,是指投入产出率、资源配置效率等的发展和提高。①

英国土地发展权国有主体模式立法的价值取向注重公平。英国立法者认为只有通过把土地发展权主体归属国家所有才能实现绝对公平。例如,两块面积相同的相邻土地,价值相差不大,但如果其中一块土地在规划开发区内,则该块土地的价值必然上升,此时土地升值与否全依赖于土地是否在规划开发区内。这种土地的价值的上升,一方面,造成私人土地所有者之间的不公平;另一方面,使得部分私人土地所有者有不劳而获之嫌。

为了实现全民共享土地发展性利益的绝对公平,英国通过土地发展权国有化立法,实现国家作为土地发展权的唯一主体。由于土地发展权的唯一主体为国家,意味着全部土地发展性利益归国家享有,私人土地所有者丧失了开发土地的动力,土地市场几乎完全处于停顿状态,造成这种现状的原因在于,土地发展权国有主体模式在追求公平的同时完全舍弃效率,忽视了公平与效率的辩证统一关系,忽视了市场机制在资源配置和利益分配方面的应有作用。这种只追求公平而无视效率的土地发展权国有主体模式在市场经济体制下必然无法取得应有的实践效果。

美国(日本、意大利、我国台湾地区)土地发展权私有主体模式立法价值取向注重效率与公平并重,表现在:

(1)该模式通过将土地发展权的主体界定为土地所有权人,并引入市场机制,以实现土地发展权在不同市场主体之间的流转,有效实现土地发展性利益的分配和土地资源的有效利

---

① 参见吴宣恭《实现公平与效率互相促进》,载《经济纵横》2007年第1期。

用，体现了对效率价值的追求。

（2）该模式使得规划开发区外的土地所有者虽然不能开发土地，但可以将其拥有的土地发展权出售给规划开发区内的土地所有者或开发商，在不失去土地所有权（依原状使用土地）的前提下获取一笔不菲的收入。在规划开发区内的土地所有者虽然可以开发土地，但其开发土地的程度由其所拥有的土地发展权而定，如果额外开发土地则需要向规划开发区外的土地所有者购买相应的土地发展权，因而，规划开发区内和规划开发区外的土地所有者获得的土地发展性利益基本相当，体现了对公平价值的追求。

土地发展权私有主体模式在实现效率的同时能够兼顾公平，这种注重效率与公平辩证统一关系，以市场在资源配置和利益分配时起主导作用的主体模式在市场经济体制下取得了很好的实践效果。

法国土地发展权共享主体模式在追求公平的同时，对效率兼顾不够。土地发展权共享模式通过法定上限密度将增额土地发展权规定归国家所有；把法定土地发展权规定归土地所有权人所有。该模式实施的初期，由于法定上限密度值过低，大部分土地发展性利益属于国家，虽体现了注重公平的价值目标，但过低的法定上限密度值造成了私人土地开发成本的大幅提高，严重打压了私人开发土地的积极性，效率价值目标未能得到应有体现。随后法国政府一再将法定上限密度值上调，试图在追求公平价值目标的同时兼顾效率价值目标。这种做法在一定程度上提高了私人开发土地的积极性，但由于缺乏市场机制，对资源配置和利益分配效率价值的追求始终流于形式。这种以公平为价值取向目标，对效率的兼顾流于形式的主体模式，虽然较之于土地发展权国有主体模式（只追求公平而忽视效率）有所改进，但在市场经济体制下的实践效果仍然不甚理想。

二、土地发展权的客体

土地发展权作为一项物权，是主体支配客体的权利。土地发展权客体的界定是土地发展权法律关系解构不容回避的理论问题。我国学者对土地发展权客体的研究虽然有所涉猎，但缺乏系统性论证。可以说土地发展权客体的研究是我国土地发展权理论研究的短板。基于此，对土地发展权客体进行系统、深入的论证显得尤为必要。

（一）土地发展权客体既有观点及其评述

为了深入研究土地发展权的客体，有必要对土地发展权客体既有观点进行梳理。学者关于土地发展权客体的研究主要存有以下五种观点：

第一，土地说。该观点认为土地发展权的客体是土地。例如，郑振源认为，土地发展权的客体就是土地[1]。

第二，空间说。该观点认为土地发展权的客体是一定范围之空间。例如，叶芳认为，土地发展权的支配客体是与土地相关的上下空间[2]。

第三，开发密度或容积率说。该观点认为土地发展权的客

---

[1] 参见郑振源《土地开发权到底是谁的》（上），http://opinion.caixin.com/2014-10-24/100742904.html，最后访问日期：2015年8月31日。

[2] 参见叶芳《冲突与平衡：土地征收中的权力与权利》，上海社会科学院出版社2011年版，第125页。

体是开发密度或容积率。主张该说的主要是美国学者。美国学者基于土地发展权移转在实践当中有两种具体操作类型,即户数密度移转和容积率移转,因而得出土地发展权的客体是开发密度或容积率。

第四,土地发展性利益说。该观点认为土地发展权的客体是土地发展性利益。例如,陈华彬教授认为,土地发展权以经济利益(发展性利益)为客体①。

第五,开发容量说。该观点认为土地发展权的客体是土地开发容量。该观点参考排污权的客体环境容量②,认为容量的稀缺不仅体现在环境资源领域,而且同样适用于土地资源领域。

持"土地说"观点的学者可分为两种:其一,将土地发展权归为地役权的新形式。依据地役权基本理论,土地发展权的客体为土地。其二,依据土地发展权字面意义就能推导出土地发展权客体为土地。

关于土地发展权归为地役权新形式的观点,前文已经从权利本质和权利价值两方面论证了土地发展权与地役权的区别,对土地发展权客体的界定不能直接套用地役权理论。

关于依据土地发展权字面意义就能推导出土地发展权客体为土地的观点是经不起推敲的。

首先,如果土地发展权的客体是土地,那么土地发展权在不同主体之间移转的同时,该权利的客体也相应地发生变化

---

① 参见陈华彬《土地所有权理论发展之动向——以空间权法理之生成及运用为中心》,载《民商法论丛》(第3卷),法律出版社1995年版,第119页。

② 关于环境容量,吕忠梅教授指出,环境资源的自我调节或环境容量本身就是一种资源,它应该能够为物权法所承认,成为环境权的支配客体。参见吕忠梅《论环境使用权交易制度》,载《政法论坛》2000年第4期。

(从一块土地转移到另一块土地),这显然不符合物权变动理论。根据物权变动理论,土地发展权在不同主体之间移转是物权移转的继受取得,物权移转的继受取得是就他人之物权,依原状而取得。①换言之,物权移转继受取得时,发生变更的仅仅是权利的主体,权利的客体不发生变化。如果将土地发展权的客体界定为土地,土地发展权在移转继受取得时,该权利的主体和客体都发生变更,这与物权变动的理论相悖,因而,土地发展权的客体不是土地,而是另有其"物"。

其次,如果土地发展权的客体是土地,将与"自物权"和"他物权"等物权理论相悖。"自物权"与"他物权"是物权的基本分类,所谓"自物权",是对自己所有之物享有的物权,即所有权;所谓"他物权",是对他人所有之物享有的物权,即定限物权(用益物权和担保物权)。准物权实质上是一种他物权,是在他人所有的(一般是国家)自然资源上成立的准用物权相关规定的权利。②如果将土地发展权的客体界定为土地,由于土地所有权是自物权,土地发展权是一种他物权,则土地所有权人享有土地发展权就表现为土地所有者在自己所有之土地上为自己设立他物权,此时,基于物权混同理论,他物权(土地发展权)将被自物权(土地所有权)所吸收而消失,亦即土地发展权不能与土地所有权同时归属于一人,这显然与实践不相符合,因此,土地发展权与土地所有权具有不同的客体,进而言之,土地发展权的客体不是土地。

---

① 参见谢在全《物权法论》(上册),中国政法大学出版社2011年版,第44页。
② 参见崔建远《准物权研究》(第二版),法律出版社2012年版,第18~22页。

需要指出的是，虽然土地发展权脱胎于土地所有权，但并不意味着土地发展权与土地所有权必须为同一客体。正如空间权和采矿权脱胎于土地所有权一样，但空间权、采矿权与土地所有权的客体并不相同。此外，虽然土地发展权的客体不是土地，但并不意味着应当将土地发展权自土地权利体系中剔除。土地权利体系具有开放性，是由与土地戚戚相关的一系列权利所构成的谱系。权利客体并非土地，但与土地有着紧密关联的权利同样可以纳入土地权利体系。正如崔建远教授所言：土地上存在权利群，与土地相关但权利客体并非土地的海域使用权、矿业权、水权等都是土地权利体系中的一员。①

持"空间说"的学者认为土地发展权是空间权的一种，土地发展权的客体为特定的空间。持该观点的学者主要参照日本法的相关规定。日本法的空间权在内容上涵盖了土地发展权，日本法上的土地发展权属于空间权的次元概念，因而，土地发展权的客体与空间权的客体相同。上述观点值得商榷。首先，依前文所述，土地发展权具有与空间权完全不同的权利价值和权利本质，土地发展权与空间权是两种不同的土地权利品种，因而，在界定土地发展权客体时不能套用空间权理论。其次，将土地发展权的客体界定为空间同样不符合物权变动理论，理由在于土地发展权在移转继受取得时，权利的主体和客体同样都发生变更，这与物权变动理论相悖，因而，土地发展权的客体不是空间，而是另有其"物"。再次，日本法采取的将土地发展权作为空间权子类型的做法仅仅是世界各国或地区土地发展权立法上的特例，其他国家或地区的立法都未将土地发

---

① 参见崔建远《土地上的权利群研究》，法律出版社 2004 年版，第 189～199 页。

展权作为空间权的一种，因而，不能以特例作为普适性的依据。

持"开发密度说"或"容积率说"观点的学者主要来自美国。美国土地发展权移转在实践当中存在户数密度移转和容积率移转两种具体操作类型，学者由此得出土地发展权的支配客体是开发密度或容积率。

美国有学者得出土地发展权的课题为"开发密度说"或"容积率说"观点的原因有二：

（1）在分析物权（财产权）问题时，英美法系的学者倾向于具象思维，而大陆法系（特别是潘德克顿法）的学者则倾向于抽象思维，最为明显的例子是关于土地所有权和地产权的区别。大陆法系的土地所有权是罗马法概念在理性时代抽象的产物，并且围绕土地所有权建立了一套包括用益物权、担保物权和占有在内的抽象概念体系；英美法系的地产权非常具体，没有一系列的抽象概念，有的仅仅是由具体权利组成的"权利束"，并且这些"权利束"中的每一种权利都是现实生活在法律层面上的简单镜像，因而，正是基于这种具象思维方式，美国学者依据土地发展权移转的户数密度移转和容积率移转这两种具体操作类型，简单、直观地将土地发展权客体界定为开发密度或容积率。

（2）与大陆法系明确界分权利与权利客体不同，英美法系中的权利和权利客体并没有明确的界限，换言之，英美法系对权利客体的界定并不精确。但是，我国作为大陆法系国家，特别是在物权法领域采用以抽象、精确著称的潘德克顿法，因而，需要对土地发展权客体进行精确的界定，"开发密度说"或"容积率说"的观点显然是与精确相悖。

众所周知，无论是开发密度，还是容积率，都只是一种计量单位而非权利的客体，正如面积是计量地块大小的单位，但土地所有权的客体不是面积而是土地。面积作为计量单位的意义在于将土地所有权的客体——土地进行量化以便于登记和公示，同理，开发密度或容积率作为计量单位是为了将土地发展权的客体进行量化以便于登记、公示和交易。因而，开发密度或容积率不是土地发展权的客体，而是土地发展权客体量化的一种计量手段，可见，"开发密度说"或"容积率说"存在非常明显的错误。

持"土地发展性利益说"的学者显然认识到土地发展权的权利本质，但却将权利的本质与权利的客体相混淆。依前文所述可知，权利之本质为特定利益之力，土地发展性利益是近现代社会非常重要的一种利益，土地发展权是法律对这种重要利益加以保护的权利外衣，因而，土地发展权的本质是土地发展性利益之力，其中，法律之力为外形，土地发展性利益为内核。

在权利范畴内，特定利益的成立或实现需要借助一定的对象，该对象即为权利的客体，[①] 例如，物权作为支配权，其权利本质为支配利益之力，该支配利益的成立或实现需要特定的物，因而，物权的客体为特定的物。债权作为请求权，其权利本质为请求利益之力，该请求利益的成立或实现需要特定人的行为，因而，债权的客体为特定的行为。人格权的权利本质为人格利益之力，该人格利益的成立或实现需要特定的人之本身，因而，人格权的客体为特定的人之本身。需要指出的是，有学者指出，人永远只能是权利的主体，人格权的客体应该作

[①] 参见王泽鉴《民法总则》（增订版），中国政法大学出版社2001年版，第204～205页；李宜琛《民法总论》，中国方正出版社2004年版，第124～125页；史尚宽：《民法总论》，中国政法大学出版社2000年版，第18页。

特殊化处理,即界定为人格利益,① 即便如此,此种特殊化处理仅限于人格权客体之界定。

依上述推理可知,土地发展权作为物权,其权利本质是土地发展性利益之力,该土地发展性利益的成立或实现需要特定的物,因而土地发展权的客体不是土地发展性利益,而是土地发展性利益所依附或指向之特定对象。可见,"土地发展性利益说"在理论上并未清晰界定权利之本质与权利之客体,因而,此种观点不可取。

持"开发容量说"的学者主要借鉴排污权客体,即环境容量,主张此说的学者不多。笔者认为,这种观点的思路是正确的,因为,一方面,土地发展权和排污权(环境权)产生的时代背景相似,两种权利有互相借鉴的基础,国外有不少学者在论及新型财产权时,将土地发展权与排污权进行比对;另一方面,将土地发展权的客体界定为开发容量,可以很好地调和"开发密度说"、"容积率说"与"土地发展性利益说"之间的矛盾,表现为,土地发展性利益所依附或指向之对象为特定的开发容量,而开发密度或容积率则为特定开发容量的量化提供依据。然而主张"开发容量说"的学者对"开发容量"仅有所提及,缺乏系统、深入的论证,特别是就开发容量如何能够成为物权客体或如何"物"化这一关键性问题未作论述。

---

① 关于人格权客体的界定存在争议,主张为人之本身者有王泽鉴先生〔王泽鉴:《民法总则》(增订版),中国政法大学出版社2001年版,第204~205页〕、史尚宽先生(史尚宽:《民法总论》,中国政法大学出版社2000年版,第248页)、李宜琛先生(李宜琛:《民法总论》,中国方正出版社2004年版,第124~125页)等。主张为人格利益者有梁慧星先生(梁慧星:《民法总论》,法律出版社2011年版,第149页)、林诚二先生(林诚二:《民法总则》,法律出版社2008年版,第255页)等。

上述问题的关键涉及以下两个方面内容：其一，民法上的"物"的含义及其构成要件；其二，开发容量是否符合民法上"物"的构成要件。

（二）民法上"物"的含义及其构成要件

物权是对物进行支配的权利。在汉语中，"物"是一个多义词，包括哲学上的"物"、物理学上的"物"、民法上的"物"等诸多词意，本书探讨的"物"仅限于民法上的"物"。民法上的"物"是民法理论中最为重要，同时也是最为直观的基本范畴之一，正是这种直观性造成了人们对民法上的"物"是民法理论中最容易界定和把握的基本范畴之一的错误观念。

其实不然，一方面，从民法上"物"的发展史来看，民法上的"物"具有开放性，是一个不断变化、发展的范畴。随着生产力的发展、科学技术的进步，以及人们价值观的变化，民法上"物"的含义与外延也处于不断变化之中，不存在一个古今中外、放之四海而皆准的民法上"物"的定义，正因为如此，民法上"物"的构成要件也处于不断变化之中。另一方面，虽然我国学界对民法上"物"的表述没有实质性分歧，但并不意味着学界对民法上"物"的界定足够精准并能够满足社会实践的需求。例如，我国学界提及"物"一般均采用"必须是人体之外"、"必须是有体"、"必须能为人力所支配"、"必须能够满足人们生活、生产的需要"等标准来界定，[①] 但这些界定标准

[①] 参见梁慧星、陈华彬《物权法》，法律出版社 2003 年版，第 22～24 页；魏振瀛主编《民法》，北京大学出版社、高等教育出版社 2000 年版，第 118～119 页；胡长清《中国民法总论》，中国政法大学出版社 1997 年版，第 152 页；梅仲协《民法要义》，中国政法大学出版社 1998 年版，第 78～79 页。

显然不能完全解决社会实际问题，比如，随着科学技术的发展，电、热、光等自然力，空间和虚拟财产等虽然没有形体，但却是民法上的"物"。再比如，上述界定标准无法回答脱离人体之器官、胎盘、遗体等是否属于民法之"物"的问题。

正是基于上述认识，有必要在我国当前社会的语境下对民法上"物"的含义及其构成要件进行重新界定，并通过民法上"物"的含义及其构成要件来判定开发容量能否成为民法上的"物"。

民法上的"物"起源于古希腊，初为罗马法所采纳，后为大陆法系诸国家民法所借鉴和吸收。由于立法背景、国别的差异和立法观念的不同，不同时代或者同一时代不同国家对"物"的含义的界定及其构成要件的认识有所区别。

在古罗马，民法上"物"是可为人所支配、构成人们财产组成部分的事物，具有可支配性和财物两方面的特征。由于古罗马社会实行奴隶制，奴隶不是法律关系的主体，罗马法律规定奴隶为法律关系的客体，因而，奴隶成为民法上的"物"。同时，《罗马法》中的财物（bona）包括有体物、权利和诉权。[①]

《罗马法》之后，立法例上关于民法上的"物"是否应具备有体物的特征存在较大分歧。其中，法国和瑞士等国关于民法上"物"的范围包括有体物和无体物；而德国和日本等国民法上"物"的范围则限于有体物。

近代法国在破除封建桎梏、继承人文主义革命思想基础上制定的《法国民法典》，承袭了《罗马法》上"物"的含义。

---

① 参见周枏《罗马法原论》（上册），商务印书馆2009年版，第298～299页。

《法国民法》上的"物"是能够为人所控制和支配的财富（可以用金钱衡量），其构成要件与罗马法上"物"的构成要件大体相同，因而，《法国民法》上的"物"包括有体物（动产与不动产）和无体物（权利、自然力等参照动产的规定）。由于近代法国是在废除封建人与人之间不平等关系基础上建立的资产阶级社会，在法律上《法国民法》规定，人不是民法上的"物"，因而，《法国民法》上的"物"是在人之外，包括有体物和无体物，并可以用金钱衡量的广义财产。《瑞士民法》承认民法上的"物"包括无体物，例如，《瑞士民法》第七百一十三条将能为人力所支配的自然力规定为动产。①

与《罗马法》、《法国民法》和《瑞士民法》对"物"的界定不同，《德国民法》和《日本民法》对"物"的界定采纳"物必有体"的理论，强调民法上的"物"为人体之外，并为人所支配的有体财物。上述界定由于不能满足实践的需求，后来《德国民事诉讼法》又把"物"的范围扩展到有体物和无体物（包括权利），② 然而日本民法学界至今仍然坚持"有体"是"物"的基本特征，比如，有日本学者指出，可以承认对电、热、光等自然力的支配权，但不能承认对上述电、热、光等自然力的物权。③

---

① 《瑞士民法》第七百一十三条规定，动产所有权之客体，为性质上可移动之有体物及得为法律上支配而不属于土地之自然力。参见（日）我妻荣《新订民法总则》，于敏译，中国法制出版社2008年版，第188页；姚瑞光《民法总则论》，中国政法大学出版社2011年版，第138页。

② 参见梅夏英《财产权构造的基础分析》，人民法院出版社2002年版，第95页。

③ 参见（日）田山辉明《物权法》（增订版），陆庆胜译，法律出版社2001年版，第10页。

我国《物权法》第二条第二款规定："因物的归属和利用而产生的民事关系，适用本法。"由此可见，我国《物权法》是围绕着"物"而构建的，但我国《物权法》没有对"物"进行直接定义，《物权法》的内容既有涉及有体物（如第四十七条），又有涉及无体物（如第五十条）。这就造成了对"物"的含义及其构成要件理解和适用的模糊地带。我国民法学界对"物"的认识未形成一致看法。

从民法上"物"的发展史和我国当下社会现状出发，对民法上"物"的界定应当把握以下两个方面：

第一，可支配性。物权是支配权，作为物权客体的"物"必须可为人所支配。在近代以前，由于科学技术不发达以及未建立自由交换的市场经济，支配性就客体形态而言表现为对实体的占有和控制，这也就是德国传统民法主张"物必有体"的原因。

近现代以来，随着科学技术的进步和以自由交换为基本原则的市场经济的建立和发展，支配性不再以对客体的实体占有或控制为必要条件，电、热、光等自然力可以利用技术手段实现观念上的控制，空间可以通过界定八至和登记实现观念上的占有，并且由于市场经济的建立，人们对客体的支配逐渐演变为对价值的获得，这也就是学者们所归纳的物权客体的价值化趋势，所有权（物权）可以针对特定价值而存在，并且其本质是意志支配而非实物支配，此时，支配性在有体物和无体物间的差异性逐渐丧失，所有权（物权）可归结为对特定价值的排他性支配权。[①] 如荷兰学者雅各·H. 毕克惠斯教授认为，

---

① 参见高富平《物权法原论》（第二版），法律出版社2014年版，第464～466页。

虽然传统民法理论认为只有动产或不动产（有体物）能为人所支配，成为所有权（物权）的客体，但是，现代民法也承认所有权（物权）附于一定价值（无体物）客体的可能性。①因而，支配性与有体相分离，即民法上"物"的可支配性不以有体为必要，换言之，有体不是民法上"物"的构成要件。可见，可支配性是一个历史性概念，随着社会发展而不断变化，这种变化表现为，从早期对实体的占有或控制发展到现代包括对实体的占有或控制和对无体的观念的占有或控制。

需要指出的是，现代大陆法系民法中，物权的客体已经不再局限于有体物，并且出现对"物"作出更加宽泛解释的趋势，例如，在法国，由于采用广义财产理论，其民法上的"物"不仅包括有体物，而且包括财产权利甚至著作权等②；在德国，尽管《德国民法典》第九十条将民法上的"物"限定为有体物，但这样的规定在现代社会中显然难以适用，因而，德国民法上创设了一个比物权更高级的概念，即"对物权"（Dingliches Recht），并且将对物权的客体扩展至无体物，这样德国民法悄然将无体物纳入物权体系，可见，大陆法系民法上"物"的概念已经不限于有体物，而且有进一步扩展的趋势。

第二，稀缺性。物权设定的意义在于明确稀缺资源的归属，并保护这种归属状态，以达到定纷止争的社会效果。物权设定的意义早在我国先秦著作《商君书·定分》中就有所体现。商鞅认为："一兔走，百人逐之，非以兔可分以为百也，

---

① 参见（荷）雅各·H. 毕克惠斯《荷兰财产法结构的演进》，张晓军译，载《民商法论丛》（第7卷），法律出版社1997年版，第293页。

② 参见周枏《民法》，知识出版社1981年版，第42页。

由名分之未定也。夫卖兔者满市,而盗不敢取,由名分已定也。"① 因而,作为物权客体的"物"必然具备稀缺性。

对稀缺资源的判定标准是随着时代的发展而有所改变的,在近代以前,稀缺资源的判定标准是以有无经济价值作为唯一判定标准,换言之,只有具有经济价值、可为人所利用和交换的资源才是稀缺资源。

近现代以来,随着经济社会的发展,人们的价值观念发生改变,稀缺资源的判定标准日渐趋于多元化,表现为,不再以有无经济价值作为唯一的判断标准,例如,尸体、胎盘、移植器官、野生动物、宠物等都因具有伦理价值而成为民法上的伦理之物。② 同样,随着自然科学的发展和人们环境保护意识的增强,环境容量因具有经济价值和生态价值而成为民法上的生态之物。③ 当然,现代社会,法治昌明,人只能是物权的主体,因而,稀缺资源的前提条件是人体之外。④

综上所述,现代民法上的"物"是人体之外可为人所支配的稀缺资源,其特征包括"可支配性"和"稀缺性"两个方面。"可支配性"的表现形式不以对有体物的实物占有或控制为限,还包括对无体物的观念占有和控制;"稀缺性"不再以有无经济价值作为唯一的判断标准,而是以包括经济价值、

---

① 参见《商君书》,中华书局2009年版,第205页。
② 参见杨立新《民法物格制度研究》,法律出版社2008年版,第62~172页。
③ 参见邓海峰《环境容量的准物权化及其权利构成》,载《中国法学》2005年第4期;吕忠梅《论环境物权》,载《2001年环境资源法学国际研讨会论文集》,第169~171页。
④ 民法上"物"的前提是非自然人之身体,但是,自然人身体之分离部分,在不违反公序良俗的情形下可以成为民法上的"物"。参见李宜琛《民法总则》,中国方正出版社2004年版,第128页。

伦理价值和生态价值等多元化价值为判断标准。

（三）开发容量符合民法上"物"的构成要件

土地开发容量是随着人类经济社会的发展、科学技术水平的提高、城镇化进程的加快而产生的新概念，土地发展权设立的目的是确保人类有序、合理、可持续地利用土地，实现人与自然的和谐相处。在古代农耕社会和近代工业社会，土地开发容量不具备稀缺性。随着经济社会的发展，城市化进程的加快，土地开发容量逐渐成为稀缺性资源。为了避免土地开发容量被滥用而枯竭，必须对土地开发容量进行合理配置。而对土地开发容量合理配置的法律手段当属权利化（产权）和建立权利流转机制，使土地发展权成为独立的物权品种。土地开发容量是某一地区在保障人们基本生存环境基础上，土地所能承受的最大开发量。土地开发容量是土地发展性利益所依附或所指向的对象，以容积率或开发密度为量化标准。开发容量具有可支配性和稀缺性，符合民法上"物"的构成要件，可以成为土地发展权的客体。

就"可支配性"而言，虽然开发容量没有形体，是一种无体物，但是却可以通过一定的计量工具和手段使其特定化，实现观念的控制和占有。正如，空间虽没有形体，却可以通过对空间八至的界定使其特定化，并借助登记的方式，实现人对空间的观念控制和占有一样。与空间相似的是，开发容量的特定化同样需要借助于土地这个媒介，需要从界定土地的四至来实现观念控制和占有。除此之外，开发容量还需要利用容积率或开发密度为计量手段进行量化，并借助登记的方式实现观念控制和占有。例如，在美国，土地发展权人对开发容量的占有或控制表现为持有特定的权属证书，在该权属证书上记录着特定地块的四至和容积率或开发密度等量化数据，土地发展权人将开发容量予以处分时需要在土地发展权银行进行登记，登记的事项主要是移出地和移入地的四至、具体的容积率或开发密度等。可见，开发容量作为无体物同样可以为人所占有和控制，具备现代民法上"物"的"可支配性"要件。

就"稀缺性"而言，开发容量具有经济价值和生态价值双重价值，一方面，开发容量是某一地区在保障人们基本生存环境基础上，土地所能承受的最大开发量，因而，开发容量具有稀缺性，可以作为交易标的在市场上流通，如美国、日本、意大利和我国台湾地区的土地发展权移转，具有经济价值。另一方面，开发容量设立的目的是人类为了有序、合理、可持续地利用土地，实现人与自然的和谐相处。换言之，开发容量承载了人类保护生态环境的功能和价值，具有生态价值。开发容量所承载的经济价值和生态价值是相辅相成的，表现为手段和目的的关系，经济价值为开发容量的权利化和优化配置提供保障，是促进资源集约化利用、实现保护生态环境的手段；实现生态价值是开发容量设立的目的，是开发容量经济价值得以存在的前提条件。开发容量的双重价值能够满足现代民法理论资源"稀缺性"多元化价值的判断标准，符合现代民法上"物"的资源"稀缺性"要件。

综上可知，开发容量具有可支配性和稀缺性，符合现代民法上"物"的构成要件，可以成为土地发展权（物权）的客体，并且由于以登记作为物权公示手段，因而，开发容量应当被视为特殊的不动产。在民法上特殊的"物"中，有的被视为动产，如电、热、光等自然力，也有的被视为不动产，如空间。开发容量能够成为民法上的"物"，这种特殊的"物"应该被视为动产抑或不动产？笔者认为，开发容量可被视为不动产，不仅仅是其以登记作为公示手段，更为重要的是，这种稀缺资源的价值较大且在一定地区和一定期限内的总量相对稳定，因而，应将这种资源理解为不动产，具体可参照矿藏、水域等资源的定性。

三、土地发展权的内容

在土地发展权法律关系中，土地发展权的主体，基于对土地发展性利益来源的不同理解、对哈丁"公地悲剧"理论不同的解读与适用，以及价值（公平或效率）追求的不同，存在三种不同的主体模式。土地发展权的客体是开发容量，因为开发容量符合民法上"物"的构成要件，可以成为物权（土地发展权）的客体。依据民法理论可知，土地发展权的内容，是土地发展权主体享有权利和承担义务的总和。其中，土地发展权主体享有的权利可分为积极权利和消极权利，前者包括土地发展权主体对土地发展权客体的占有、使用、收益和处分，后者指土地发展权主体享有的防御式权利，即物上请求权。土地发展权主体承担的义务包括公法上的义务和私法上的义务。

（一）土地发展权人之权利

依据"权能分离"理论，权利主体依其享有之权利而实施的各种外部行为，属于权能的范畴，[①] 即权能和权利是一体两面的关系。土地发展权人之积极权利表现为对客体的占有、

[①] 参见韩松《农村集体土地所有权的权能》，载《法学研究》2014年第6期。

使用、收益和处分四个方面的权能。

就占有权能而言，传统民法理论对民法上"物"的可支配性，强调对实物的控制（包括直接控制或间接控制），此时，占有权能表现为实物占有。由于科学技术的发展和民法观念的革新，民法上"物"的可支配性不再以对实物的控制为限，占有权能具体形态包括对实物占有和观念占有两种情形。作为土地发展权客体的开发容量具有非实体性的特征，因而，对开发容量的占有属于观念占有而非实物占有。对开发容量的占有表现为运用一定的计量手段将开发容量予以量化并加以登记，土地发展权人通过持有权属证书实现对开发容量的占有。

就使用权能而言，表现为土地发展权人可依自己之意思变更土地使用性质或提高土地利用集约度，使用开发容量，当然，开发土地的程度则由开发容量的多少决定。需要指出的是，传统民法理论认为"物"之使用应依据"物"之通常使用方法，且以不损及"物"之本体和经济效用为前提。传统民法理论针对的是实体"物"，而依现代民法理论，"物"的可支配性不以对有体物的实物占有或控制为限，还包括对无体物的观念占有和控制，因而，对"物"的使用权能还应当包括对无体物使用这一特殊情形，例如，电、热、光等自然力的物权人行使使用权能时必然会损及电、热、光等自然力本体，空间物权人行使使用权能时必然会使特定的空间被完全覆盖而失去经济效用。这种无体物使用权能的特殊性同样体现在对开发容量的使用。与物的权利人对电、热、光等自然力的使用类似，土地发展权人使用开发容量时，特定的开发容量会消失，但与对电、热、光等自然力的使用将使得特定自然力永久消失所不同是，特定开发容量的消失具有暂时性，当土地发展权人将土地使用性质或土地利用集约度恢复至使用开发容量前的状态时，特定的开发容量则会恢复至使用前之状态，这种情形与所有权的弹力性相似，因而，这种情形为开发容量使用的弹力性。

此外，土地发展权使用权能的行使须受到来自公法上的限制，例如，被分区规划划定为发送区的土地发展权的使用权能处于被限制状态，只有在接受区的土地发展权人行使使用权能时才处于被释放状态。

就收益权能而言，该项权能是土地发展权四种权能中最为核心的权能，因为占有权能、使用权能和处分权能行使的最终目的和归宿在于，变更土地使用性质或提高土地利用集约度以获得增值性收益，因此，收益权能是土地发展权四种权能中最为重要的权能。值得注意的是，收益权能并不总是都能得以实现，例如，在美国土地发展权发送区，由于土地发展权的使用权能受到限制，土地只能依原利用状态使用，因而，土地发展权的收益权能无法获得实现，而只有在土地发展权接受区，土地发展权人的使用权能处于释放状态，土地发展权人变更土地使用性质或提高土地利用集约度时，土地发展权的收益权能才能得以实现。因此，土地发展权收益权能与使用权能的行使直接相关。

就处分权能而言，民法理论分为事实上的处分和法律上的处分两种，前者指对标的物改造、变形、毁损等物理上之行为，后者为使标的物上权利发生变动之法律行为。[①] 由于土地发展权标的物——开发容量的非实体性，因而，土地发展权的处分权能表现为法律上的处分，不包括事实上的处分（物理

---

① 参见谢在全《物权法论》（上册），中国政法大学出版社2011年版，第112页。

上的行为)。法律上的处分主要有土地发展权人移转土地发展权的行为和土地发展权人在土地发展权上设置担保物权的行为。

土地发展权是一项物权,土地发展权人的消极权利表现为物上请求权,该权利是一种被动防御式的权利,只有在土地发展权人受到或将要受到他人侵害之时才能行使。物上请求权是基于物权而生的权利,是物权人在其物权被侵害或有被侵害可能时,可以请求恢复物权圆满状态或防止侵害之权利,具体包括返还原物、排除妨害和消除危险三方面,其中排除妨害和消除危险合称为保全请求权。[①] 返还原物请求权针对的是实物客体被他人所侵占的情形,换言之,返还原物请求权适用于以占有实物标的物为内容之物权,由于开发容量的非实体性,以及以登记而非占有作为物权公示的手段,因而,返还原物请求权在土地发展权上表现不明显。排除妨害请求权适用于他人妨害物权人行使权利的情形,在土地发展权领域表现为土地发展权人排除他人之妨害行为。消除危险请求权适用于他人有妨害物权人行使权利之可能(危险状态)的情形,在土地发展权领域表现为土地发展权人发现他人有侵害其权利行使之可能时,可以排除这种危险状态。

(二) 土地发展权人之义务

法律上的权利有公权利与私权利之分,法律上的义务同样也有公义务和私义务之分。公义务是主体所负担的公法上的义务,而私义务则是主体所负担的私法上的义务,也就是民法上

[①] 参见王泽鉴《民法物权》(第二版),北京大学出版社 2010 年版,第 50 页。

义务。① 土地发展权人的义务包括公法上的义务和私法上的义务。其中,公法上的义务主要有缴纳不动产税、容忍来自公法上的限制等;私法上的义务主要有遵守诚实信用的基本原则、接受相邻关系的约束等。土地发展权人之义务主要为公法上的义务。

土地发展权人所负担的公法上的义务,是在所有权(财产权)社会化理念下,土地发展权作为财产权承受来自公法合理限制的结果。土地发展权人缴纳不动产税是土地发展权人负有依其享有的土地发展权财产价值的一定比例向国家纳税的义务。由于土地发展权的客体(开发容量)为不动产,因而,土地发展权是不动产物权。土地发展权是从土地所有权分离出来的权利,土地所有权人享有土地发展权并获得土地发展性利益具有理论正当性。但是,由于土地的社会性,土地发展性利益的产生与社会整体的发展具有不可割裂的关系,因而,土地发展权人应当将部分土地发展性利益以不动产税的形式返还给社会。

土地发展权人容忍来自公法上的限制主要表现为:一方面,土地发展权人行使权利时需要接受分区规划的限制;另一方面,土地发展权人需要容忍国家的征收行为。

土地发展权人行使权利时需要接受分区规划的限制,表现为,土地发展权人虽然享有土地发展权,但其开发土地时仍然需要符合分区规划。以美国的土地发展权移转为例,政府在实施土地发展权移转时,需要运用分区规划将土地划分为适合开发地区和不适合开发地区,前者是土地发展权的接受区,后者是土地发展权的发送区。在发送区的土地发展权人虽然享有土

---

① 参见史尚宽《民法总论》,中国政法大学出版社2000年版,第37页。

地发展权，但由于受到分区规划的限制，土地发展权人不得将其享有的土地发展权用以土地开发。因而，发送区土地发展权人权利实现的主要方式是，将其享有的土地发展权通过出售方式让渡给土地发展权接受区的土地开发者。

土地发展权作为一项物权（财产权），土地发展权人需要容忍来自国家的征收行为，表现为，国家基于公共利益的需要，可以强制性地将土地发展权人的土地发展权收归国有，土地发展权人享有的土地发展权（民事权利）不得与国家的征收行为（行政权力）进行对抗。当然，土地发展权人需要容忍来自国家的征收行为仅仅意味着征收行为的强制性，并不意味着征收行为的无偿性，国家需要给予被征收土地发展权人以公平补偿。

根据义务之内容，私法上的义务可进一步划分为积极义务（作为义务）和消极义务（不作为义务）。土地发展权人私法上的义务主要表现为消极义务（不作为义务），即土地发展权人行使权利之时应当遵守诚实信用的基本原则，禁止超越权利范围行使权利，禁止在权利行使过程中滥用权利；土地发展权人应当接受相邻关系的约束，对相邻关系人的合法行为应有必要限度的容忍。

本章小结

本章从主体、客体和内容三个方面对土地发展权进行解构。关于土地发展权的主体，域外国家或地区的立法例有三种不同的处理模式，分别是，英国土地发展权国有模式、美国（日本、意大利、我国台湾地区）的土地发展权私有模式和法国的土地发展权共享模式。三种不同的主体模式基于以下三个判定标准：其一，土地发展性利益的来源；其二，对哈丁"公地悲剧"理论不同的理解和适用；其三，对不同价值取向（公平或效率）的选择。

英国土地发展权国有模式是土地发展性利益来源外力论的具体实践，依循哈丁的资源国有化思路，将土地开发容量上设置的财产权（土地发展权）归国家享有，由国家统一行使，其立法价值取向为注重追求公平。

美国（日本、意大利、我国台湾地区）土地发展权私有模式是土地发展性利益来源自力论的具体实践，依循哈丁的资源私有化思路，将土地开发容量上设置的财产权（土地发展权）归土地所有权人享有，使私人土地所有者产生保护土地开发容量的动机，并承担相应的保护成本，其立法价值取向为实现效率的同时兼顾公平。

法国土地发展权共享模式是土地发展性利益来源协力论的具体实践，依循混合产权化路径，将土地开发容量私有化和国有化合于一体，其立法价值取向注重公平，但对效率价值的兼顾流于形式。

关于土地发展权客体的学者见解，主要有"土地说"、"空间说"、"开发密度说"或"容积率说"、"土地发展性利益说"和"开发容量说"五种。前四种观点各有利弊，值得商榷，第五种观点较为科学，表现为，从民法上"物"的含义及其构成要件来看，现代民法上的"物"是人体之外可为人所支配的稀缺资源，其构成要件包括"可支配性"和"稀缺性"两个方面。"可支配性"的表现形式不以对有体物的实物占有或控制为限，还包括对无体物的观念占有和控制；"稀缺性"不以有无经济价值作为唯一的判断标准，而以包括经济价值、伦理价值和生态价值等多元化价值为判断标准。开发容量具有可支配性和稀缺性，符合现代民法上"物"的构成要件，可以成为土地发展权（物权）的客体，并且由于以登记作为物权公示手段，因而，开发容量应当被视为特殊的不动产。

　　土地发展权的内容是主体享有权利和承担义务的总和。其中，土地发展权人享有的权利有积极权利和消极权利之分，前者是权利主体对客体的占有、使用、收益和处分；后者指权利主体享有的防御式权利，即物上请求权。主体承担的义务有公法上的义务和私法上的义务之分，前者主要包括缴纳不动产税、容忍来自公法上的限制等；后者主要包括遵守诚实信用的基本原则、接受相邻关系的约束等。

第五章 我国设置土地发展权的必要性和可行性

土地发展权肇始于英美法系，后为大陆法系国家所采纳，对我国大陆地区而言是一种舶来品。自20世纪90年代以来，我国学者探讨土地发展权问题越来越多，理论研究最终是为实践服务的，因而，从我国国情出发，对我国设置土地发展权的必要性和可行性问题进行系统性论证是我国设置土地发展权的逻辑前提。

一、我国设置土地发展权的必要性

关于我国设置土地发展权的必要性问题，学界存在两种不同意见。

第一种意见认为，我国有设置土地发展权的必要性。例如，江平先生认为，土地发展权在我国应定位为农地发展权，我国现阶段有设置农地发展权的必要性[①]；华生教授明确指出，城市化转型期的中国所面临的真正问题，与其说是土地所有权的问题，不如说是土地发展权的问题，设置土地发展权是

---

① 参见江平《中国土地权利研究》，中国政法大学出版社1999年版，第386～387页。

第五章 我国设置土地发展权的必要性和可行性

解开我国当前土地迷局的总钥匙。①

第二种意见认为，我国没有设置土地发展权的必要性。例如，韩松教授认为，不可以盲目地引进土地发展权的概念和制度，因为，一方面，无论是英国土地发展权模式，还是美国土地发展权模式均不适合我国；另一方面，就土地发展性利益的分配而言，可以通过税收途径加以调节，换言之，土地发展权的功能可以通过税收制度加以替代，因而，我国没有设置土地发展权的必要性。② 后来，韩松教授虽然对其观点进行了一定修正，但仍然主张我国没有设置土地发展权的必要性。韩松教授认为我国可以吸收和借鉴土地发展权理论，但土地发展权在我国应以集体土地所有权的一项权能而非独立的权利形式存在。③ 刘俊教授认为，土地发展权是土地所有权的一项权利内容，换言之，我国将土地发展权作为土地所有权的权能即可，而没有单独设置土地发展权的必要。④

笔者认为第二种观点值得商榷，具体分析如下：

第一，享有土地发展权并不意味着可以不受任何限制地行

---

① 参见华生《城市化转型与土地陷阱》，东方出版社 2014 年版，第 81～83 页。

② 参见韩松《集体建设用地市场配置的法律问题研究》，载《中国法学》2008 年第 3 期。

③ 韩松教授分析我国集体土地所有权权能时指出，为了完善农民集体土地所有权权能，应当赋予农民集体土地所有权经济功能实现的权能、社会保障功能实现的权能以及因公共利益使其权能受到限制的利益补救权能，其中，因公共利益使其权能受到限制的利益补救权能包括赋予农民集体土地发展权能，使其因土地使用权能受限制而失去的利益通过发展权能实现。参见韩松《农民集体土地所有权的权能》，载《法学研究》2014 年第 6 期。

④ 参见刘俊《中国土地法理论研究》，法律出版社 2006 年版，第 174～178 页。

使权利。根据美国式的土地发展权私有模式,如果我国将土地发展权赋予农民集体,农民集体享有集体土地发展权并不意味着其可以随心所欲地行使土地发展权。原因在于,土地发展权作为民事权利,理应受到来自公法和私法不同程度的限制,比如在美国,仅仅只有在分区规划中被划为接受区的土地发展权人可以变更土地使用性质或提高土地利用集约度;在发送区的土地发展权人仅可以持有土地发展权或将土地发展权予以转让,而不能随心所欲地行使土地发展权、开发土地。

第二,美国土地发展权私有模式的精髓在于,运用市场机制保护耕地资源等。我国借鉴美国土地发展权模式,赋予农民集体土地发展权之后,保护耕地的主要方式不是国家向农民集体购买土地发展权或强行征收土地发展权以使土地保持农用状态,而是利用市场机制,由被规划限制开发土地的农民集体基于经济激励,将土地发展权在市场上流转。因而,在大多数情形下,耕地保护无需国家财政投入,只有在极个别情形下,才需要国家动用财政支出,购买土地发展权或运用征收权征收土地发展权。

第三,土地发展权是与土地所有权相分离的独立财产权,有独立存在的价值,不可能因土地发展权的独立存在导致土地权利体系的复杂化。而且,随着人类对土地利用的多元化,在土地上设立的权利只会越来越多,进而形成土地上的权利群。没有必要为了刻意保持土地权利体系的简单化,而无视现实之需求。

第四,目前我国虽未在中央统一制度中规定土地发展权,但在实践中存在大量土地发展权问题,有的地方政府在自觉不自觉地利用土地发展权理论和制度内容,出台地方规范性文件,解决现实中存在的土地发展权问题。实践中,我国地方政府近乎完全垄断土地发展性利益。我国现行土地统征制度造成的结果是，国家垄断土地一级市场，这与英国式的土地发展权模式在本质上是一致的，所以，认为设置土地发展权并采取英国模式会造成国家垄断土地市场，抬高了集体土地入市门槛的观点值得商榷。

第五，我国实行社会主义市场经济，实行市场经济意味着市场在资源分配中应该起决定性作用，对土地发展性利益这一重要资源的分配，理应发挥市场机制的决定性作用。虽然通过国家税收手段可以在一定程度上调节土地发展性利益的分配，但国家税收手段属于"看得见的手"，不应当成为土地发展性利益分配的主导性手段，因而，对土地发展性利益的分配，应当通过权利设置，采用市场手段来处理。

第六，土地发展权具有独立于土地所有权的权利特质和内容，是一项独立于土地所有权的新型财产权利。在近现代以前，基于绝对土地所有权的理念，包括空间权、土地发展权等诸多权利都属于土地所有权的应有之义，没有独立的现实需求，但随着生产力发展、经济社会进步、城镇化速度的加快、土地所有权社会化理念的形成，空间权、土地发展权都不再被土地所有权的权利内容所涵盖，已经作为一项权利独立出来，这符合土地权利发展的一般规律。

我国设置土地发展权的必要性，可以从以下方面得到体现。

（一）保护和分配土地发展性利益，解决土地发展权问题

土地发展性利益是土地变更使用性质或者提高利用集约度后产生的增值收益，这种增值收益随着经济社会发展和城镇化

进程的快速推进越来越成为社会关注的焦点。由于保护和分配土地发展性利益的重要性，域外许多国家或地区相继以立法的形式建立土地发展权制度。

改革开放 30 多年来，随着我国经济社会的高速发展和城镇化进程的快速推进，土地发展性利益的重要性日益凸显，特别是在我国土地资源稀缺、房地产市场兴起，并持续升温的社会背景之下，对土地发展性利益的争夺更是乱象纷呈。地方政府、农民集体与农民个体之间，以及他们与开发商之间，围绕着土地发展性利益产生的矛盾和纠纷不断发生。如我国地方政府对土地财政的过度依赖，以至于各种强拆、乱拆事件频发；我国"小产权房"现象的屡禁不止，深层次原因都是对土地发展性利益的争夺。

地方政府土地财政的实质是对土地发展性利益的垄断。依据《中华人民共和国土地管理法》（以下简称《土地管理法》），我国集体土地分为农用地、建设用地和未利用地，农民集体土地除了在兴办乡镇企业等极少数情形下可以作为建设用地外，用于建设用地必须通过地方政府的土地征收行为转变为国有土地后，才可以开发建设。① 这种建设用地统征制度安排意味着，农民集体土地要变更土地使用性质，只能通过地方政府的土地征收行为。根据《土地管理法》关于土地征收补偿的规定，征收农民集体土地按照土地被征收前的原用途给予补偿。农民集体土地经征收转变用途后所产生的土地发展性利益，大部分被地方政府无偿取得。

正是因为能够无偿取得征地产生的土地发展性利益，地方

---

① 参见刘家安《物权法论》，中国政法大学出版社 2009 年版，第 163～164 页。

政府前所未有的征地冲动进一步被激发出来。《中华人民共和国宪法》（以下简称《宪法》）所规定的"征收必须是为了公共利益目的"被肆意篡改。地方政府对土地发展性利益的追求导致地方政府对土地财政的过度依赖，并且由此引发了一系列冲突和矛盾。

这种乱象产生的根源之一是我国没有以法律的形式对土地发展性利益进行保护和分配。立法上的缺失造成了土地发展性利益归属不清，利益归属的不清刺激了地方政府滥用公权力。如果在立法上设置土地发展权，土地发展性利益的归属得以明晰，地方政府滥用公权力攫取土地发展性利益的现象将会在很大程度上得到遏制甚至根除，因而，我国确有必要设置土地发展权，建立土地发展权制度。

"小产权房"现象近年来屡禁不止且呈大规模发展态势，学术界对这种现象产生的根源进行了有益探索，所展示的研究成果从某些方面揭示了"小产权房"现象产生的原因。[1] 笔者认为，"小产权房"现象发生的深层次原因是农民自觉不自觉地产生对土地发展性利益的追求。自新中国成立以来，我国长期实行农业支持工业的政策，农民为了经济社会长期稳定发展而牺牲了巨大的发展性利益。随着我国社会主义市场经济体制的逐渐建立和完善，以及城镇化进程的快速推进，广大农民渴望分享到土地征收产生的发展性利益。但是，由于我国在立法

---

[1] 参见龙翼飞、徐霖《对我国农村宅基地使用权法律调整的立法建议——兼论"小产权房"问题的解决》，载《法学杂志》2009年第9期；严焰《"小产权房"的形成原因与出路探究》，载《特区经济》2008年第2期；程浩《中国小产权房：现状、成因与问题》，载《中共中央党校学报》2009年第9期；王德山、姜晓林《小产权房问题研究》，载《法学杂志》2008年第6期；李佳穗《试论小产权房的法律症结与改革路径》，载《河北法学》2009年第8期。

上没有设置土地发展权,土地发展性利益归属不清,农民面对强大的公权力时处于绝对弱势地位,加之土地利用规划和土地用途管制等一系列刚性制度的硬性束缚,为了分享土地变更使用性质和提高土地利用集约度产生的发展性利益,农民不得不铤而走险,游走在违法边缘,这就使得"小产权房"现象屡禁不止,且呈大规模发展态势。

因而,有必要在立法上设置土地发展权,建立土地发展权制度,明确土地发展性利益的归属,让广大农民分享到土地变更使用性质和提高土地利用集约度产生的发展性利益,才可以从根本上杜绝"小产权房"现象的产生。

综上所述,由于我国在立法上未设置土地发展权,造成了土地发展性利益的归属不清,由此引发了一系列社会冲突和矛盾,因此,为了有效遏制、根除"小产权房"现象的产生,我国有必要在立法上设置土地发展权,建立土地发展权制度,通过制度建设保护和分配土地发展性利益。

(二)解决土地征收矛盾,增加农民财产性收入

1. 解决土地征收矛盾

土地征收是国家以公共利益为目的,遵守相关程序将被征收人的土地收归国有并给予公平补偿的一种行政行为。依法理而言,该行政行为的实施需要满足目的性(公共利益)、程序性(法定程序)和有偿性(公平补偿)三个要件。我国目前的土地征收没有完全满足上述三个要件,表现为以下三方面不足:其一,公共利益界定不清;其二,征地程序失范;其三,征地补偿不公。

我国的土地征收立法，没有对公共利益的界定。需要指出的是，公共利益本身是一个历史性概念，在不同的国家或者同一国家的不同时期具有不同的含义，因而，不存在一个精确的、放之四海而皆准的对公共利益的界定，所以，要从立法上精确界定公共利益的含义，解决我国土地征收制度所引发的矛盾较为困难。

我国土地征收程序失范也是不争的事实，需要进一步完善，但是程序性事项的不足不是引起我国土地征收矛盾的核心因素，所以，从完善征地程序着手无法从根本上解决我国土地征收制度所引发的矛盾。

引起我国土地征收矛盾的关键所在是征地补偿不公[①]，而征地补偿不公的深层次原因是土地发展权在我国立法上的缺失，具体分析如下：

我国土地征收的补偿包括土地补偿费、地上附着物补偿费、青苗补偿费和安置补助。土地补偿费是按照土地原用途所给予的补偿；地上附着物补偿费是对被征收土地上的建筑物或构筑物所给予的补偿；青苗补偿费是对被征收土地上的农作物所给予的补偿；安置补助是对因土地被征收而丧失生产资料的农民维持基本生活所给予的补偿。上述所有的补偿都不包括征收土地后变更土地使用性质所产生的土地发展性利益,[②] 换言

[①] 由于征地补偿不公，政府通常以低价征收土地再高价出让，由此形成了显著的价格差，导致被征地农民容易产生强烈的"被剥夺感"，并造成一系列暴力事件和群体性事件的发生。中国社会科学院在其发布的《社会蓝皮书》中更是明确指出征地拆迁引发的群体性事件占全国总数一半，http://ndnews.oeeee.com/html/201212/18/10129.html，2014年9月10日访问。

[②] 参见刘国臻《论我国土地利用管理制度改革》，人民法院出版社2006年版，第102页。

之，地方政府几乎未支付任何对价即获得被征收土地上产生的土地发展性利益，这种获得被征收土地上产生的土地发展性利益的无偿性造成了我国土地征收补偿的严重不公，进而引发一系列矛盾和冲突。

可见，要解决我国土地征收矛盾的关键是，设置土地发展权，建立土地发展权制度，将土地发展权赋予农民集体或农民个体，[①] 使得地方政府获得土地发展性利益由土地发展权设置前的无偿变为设置后的等价有偿。由于地方政府获得土地发展性利益的等价有偿性，必然导致地方政府滥用征地权的经济动因被消解，我国土地征收所引发的矛盾将得到较好解决。

2．赋予农民更多财产权利，增加农民财产性收入

我国工业化和城镇化的快速发展得益于广大农民长期以来所作出的巨大贡献（甚至可以说是无偿牺牲），无论是计划经济时代的工农业产品剪刀差政策，还是改革开放后的土地征收政策，都是以广大农民的财产权和财产性收入的丧失为代价。据统计，1949—1979 年的 30 年间，农民为国家工业和城市建设无偿提供了 8000 亿元。改革开放后，地方政府从农民手中无偿获得的征收土地后变更土地使用性质所产生的土地发展性利益的总额更是高达 23000 亿元。可以说，农民土地利益的丧失是非常巨大的。[②] 这在法律上体现为农民财产权的巨大丧失。

在计划经济时代，由于强调政府的管理功能，在农村，无

[①] 参见孙宪忠《争议与思考——物权立法笔记》，中国人民大学出版社 2006 年版，第 487 页。

[②] 参见郑永流《当代中国农村法律发展道路探索》，中国政法大学出版社 2004 年版，第 26 页。

论是财产关系抑或人身关系都处处渗透着公权的色彩，公法全面而深入地介入农村社会生活，使得农民的财产权（民事权利）长期处于被压制甚至濒临消灭的状态。改革开放后，随着农村土地承包制度的实施，这种现象有所缓解，特别是在《物权法》将土地承包经营权、宅基地使用权等纳入物权体系之后，农民的财产权在一定程度上得以彰显，财产性收入获得了一定的保障，但由于国家垄断土地一级市场，使得农民现有财产权的实现受到了极大的限制和阻碍，农民财产性收入得不到应有的保障与提升，也在一定程度上制约了我国社会整体的全面、稳定和可持续发展。

从我国历史发展的基本规律来看，只要土地权利的设置及土地上相关利益的分配出现问题，社会也必然会产生较为严重的矛盾甚至动荡，[1] 因而，科学设置土地权利、妥善处理土地上相关利益，是我国当前不容回避的重大理论和实践问题。党中央、国务院显然已经认识到赋予农民更多财产权利、增加农民财产性收入的重要性，因此，在《中共中央关于全面深化改革若干重大问题的决定》（以下简称《深化改革决定》）中明确指出，"赋予农民更多财产权利"，"探索农民增加财产性收入渠道"。在我国设置土地发展权是践行《深化改革决定》精神的必要路径。

人的生存和发展与人的财产权利紧密相连，人丧失财产权利也就丧失了生存和进一步发展的必要条件。[2] 我国农村现行

---

[1] 参见于宗先、王金利《台湾土地问题：社会问题的根源》，联经出版事业公司2003年版，第236页。

[2] 参见姚德利《论马克思主义人的发展的权利内涵》，载《当代世界与社会主义》2009年第3期。

土地承包经营权和宅基地使用权作为具有突出本土特色的物权（财产权），虽然在一定程度上保障农民最基本生存的需要，但却无法保证农民生产和生活的进一步发展，这是因为，我国现行农民财产权利中缺少土地发展权。我国现行的农民财产性收入的构成中没有土地发展性利益。正是由于我国现行农民财产权利中缺乏土地发展权，广大农民缺少进一步发展的可能性，造成了我国广大农民为了发展而不得不离开他们热爱、十分珍惜的世代居住的土地，而奔走于城市以求得发展机会的社会现象。

基于以上论述，不难得出这样的推论，只有设置土地发展权，建立土地发展权制度，将土地发展权赋予广大农民集体或农民个体，使得农民的财产性收入增加，才能在工业化和城市化快速发展的今天，有效地保障农民获得生存和进一步发展的机会。

（三）保护耕地，促进土地资源节约集约化利用

1. 保护耕地

人口众多而土地资源（特别是耕地资源）稀少是我国的基本国情。我国人均耕地面积仅为 1.4 亩，只有世界人均耕地面积的 40%，排在世界第 126 位，其中有 664 个市县的人均耕地面积在联合国确定的 0.8 亩警戒线以下。[1] 同时，随着我国耕地面积的不断减少，我国粮食净进口不断增加，粮食需求的对外依存度明显提高，耕地资源的流失已经严重威胁到我国的

---

[1] http://www.gmtv.cc/news/bencandy-htm-fid-82-id-3141.html，最后访问日期：2015 年 8 月 21 日。

粮食安全。① 保护耕地已经被上升到关乎"国家发展全局和民族生存安危"的高度。《关于加大改革创新力度加快农业现代化建设的若干意见》强调：耕地红线不能突破。

我国现行土地管理制度的主要目的之一是保护耕地。为了实现这一目的，我国在具体法律制度设计层面，建立了包括土地用途管制、土地利用规划、"占多少，补多少"的占补平衡、基本农田保护等一系列严格的管理制度。② 但是从现实来看，这一套严格的土地管理制度在保护耕地层面并不十分奏效，表现如下：

我国《1997—2010年全国土地利用总体规划纲要》规定："2000年，耕地总面积保持在12933万公顷（19.40亿亩）以上；2010年，耕地总面积保持在12801万公顷（19.20亿亩）以上。"③ 但是，2000年我国耕地总面积就已经减少至19.2356亿亩，为此，我国政府不得不在"十五"期间将耕地总面积19.20亿亩的保有目标，由2010年提前至2005年。④ 到2005年我国耕地总面积又锐减至18.3124亿亩，为此，国务院于2008年10月6日发布《全国土地利用总体规划纲要（2006—2020）》再次调整我国耕地总面积保有目标，将2010年和2020年我国保有耕地总面积的目标分别设置为18.18亿

---

① 参见程传兴、高士亮、张良悦《中国农地非农化与粮食安全》，载《经济学动态》2014年第7期。

② 参见程雪阳《我国现行土地管理制度的反思与重构》，载《中国土地科学》2013年第7期。

③ 《1997—2010年全国土地利用总体规划纲要》，http://www.mlr.gov.cn/zwgk/ghjh/200710/t20071017_88615.htm，最后访问日期：2014年10月6日。

④ 参见戚开静《新时期耕地保护的基本点：统一思想、明确任务、政策落实、制度创新——2001年全国耕地保护工作会议综述》，载《资源与产业》2001年第7期。

亩和 18.05 亿亩。

从我国耕地总面积不断减少的客观现状可以推论出，我国土地管理制度在保护耕地方面并未发挥预期作用。究其原因，官方认为是土地管理制度仍旧不够严格，必须建立更加严格的土地管理制度，① 并在既有土地管理制度基础之上建立土地督察制度，以对地方政府用地行为进行有效监督。然而，从近几年实施效果来看，这种"更加严格的土地管理制度"在保护耕地方面仍旧收效甚微。近年我国屡禁不止的大量违法用地现象就是例证。例如，2014 年国土资源部发布的《2013 中国国土资源公报》载明，"全年（2013 年）发现违法用地行为 8.3 万件，涉及土地面积 4.1 万公顷（耕地 1.2 万公顷），同比分别上升 35.0%、28.2%（14.4%）"②。可见，尽管我国建立了世界上最为严格的土地管理制度，但在保护耕地方面却显得力不从心，究其根源在于，土地资源作为人类生产和生活所不可或缺的稀缺资源，承载着维护社会整体利益和保障个人利益的双重使命，一个国家的健全的土地制度应当体现两种利益的有机结合。

改革开放前，我国土地制度深受计划经济体制的束缚，强调社会整体利益，重视运用公权力进行管制，这必然导致个人利益的不受重视和土地权利的萎靡。然而，随着我国社会主义市场经济体制的建立和完善，单纯强调社会整体利益、仅依靠公权力手段调节土地资源在市场经济的大背景之下显得格格不

---

① 国务院于 2006 年 8 月 31 日发布的《国务院关于加强土地调控有关问题的通知》（国发〔2006〕31 号）明确指出："必须采取更严格的管理措施，切实加强土地调控"。

② 国土资源部：《2013 中国国土资源公报》，http://www.mlr.gov.cn/zwgk/tjxx/201404/P020140422308238445508.pdf，最后访问日期：2015 年 8 月 16 日。

入，并且直接影响我国耕地资源的保护效果，这也是中共中央《深化改革决定》强调"紧紧围绕使市场在资源配置中起决定性作用深化经济体制改革"的原因所在。

我国当前的土地利用现状，以及所面临的困境，与20世纪60年代美国设置土地发展权之前有些相似。在20世纪60年代美国同样面临保护耕地的压力，美国在设置土地发展权之前单纯依靠土地用途管制公权力手段保护耕地资源，限制土地所有权人改变土地使用性质，结果显示耕地资源保护的效果不佳。为了弥补土地管理制度在保护耕地方面的不足，美国地方政府建立土地发展权（私法性）制度，形成保护耕地资源的私法与公法双轨制，取得了较为显著的效果，美国的成功经验值得我们借鉴。

我国现行耕地保护制度过分强调政府管理的重要性，广大农民成为政府管制的对象，在土地利用方面没有享受发展性权利。正是这种广大农民只能接受政府管制（保护耕地），而不能分享土地改变使用性质产生的发展性利益的不合理制度安排，造成了广大农民没有保护耕地的动力，因而，也就不难找到我国耕地保护的效果不理想的原因。由此推论，我国必须设置土地发展权，建立土地发展权制度，将土地发展性利益赋予广大农民集体或农民个体。农民集体或农民个体在接受政府土地管理保护耕地（保持土地农用状态）的同时，可以转让土地发展权以获得不菲的对价，为其生存和发展创造经济条件，从而激发广大农民保护耕地的积极性。这一点可以以我国古代大禹治水的故事加以说明，大禹的父亲鲧治理洪水的方法是简单的围堵，结果九年都未能完成治水任务。大禹在总结其父亲简单围堵教训的基础之上，将治水的方法由简单的围堵改为疏通引导，结果治水效果很好。同样道理，通过设置土地发展权,建立土地发展权制度,转变单纯依靠硬性土地管理制度保护耕地的做法,将土地发展性利益赋予广大农民集体或农民个体,调动广大农民集体或农民个体保护耕地的积极性。

2. 促进土地资源节约集约化利用

土地资源的节约集约化利用是我国经济社会可持续发展的必然选择,我国政府历来十分重视土地资源节约集约化利用工作。2005年,中央提出要加快建设资源节约型社会。党的十八大将全面推进资源节约作为生态文明建设的重要内容。十八届三中全会进一步提出要健全资源节约利用体制机制。习近平总书记在中央政治局集体学习时强调,要大力节约集约利用资源,大幅降低土地消耗强度。李克强总理指出,节约是大战略,要把节约优先放在更加突出的位置。① 国土资源部于2014年9月12日发布《关于推进土地节约集约利用的指导意见》(以下简称《土地节约集约指导意见》),强调土地节约集约利用是生态文明建设的根本之策,是新型城镇化的战略选择。

尽管如此,我国当前的土地节约集约化利用现状不甚理想,土地粗放利用的方式没有从根本上得到转变。为了改变土地粗放利用的现状,从根本上扭转土地粗放利用的局面,上述《土地节约集约指导意见》指出,"紧紧围绕使市场在资源配置中起决定性作用和更好发挥政府作用……遵循严控增量、盘活存量、优化结构、提高效率的总要求……大力推进节约集约用地。"不难看出,从土地发展权的权利本质和实践意义出发,我国设置土地发展权是落实上述《土地节约集约指导意见》的必要手段和重要路径。

---

① 参见盛国民《珍惜国土资源 促进节约集约——写在第45个"世界地球日"来临之际》,载《资源导刊》2014年第4期。

我国现行土地资源的配置过分重视政府管理方式而轻视市场方式，结果造成了土地资源利用的低效率。例如，某些地区的土地开发利用由主管领导决定，而随着主管领导的更迭，地方土地开发利用也呈现出三年一小变、五年一大变的局面。要从根本上改变上述土地利用无序化现状，促进土地资源利用的节约集约化，需要发挥市场机制在土地资源配置过程中的决定性作用。美国的土地发展权制度反映市场在土地资源配置中发挥决定性作用。以美国的土地发展权移转为例，土地发展权在买卖双方之间依市场机制进行交易流转，通过市场手段实现资源的有效配置。我国有必要通过设置土地发展权，发挥市场机制在土地资源配置过程中的决定性作用。

我国现行土地资源的利用表现为一种摊大饼式的粗放型开发，造成了土地资源的严重浪费。要从根本上改变土地资源粗放利用的现状，需要严格控制土地增量，在保障基本数量的同时重视质量。目前广东省和福建省等地区实施的"三旧"改造措施就是向存量要增量的创新实践。在上述创新实践中，关键的因素是土地发展性利益在政府、开发商和民众三者之间的分配问题，[1] 这说明土地发展权的设置和归属直接影响着我国土地资源的质量。因为，土地发展权的制度功能可以很好地肩负起土地资源的利用优化结构和提高效率的重任，表现为，通过发送区和接受区的划分，使得土地资源在结构上较为合理地划分为不适合开发区和适合开发区，利用土地发展权移转市场

---

[1] 参见李小军、吕嘉欣《广东"三旧"改造面临的挑战及政策创新研究》，载《现代城市研究》2012年第9期；杨廉、袁奇峰《珠三角"三旧"改造中的土地整合模式——以佛山市南海区联滘地区为例》，载《城市规划学刊》2010年第2期。

化手段使得不适合开发区的土地资源被保存下来，而适合开发区的土地资源则被有效率地加以利用，形成土地资源的集约化利用。

综上可知，浙江的"土地发展权移转与交易"、广东的"龙潭租地"、厦门的"金包银"和重庆的"地票交易"都是我国地方政府巧妙地利用土地发展权理论和制度思路对我国土地利用的创新性实践。这表明我国有必要通过设置土地发展权，发挥市场在资源配置中的决定性作用，向存量要增量，优化土地资源利用结构，提高使用效率，实现土地资源的节约集约化利用。

（四）完善我国土地权利体系

土地权利体系作为土地上的权利群所构成的统一、协调的系统，是随着经济社会发展而不断变化的开放性体系。土地权利的设置以满足社会生产和人们生活为基本前提，也具有深深的时代烙印，这又反映出土地权利体系的时代性。进而言之，只有与时代相适应的土地权利体系才能肩负起充分发挥土地价值、合理配置土地资源的重任。①

我国现行的土地权利体系建设并未能完全发挥土地价值。通过梳理土地权利体系发展的历史脉络，不难发现，我国土地权利体系有进一步完善的空间。这个空间的具体体现之一就是设置土地发展权，换言之，设置土地发展权是完善我国土地权利体系的重要举措。

在罗马法时期，由于当时社会生产力低下，人与土地之间

---

① 参见王卫国、王广华《中国土地权利的法制建设》，中国政法大学出版社2002年版，第4页。

的关系表现为一种简单的支配关系,这种简单的支配关系在法律上仅依靠土地所有权制度即可调整。此时,所有权的称谓"mancipium"与支配权的称谓一致①。正是基于对土地所有权的重视,早期罗马人的土地权利体系极为简单(主要为土地所有权,用益物权的种类非常少),这种简单的土地权利体系直到公元前 2 世纪才有所改观。

随着社会生产力不断提高和立法技术相对精细化,有必要对土地权利体系加以完善,于是从土地所有权中分离出来的一些功能被设定为独立的权能,从而产生了"用益物权",通行役权(地役权)就是例证。②"用益物权"的产生,使得土地权利体系相对复杂化,但值得注意的是,强调土地所有权的绝对性和重视土地的所有而非使用仍然是这一时期土地权利体系的基本理念。

近代西方国家的土地权利体系在吸收和借鉴罗马法基础上融入了自身所处时代的特性,表现在以下三个方面:

(1)所有权由绝对走向相对。罗马法的土地所有权是一种绝对的、不可被侵犯的、最为完整的权利,这种土地所有权绝对性的理念,在近代西方国家的早期立法中尚有所体现。随着资本主义由自由阶段走向垄断阶段,人们认识到赋予个人绝对的自由等同于没有自由,此时绝对自由的土地权利理念已经不能适应时代发展的需要,而逐渐被相对自由的土地权利理念所替代。土地所有权相对性理念逐渐被立法和司法实践所接

---

① 参见(意)彼得罗·彭梵得《罗马法教科书》(修订版),黄风译,中国政法大学出版社 2005 年版,第 148 页。

② 参见(古罗马)优士丁尼《学说汇纂. 第 8 卷. 地役权》,陈汉译,中国政法大学出版社 2009 年版,第 97 页。

受,其中以1919年德国《魏玛宪法》所规定的所有权负有义务最具代表性。土地所有权的相对性表现为,土地所有权在一定程度上受到来自公法和私法的限制,这为新型土地权利的产生奠定了理论基础。

(2)土地权利内容由所有为主走向利用为主。罗马法上土地权利体系重所有权而轻利用权,这是由当时社会生产力低下、人对地利用关系的简单化所决定的。近代以来,随着工业革命的发生,社会生产力较之于罗马法时期有了极大的提升,人对地的利用关系日趋复杂化。同时,由于土地资源的不可再生性,为了充分、有效率地利用土地资源,土地之上形成了多层次的土地利用关系,在一块土地之上可以形成多层次的土地利用关系。表现为一块土地上既可以同时存在几个相同类的土地权利,例如,同时存在两个或两个以上的地役权,又可以同时存在几个不同类的土地权利,例如,同时存在地上权与地役权。① 此时土地所有权逐渐观念化,土地权利内容由所有为主走向利用为主。

(3)土地利用由实物利用走向价值利用。古罗马处于农业社会,商品的流通性极低,土地权利的设置主要体现为对实物的占有和使用。在近代社会,随着商品经济的发展,商品的流通性大大提高,此时对土地的使用已经不再局限于对实物的简单占有,开始出现以土地作为担保融资的工具,出现了土地使用的价值化,土地利用由实物利用走向价值利用。②

现代社会较之于近代社会,不仅生产力有了突飞猛进的发

---

① 参见苏永钦《物权堆迭的基本原则》,载《环球法律评论》2006年第2期。
② 参见(日)我妻荣《债权在近代法中的优越地位》,王书江、张雷译,中国大百科全书出版社1999年版,第50~67页。

展，而且人们的价值观念也有了极大的改变，因而，现代土地权利体系在继受近代土地权利体系的基础之上融入了新的时代特性，主要表现在以下两个方面：

其一，土地利用由平面利用走向立体利用。在继承近代土地权利相对化理念的基础之上，随着建筑技术的发达和人们对土地立体化利用的现实需要，人类对土地地表之上或之下的特定空间的分层利用增多，空间权得以产生，由此开启了现代土地权利体系立体化发展的新趋势。值得肯定的是，我国 2007 年颁行的《物权法》第一百三十六条就是对新时代背景下土地立体化利用的直接反映，就此点而言，表明我国土地权利体系开始与其所处的时代保持一致。

其二，由静态利用走向未来动态利用（由静态走向动态）[①]。在继承与发扬近代土地权利价值化理念基础之上，人类在第四维度，即时间维度，对土地价值进行分割，产生了土地动态利用，土地发展权得以产生，由此开创了现代土地权利体系动态化发展的新格局。遗憾的是，我国 2007 年颁行的《物权法》并未规定此种土地权利。进而言之，我国土地权利体系未能体现土地利用的动态化，就此而言，表明我国土地权利体系有必要进一步完善，以期与其所处的时代保持高度一致，肩负起充分发挥土地价值，合理配置土地资源的重任。因此，为了进一步完善我国土地权利体系，我国有设置土地发展权的必要。

---

① 参见刘国臻、陈年冰《论土地权利发展的三大轨迹及其启示》，载《学术研究》2013 年第 2 期。

二、我国设置土地发展权的可行性

一项具体权利的设置不仅有其必要，而且需要在理论上和实践上可行。我国不仅有设置土地发展权的必要性，而且有设置土地发展权的可行性。我国学界对设置土地发展权的可行性鲜有论及，在此有必要进行分析和系统论证。

关于我国设置土地发展权的可行性问题，学界存在两种不同的看法，第一种看法认为我国现阶段具有设置土地发展权可行性，如解玉娟[①]等；第二种看法对我国现阶段设置土地发展权的可行性持谨慎态度[②]。

我国已经充分具备设置土地发展权的可行性，具体理由如下。

(一) 党中央的政策依据

2013 年中共中央十八届三中全会通过的《中共中央关于全面深化改革若干重大问题的决定》（以下简称《决定》）和 2015 年中央一号文件《关于加大改革创新力度加快农业现代化建设的若干意见》（以下简称《意见》）明确提出："建立兼顾国家、集体、个人的土地增值收益分配机制，合理提高个人收益。"值得注意的是，《决定》和《意见》中提及的土地

[①] 参见解玉娟《中国农村土地权利制度专题研究》，西南财经大学出版社 2009 年版，第 177 页。

[②] "我国是否具备可转让土地开发权制度运行的成熟前提条件呢？如果前提条件尚不成熟，要引入可转让土地开发权制度就需要三思而后行"。参见黄泷一《美国可转让土地开发权的历史发展及相关法律问题》，载《环球法律评论》2013 年第 1 期。

增值收益就是土地变更使用性质或者提高利用集约度后所产生的土地发展性利益。可见，《决定》和《意见》的政策内容成为我国设置土地发展权的指引，并且通过土地发展权的设置实现土地增值收益（土地发展性利益）的合理配置和有效保护。

《决定》和《意见》作为党中央的政策文件，是我国未来一个时期改革和发展的纲领性文献，为我国相关具体法律的制定和完善指明了方向。政策与法律是国家治理中的两种最主要的手段，两种手段之间是共存、相辅相成和互相促进的关系，具体表现为：其一，政策具有灵活性和适度前瞻性，法律具有稳定性和相对滞后性。政策的灵活性，能快速应对经济社会的发展。法律的修改和废止需要遵守严格的法定程序，因而，法律具有稳定性，但由于法律的制定须遵守严格的立法程序，因而，法律具有相对滞后性。政策与法律之间的联系主要体现在政策法律化方面，政策的灵活性能够弥补法律的滞后性，而法律的稳定性又能够克服政策的随意性。其二，政策具有笼统和抽象性，法律具有指引和具象性。政策的原则性规定虽然难以在具体实践中发挥具体作用，但却可以为法律的制定指明方向；法律的具体规定为政策的最终落实提供路径。[1]

《决定》和《意见》关于"建立兼顾国家、集体、个人的土地增值收益分配机制，合理提高个人收益"等政策，为我国土地发展权的设置指明了方向。

（二）域外经验可资借鉴

土地发展权作为土地权利体系中的新成员，自英国 1947

---

[1] 参见朱最新《珠三角一体化政策之法律化研究》，载《暨南学报（哲学社会科学版）》2012年第5期。

年《城乡规划法》以立法形式首次确立以来，在英国、美国、法国、日本、意大利、印度、波多黎各、哥斯达黎加和我国台湾地区等域外国家或地区得到广泛应用，积累了相当丰富的经验，这些丰富的实践经验可以为我国土地发展权的设置提供可资借鉴的经验。

虽然土地发展权最早诞生于英美法系，但不会成为我国设置土地发展权可行性的障碍，主要表现在以下两点：

第一，随着经济社会的发展，世界范围内的贸易往来日益频繁，两大法系之间彼此在理论和实践上的沟通、交流和相互借鉴趋于常态，其中大陆法系在民法领域对英美法系成功借鉴的事例更是不在少数，例如，侵权法中的惩罚性赔偿制度①、物权法中的信托制度②、浮动担保制度③，人格权法中的隐私

---

① 惩罚性损害赔偿主要是在英美法特别是美国法中采用的制度，具有补偿受害人遭受的损失、惩罚和遏制不法行为的多重功能惩罚性赔偿，但可以为中国法律所借鉴。参见王利明《惩罚性赔偿研究》，载《中国社会科学》2000 年第 4 期。

② 100 多年前，英美法上的信托就出现在中国。2001 年中国颁布了自己的《信托法》，这部历经八年努力起草的法律，最终将源自英美法系的信托引进了经济快速增长的中国，极大地促进了信托在我国的应用，使这一在英美法系国家深具社会功能的制度，在我国发挥应有的作用。参见江平《信托制度在中国的应用前景》，载《法学》2005 年第 1 期。

③ 浮动担保（floating charge）始创于 19 世纪的英国，是英国衡平法上的一项担保制度，适用于公司债的担保。我国《物权法》第一百八十一条吸收英美法系浮动担保经验创设动产浮动抵押制度，从而突破了大陆法系物权客体的特定性原则。参见尹德永《论英国法上的浮动担保及其可借鉴性》，载《河北法学》2001 年第 2 期；梁慧星、陈华彬《物权法》（第五版），法律出版社 2010 年版，第 293 页；刘家安《物权法论》，中国政法大学出版社 2009 年版，第 182 页。

权制度①，等等。同样道理，起源于英美法系的土地发展权，在英美法系经过 60 多年的发展，积累了相当丰富的实践经验，完全可以为我国立法所吸收和借鉴。

第二，大陆法系的不少国家和地区也有相同或相似的权利设置，并且取得了较好的实践效果。比如，日本在学习美国土地发展权移转的基础上设置的未利用容积的利用权（在学理上为土地发展权），很好地实现了良好宜居环境建立和土地资源利用效率化的目标。我国台湾地区在学习美国土地发展权移转的基础上设置容积移转，既避免了限制古迹所有者开发土地引起的侵犯财产权争议，又使得政府财政不必支付高额的征收补偿费便可以实现保存古迹的目的。意大利于 1990 年在吸收和借鉴美国土地发展权移转的基础上也设置符合自己国情的土地发展权，并取得了较大的成功。

上述大陆法系国家或地区在建立土地发展权制度方面的成功实践表明，土地发展权可以在大陆法系扎根并获得长足发展，因此，同样属于大陆法系的我国，完全可以建立土地发展权制度。

（三）我国地方土地发展权运用的实践可供参考

我国现行法律虽未设置土地发展权，但我国部分地区却已

---

① 隐私权概念起源于美国学者沃伦（Wallen）和布兰代斯（Brandeis）于 1890 年发表的《论隐私权》一文，隐私权概念提出后，美国法通过判例将其认定为一种民事权利。大陆法系国家在人格权发展过程中逐步借鉴了美国法中的隐私权概念。我国在 2009 年通过的《侵权责任法》第二条将隐私权作为一项具体人格权，未来我国《人格权法》也应当将隐私权作为一项具体人格权加以规定。参见王利明《隐私权概念的再界定》，载《法学家》2012 年第 1 期。

自觉或不自觉地利用土地发展权理论和制度思路解决地方实践中产生的土地发展权问题。如浙江的"土地发展权移转与交易"、广东的"龙潭租地"、厦门的"金包银"、重庆的"地票交易"等都是很好的范例。

浙江的"土地发展权移转与交易"是在现行土地权力体制与地方经济发展发生激烈冲突的情形下产生的。我国现行的土地权力体制是以计划指标、规划指标和占补平衡为三个基本要素的严格的土地管理体制,这种体制与浙江省经济社会发展之间产生巨大矛盾,主要表现在:首先,计划指标和规划指标在总量上无法满足快速增长的地方用地需求,并且逐年下达的计划指标无法与经济发展的周期相匹配。其次,由于土地规划是对未来一段时间土地利用的空间布局进行估计,预计的规划与实际情况之间很难完全匹配,从而造成预计规划的新增用地与实际需求的用地在空间上的不一致。最后,占补平衡将补充耕地的数量(主要来自土地整理和复垦)与建设用地的数量挂钩,由于不同地区的土地资源禀赋不同,补充耕地的潜力自然有所不同,这就造成土地资源禀赋较差而建设用地需求较高的地区无法达到占补平衡;土地资源禀赋较好而建设用地需求较低的地区又没有动力补充耕地。

为了解决上述矛盾,浙江省在广泛调研和充分论证的基础上,建立了包括区域内土地发展权移转(由"折抵、复垦指标"和"待置换用地区"两个要素构成)和跨区域土地发展权移转(由"折抵指标有偿调剂"、"基本农田易地代保"和"易地补充耕地"三个要素构成)两个层次的土地发展权移转和交易体系。浙江的"土地发展权移转与交易"与美国的土地发展权移转思路相吻合,巧妙地解决了现行土地权力体制与地方经济发展之间的矛盾,为在保护耕地和不对现行土地利用计划管理整体框架进行根本性调整的前提下,引入"区域内土地发展权转移"和"跨区域土地发展权移转"的系统性改革方案,实现土地利用效率提高和区域经济协调发展的目标提供了范例。① 浙江的"土地发展权移转与交易"与美国的土地发展权移转相吻合,为我国土地发展权移转的设置提供了具有本土化元素的参考。

广东"龙潭租地"是广州市海珠区政府为了保护广州的"绿肺"和羊城的"绿心"(广州市海珠区东南部的万亩果园),有效协调经济发展与环境保护之间的关系,赋予果农土地发展权,并通过合约的形式购买果农土地发展权的地方土地发展权实践模式。自20世纪90年代以来,随着广州经济的快速发展、城镇化进程的推进,广州市海珠区东南部万亩果园的大量农用地被侵占,严重影响广州的生态环境。为了解决上述问题,广州市海珠区政府于2007年1月4日与龙潭经济联社签订租地合约,约定由政府出资按每亩每年1500元的价格向

---

① 区域内土地发展权转移包括两个要素,第一个要素是引入"折抵、复垦指标"。"折抵指标"是指经过土地整理新增有效耕地折抵建设用地指标。"复垦指标"提出"对按规划集中迁建的农村居民点和工业企业,已经退宅还田、退建还耕的面积,可在新址等置换农用地,作为新的建设用地"。第二个要素是"待置换用地区"和"基本农田集中置换政策"。即在获得相应的折抵、复垦指标之后,这些指标必须在类似的"建设留用地区"上使用。浙江省在基本农田划区定界过程中引入了"待置换建设留用地"的概念,允许在城乡居民点周边划定"待置换用地区"。跨区域土地发展权移转是为了解决区域间不平衡问题,即经济发达的地区建设占用耕地量大,但补充耕地的潜力却较小,而经济欠发达地区的情况正好相反。参见汪晖、陶然《论土地发展权转移与交易的"浙江模式"——制度起源、操作模式及其重要含义》,载《管理世界》2009年第8期;汪晖、陶然《建设用地计划管理下的土地发展权转移与交易——土地计划管理体制改革的"浙江模式"及其全国含义》,载《中国经贸导刊》2009年第1期。

果农租地，租期为 10 年。龙潭经济联社与 1113 户果农签订土地承包合同，再由街道办代表政府与龙潭经济联社签订租地合约；果农土地集中后建设一个农业生态公园，收益的 65% 归果农，35% 归政府，政府收益部分用于生态系统改造。①

广东的"龙潭租地"与美国的土地发展权购买思路相吻合，表现为赋予果农以土地发展权，并通过政府出资购买果农土地发展权的形式，使得广大果农在经营果园（不变更土地农用性质）的同时获得相应的土地发展权对价，运用财产权的激励机制达到有效遏制土地违法事件发生、实现生态环境保护的目的，为我国土地发展权购买的设置提供了具有本土化元素的参考。

厦门"金包银"是厦门市政府通过赋予农民土地发展权以破解土地征收困境的实践模式。具体而言，在工业集中区为保障被征地农民的生产生活，按人均 15 平方米预留空置地，利用征地款集资，在村庄外围为农民统一代建商住两用建筑，用以开店或出租，但不得转卖。② 其中，"金"是指紧邻工业集中区，在住宅较密集、人口相对集中且规划允许保留的村庄外围建设的配套用房；而"银"是指"金"内按照城市标准

---

① 参见薛江华等《政府租地护广州"南肺"》，载《羊城晚报》2007 年 1 月 4 日。

② 参见黄爱东《"城中村"的困惑与"金包银"工程的曙光——厦门"金包银"工程的创新实践对防范"城中村"问题的启示》，载《农业经济问题》2009 年第 10 期。

第五章 我国设置土地发展权的必要性和可行性

对村庄进行改造以实现就地城市化。①

厦门的"金包银"是厦门市政府运用土地发展权理论解决我国具体问题（土地征收困境）的创新实践，具体表现为，通过妥善分配变更土地使用性质后产生的土地发展性利益，做到有效协调城市化发展、土地征收和农民生存与发展保障三者之间关系，充分保障被征地农民的财产权和分享城市化红利的机会，这种理论与具体问题相结合的创新实践为我国土地发展权的设置及进一步发展提供了具有本土化元素的参考。

重庆的"地票交易"是重庆市政府运用美国土地发展权移转理论和制度思路②，实现土地开发效率化的地方土地发展权实践模式。所谓地票，是指在宅基地、乡镇企业用地、乡镇公共设施和公益事业用地等农村非农用地复垦为耕地后，可用于建设的用地指标。地票具有新增建设用地指标、耕地占补平衡指标、实现土地财产权益和反哺"三农"的功能③。重庆的"地票交易"承载了经济学上"指标交易"和法学上"财产权

---

① 参见何子张、曹伟《土地发展权视角下的土地征用政策分析——兼论厦门"金包银"政策》，载《规划师》2009 年第 1 期。值得注意的是，厦门市政府不仅将土地发展权理论运用于土地征收，而且将土地发展权理论运用于"三旧改造"，试图通过土地发展性利益的分配完成旧城镇、旧厂房、旧村庄的改造工作，以盘活存量土地，扩展建设空间。参见何子张、李晓刚《土地开发权分享视野下的旧厂房改造策略研究——基于厦门实践的思考》，载《城市时代，协同规划——2013 中国城市规划年会论文集（11—文化遗产保护与城市更新）》2013 年。

② 关于地票指标的属性，通过对其财产权益功能和具体运行程序的考察可知，地票交易与美国的土地发展权移转相似。参见张鹏、刘春鑫《基于土地发展权与制度变迁视角的城乡土地地票交易探索——以重庆模式分析》，载《经济体制改革》2010 年第 5 期；杨庆媛、鲁春阳《重庆地票制度的功能及问题探析》，载《中国行政管理》2011 年第 12 期。

③ 参见刘俊、杨惠、白庆兰等著《地票的制度基础与法律性质》，法律出版社 2012 年版，第 6 页。

益"双重功能。①

重庆"地票交易"运行程序分为置换区复垦、验收、交易和被置换区使用四个环节,其核心在于将宅基地、乡镇企业用地、乡镇公共设施和公益事业用地等,作为置换区进行复垦,并将复垦所获得的指标用于可以深度开发的被置换区,通过空间上的置换,实现土地开发的效率化。重庆"地票交易"与美国土地发展权移转和制度思路相吻合,其制度功效在于,将市场化机制运用于土地资源配置,通过构建地票交易流转、质押融资的平台(农村土地交易所),向存量要增量,实现土地开发的效率化。截至 2014 年 2 月 28 日,重庆市共进行 34 次地票交易,交易金额总计约 274.07 亿元。② 重庆"地票交易"的实践可以为我国在中央立法层面设置土地发展权、实现土地开发的效率化提供经验。

重庆的"地票交易"中的农村土地交易所与美国土地发展权银行相吻合,是土地发展权区域交易的中介机构,该机构系非营利性事业法人机构,实行现代企业模式,职能是建立地票交易信息库、发布交易信息、提供交易场所、办理交易事务等,③ 为我国土地发展权中介机构的设置提供了具有本土化元素的参考。

综上可知,我国地方土地发展权运用的实践虽然各具特

---

① 参见董晓方、杜新波《重庆市地票运行机制的内在经济法律依据——基于土地发展权视角的框架分析》,载《安徽农业科学》2012 年第 31 期。

② 其中 2008—2014 年(截至 2014 年 2 月 28 日)的成交金额分别是:0.9 亿元、11.99 亿元、33.3 亿元、129.18 亿元、46.65 亿元、45.24 亿元和 28.8 亿元。参见《重庆市国土资源和房屋管理公报》(2013 年);重庆农村土地交易公众信息服务平台:http://www.ccle.cn/,2014 年 10 月 20 日访问。

③ 参见《重庆农村土地交易所管理暂行办法》第五条第二款。

色,但可以肯定的是,这些鲜活的地方实践可以为土地发展权在我国的本土化提供有益的素材。

(四) 学术研究成果提供了必要的理论支持

我国学者对土地发展权的研究虽然起步较晚①,但经过20多年的积极努力,取得了较多的研究成果。这些研究成果为我国土地发展权的设置提供了必要的理论支持。如孙弘的《中国土地发展权研究:土地开发与资源保护的新视角》(中国人民大学出版社2004年版)、张鹏的《规划管制与土地发展权关系研究评述》(《中国土地科学》2010年第10期)等,吴宇哲、彭毅、鲍海君的《基于土地发展权分配的征地区片综合地价研究》[《浙江大学学报(人文社会科学版)》2008年第6期],周诚的《我国农地转非自然增值分配的"私公兼顾"论》(《中国发展观察》2006年第9期),等等。

值得欣慰的是,近年来,随着我国学者对土地发展权关注的持续升温,相关研究成果在数量和质量上都有巨大的提升,大部分学者认为土地发展权的设置符合土地权利发展的一般规律。

土地权利自罗马法以来就处于不断变动和发展的状态。通过前文对土地权利发展脉络的梳理可知,罗马法的土地权利具备绝对性和以所有为中心两大特征;近代土地权利则表现为由绝对走向相对、由所有走向利用和由实物利用走向价值利用三大特征;现代土地权利在继受近代土地权利三大特征的基础上有了进一步的突破和创新,表现为由平面走向立体和由静态走向动态。我国设置土地发展权符合现代土地权利由静态走向动

---

① 我国学者对土地发展权的研究起步于20世纪90年代。

态的一般规律，具有可行性。

物权法的职能在于调节稀缺资源的归属和利用，以达到定纷止争的社会效果。在现代社会，基于环境保护等现实需要，物权理论中稀缺资源的界定已经由以具有经济要素作为唯一标准发展成为包括以经济要素、生态环境要素和伦理要素等在内的多元化标准。土地发展权的功能在于调节土地开发容量的归属和利用，而土地开发容量具有经济要素和生态环境要素双重性。土地开发容量成为物权法上的稀缺资源，是现代物权理论发展的结果，换言之，土地发展权的设置符合物权法理论中稀缺资源判定标准。

物权是一种支配权，其支配的对象是"物"。在近现代以前，由于生产力和科技发展水平低下，人类对"物"的支配表现为对实物形态的占有和控制，因而，传统物权法理论中的"物"表现为有体物。近现代以来，随着生产力和科技发展水平的不断提升，人们对"物"的支配不再局限于对实物的占有和控制，例如，自然力、空间、虚拟财产等都可以在观念上进行占有和控制，此时，现代物权法理论中的"物"不再局限于有体物，还包括可为观念占有或控制的无体物。作为土地发展权客体的土地开发容量，可以通过登记进行观念占有或控制，因而能够成为物权法上的"物"。可见，土地开发容量的"物"化是现代物权理论发展的结果，换言之，土地发展权的设置符合现代物权法理论中"物"的可支配性判定标准。

物权是对特定的"物"加以支配的民事权利。在传统物权法理论中，作为物权客体的"物"必须具有特定性，但在现代，这种"物"必须具有的严格特定性原则在某些情形下成为解决具体问题的障碍，因而，现代物权法理论中物权客体的特定性原则，在某些方面必须有所突破和扩张，例如，动产浮动抵押就是例证，在传统物权法理论中，作为抵押权客体的物必须为特定的物，在现代物权法理论中，作为动产浮动抵押权客体的物可以为处于变动之中的物。

物权客体特定性原则在自然资源领域的突破则表现为，将某一特定区域内总量相对恒定的自然资源视为特定化，例如矿产资源、渔业资源等。作为土地发展权客体的土地开发容量，是一定区域范围内总量相对恒定的自然资源，符合现代物权客体特定性扩张后的要求，因而，土地发展权的设置符合物权法理论中物权客体特定性原则扩张发展的一般规律。

综上可知，我国设置土地发展权符合现代土地权利发展和现代物权法理论发展的一般规律，具有可行性。

本章小结

本章比较详细地论述了我国设置土地发展权的必要性和可行性。关于我国设置土地发展权的必要性，主要表现在以下四方面：保护和分配土地发展性利益，解决土地发展权问题；解决土地征收矛盾，增加农民财产性收入；保护耕地，促进土地资源节约集约化利用；完善我国土地权利体系。

关于我国设置土地发展权的可行性，主要表现在以下四方面：党中央改革和发展的政策指引；域外经验可资借鉴；我国地方土地发展权运用的实践可供参考；学者们的研究成果为我国土地发展权的设置提供了必要的理论支持，土地发展权的设置符合土地权利发展的一般规律。

第六章 土地发展权在我国土地权利体系中的法律地位[①]

一、土地发展权的设置弥补了我国土地权利体系的不足

土地发展权在我国土地权利体系中是否应当占有一席之地?要回答这个问题,首先必须认清我国土地权利体系的建设状况。

(一)我国土地权利体系的基本架构

"土地价值的充分发挥,取决于土地资源的合理配置。土地资源配置的合理化,依赖于各种土地权利的健全和合理流动"[②]。土地权利设置在构建土地权利体系中占有极其重要的地位。一块土地,虽然其物质实体只有一个,但其上的权利可以有多种,且多种权利分别具有不同的功能,它们共同构成一个权利群。土地上的权利群存在内部结构问题,由此产生了各种权利互相衔接配合的需要。[③] 妥当地设置各种土地权利,恰

[①] 参见刘国臻《论土地发展权在我国土地权利体系中的法律地位》,载《学术研究》2007年第4期。

[②] 王卫国、王广华:《中国土地权利的法制建设》,中国政法大学出版社2002年版,第4页。

[③] 崔建远:《土地上的权利群研究》,法律出版社2004年版,第1页。

当地处理它们之间的关系,是土地权利法的基本要求。

在土地权利体系的建设方面,我国制定了一系列法律法规,这些有关规范土地权利的法律法规所规定的土地权利品种及其内容构成了我国的土地权利体系及其内容,主要表现在《宪法》、《民法通则》、《土地管理法》、《城市房地产管理法》、《农村土地承包法》和《物权法》等法律文件中。

1982年12月4日通过的《宪法》在土地权利方面规定,我国实行土地国家所有和集体所有;土地的使用权可以依照法律的规定转让。《宪法》的上述规定,从根本法上确认了土地所有权和土地使用权。

1986年4月12日通过的《民法通则》,根据《宪法》和我国的实际情况,在第五章第一节"财产所有权和与财产所有权有关的财产权"中规定了土地所有权、土地使用权和农村土地承包经营权等土地权利。

1986年6月25日通过的《土地管理法》,经过1988年12月29日修正、1998年8月29日修订、2004年8月28日修正,已形成为一部崭新的土地法律。之所以说它是一部新的法律,是因为它经过几次修正、修订,特别是1998年8月29日修订,更新了土地管理制度。《土地管理法》比较系统地规定了土地所有权、土地使用权、农村土地承包经营权等土地权利。

1994年7月25日通过的《城市房地产管理法》,在土地权利方面,主要规定了出让国有土地使用权、划拨国有土地使用权,以及土地抵押权、土地租赁权等。

2002年8月29日通过的《农村土地承包法》,就家庭承包方式中发包方和承包方的权利义务、承包的原则和程序、承包期限和承包合同的签订、土地承包经营权的保护、土地承包经营权的流转，以及其他方式的承包等农村土地承包经营权问题作了集中规定。

2007年3月16日通过的《物权法》从物权的角度，全面规定了土地所有权、土地使用权、地役权、抵押权等土地权利。

此外，国务院于1991年1月4日公布的《土地管理法实施条例》、1990年5月19日公布的《城镇国有土地使用权出让和转让暂行条例》等行政法规，也对土地使用权等土地权利内容作了进一步的细化规定。

在《宪法》统帅下，以《土地管理法》为主体，《民法通则》、《物权法》、《城市房地产管理法》、《农村土地承包法》、《土地管理法实施条例》、《城镇国有土地使用权出让和转让暂行条例》等法律法规为重要组成部分，我国土地权利基本形成体系，并正在进一步发展和完善。上述有关土地权利体系的立法内容表明，我国土地权利包括土地所有权（国家土地所有权、农民集体土地所有权）、土地使用权（出让国有土地土地使用权、划拨国有土地使用权、农村土地承包经营权、农村建设用地使用权、宅基地使用权）以及土地他项权利，如土地抵押权、土地租赁权等。

（二）我国土地权利体系的不足

从上述我国土地权利体系基本架构不难看出，在我国土地权利体系中，土地所有权居于中心地位，构成土地权利体系制度的基石；其他土地权利都是从所有权中派生出来的，或者是因应对所有权和使用权的限制而创设。这种土地权利体系只反映土地利用的静态权利，未能反映土地利用的动态权利。

基于前文论述，可以清楚发现，在境外，土地发展权已经成为一项可以与土地所有权分割而单独处分的财产权。这一构想，最初源之于采矿权与土地所有权分离而单独出售及支配的制度设计。随着我国社会主义市场经济体制的建立和不断完善，城市化进程快速推进，改变土地用途、提高土地利用集约度而凸显的发展性利益越来越成为社会关注的焦点，而我国现行的土地权利体系中还没有正式设置土地发展权。"缺位并不意味着土地发展权不存在或被抛弃，只是在其应当发挥作用的环节，以其他权利（如使用权）或权力（如规划权）的形态出现或处于模糊状态（如对事关征地制度改革的农地发展权的认识）"[1]。"中国事实上存在大量土地发展权问题，但是目前还没有相关的制度设置。"[2]

我国土地权利体系的不足主要表现在：传统土地权利体系不能解决改变土地用途、提高土地利用集约度而凸显的发展性利益问题。权利的细分可以使土地产权更加明晰和细化，从而有利于土地资源的有效配置。改变土地用途、提高土地利用集约度能够带来巨大的发展性利益（增值利益），比如在农业用地变更为建设用地的过程中，土地的市场价值会产生巨大的增值利益。在传统土地权利体系下，这种巨大增值利益会因为土地使用权转移而归属于土地使用权人。然而，这种增值利益主要是由于土地用途变更产生的，并非是来源于土地使用权人对土地进行的追加投资。而土地用途的变更往往是由于政府当局的土地利用规划而起，同样是土地，一部分因为政府的规划而

---

[1] 高原：《我国土地发展权市场化模式初探》，载《环渤海经济瞭望》2008年第8期。
[2] 王永莉：《国内土地发展权研究综述》，载《中国土地科学》2007年第3期。

得到巨大增值利益，而另一部分却仍旧保持原来的用途而享受不到由于政府规划带来的巨大利益，从而产生不公平。这种巨大增值利益主要是在城市化进程中产生的，增值利益的合理分配问题在传统土地权利体系下未能以正式制度予以解决，而是有意无意归属政府或者土地开发者。这正是传统土地权利体系的缺陷，也是土地发展权得以创立的原因之一。

二、土地发展权与已有土地权利之关系

土地发展权是我国土地法律体系的重要组成部分。从土地发展权与土地所有权、土地使用权、空间权的关系可以得到进一步证实。

（一）土地发展权与土地所有权

1. 我国现行立法对土地所有权的规定及其局限性

土地所有权以土地为其标的物，是土地所有人独占性地支配其所有的土地的权利。土地所有权人在法律规定的范围内可以对其所有的土地进行占有、使用、收益和处分，并可以排除他人的干涉。[①] 我国现行立法对土地所有权主要从以下方面作出规定：

（1）土地所有权的种类。土地所有权由土地所有制决定，是土地所有制在法律上的表现。我国实行土地的社会主义公有制，即全民所有制和劳动群众集体所有制，从而在土地所有权方面，确立了城镇国有土地所有权和农民集体土地所有权。

---

① 魏振瀛：《民法》，北京大学出版社、高等教育出版社 2000 年版，第 233 页。

（2）土地所有权的范围。我国《宪法》、《民法通则》、《土地管理法》、《土地管理法实施条例》等法律法规，分别规定了城镇国有土地所有权和农民集体土地所有权的范围。《宪法》规定，城市的土地属于国家所有；农村和城市郊区的土地，除由法律规定属于国家所有的以外，属于集体所有；宅基地和自留地、自留山也属于集体所有。《民法通则》规定，法律规定为集体所有的土地和森林、山岭、草原、荒地、滩涂等属于劳动群众集体所有。《土地管理法》规定："城市市区的土地属于国家所有。""农村和城市郊区的土地，除由法律规定属于国家所有的以外，属于农民集体所有"。《土地管理法》关于国有土地所有权范围的规定，与《宪法》的相关规定相比较，限定在城市市区。《土地管理法实施条例》从以下方面规定了国有土地的范围：城市市区的土地；农村和城市郊区中依法没收、征收、征购为国有的土地；国家依法征用的土地（原规定如此）；依法不属于集体所有的森林、草地、荒地、滩涂及其他土地；农村集体经济组织全部成员转为城镇居民的，原属于其成员集体所有的土地；因国家组织移民、自然灾害等原因，农民成建制地集体迁移后不再使用的原属于迁移农民集体所有的土地。

（3）土地所有权的主体及代表。国有土地所有权的主体是国家，由国务院代表行使；集体土地所有权的主体是农民集体，包括村农民集体，乡（镇）农民集体和农业集体经济组内的农民集体（生产队）。《物权法》规定，对于集体所有的土地，依照下列规定行使所有权：属于村农民集体所有的，由村集体经济组织或者村民委员会代表集体行使所有权；分别属于村内两个以上农民集体所有的，由村内各该集体经济组织或者村民小组代表集体行使所有权；属于乡镇农民集体所有的，由乡镇集体经济组织代表集体行使所有权。

（4）土地所有权的限制。我国对国有土地所有权的限制主要是：法律规定了用地审批与土地收益上缴制度；我国对农民集体土地所有权的限制主要是：土地用途的限制、对土地承包经营期限的限制、禁止闲置耕地的限制、集体建设用地的限制、农用地转用审批的限制。

从我国现行立法对土地所有权规定的四个方面的内容来看，土地所有权的内容都限于静态的土地利用权利内容，没有动态的土地利用权利内容的限制。虽然国有土地所有权和农民集体土地所有权都有土地用途的审批管制内容，但这种局限于土地用途的管制只是对土地所有权人行使所有权予以限制，没有对改变土地用途、提高土地利用集约度产生的巨大发展性利益（增值利益分配和权利归属）予以调整。现代土地权利制度的发展动向表明，土地权利制度设置的重心已由静态土地权利的规范，发展到动态土地权利的规范。土地发展权便是这种趋势的代表。

2. 土地发展权与土地所有权分离，成为一种新的土地权利

土地权利制度的发展的一般规律表明，土地发展权已经成为一项可以与土地所有权分割而单独处分的财产权。土地发展权与土地所有权的关系，在境外国家或地区的制度安排中有三种处理模式：一是土地发展权从属于土地所有权，但与土地所有权分离成为一种单独的土地权利，并可以单独转让给土地所有权人以外的人，这种模式以美国为代表；二是土地发展权与土地所有权分离归政府或国家所有，由政府或国家专有，这就是所谓的土地发展权国有化，这种模式以英国为代表；三是土地发展权共享模式，通过法定上限密度将增额土地发展权规定归国家所有,把法定土地发展权规定归土地所有权人所有,这种模式以法国为代表。上述三种模式的不同制度安排,主要是设置土地发展权的价值取向不同所致,第一种模式更注重效率,第二种模式主要考虑公平,第三种模式注重效率、考虑公平。但三种模式的制度安排都有一个共同点,即土地发展权与土地所有权分离,成为一种新型土地权利,并且这种新型土地权利可以通过市场行为转让给其他市场主体或国家(政府)。土地开发人开发土地,要么向土地所有权人购买土地发展权(如美国),要么向政府购买土地发展权(如英国),要么分别向政府和土地所有权人购买土地发展权(如法国)。

我国实行土地的社会主义公有制,只有两种土地所有权,即全民所有(国有)土地所有权和农民集体土地所有权。在这种土地所有权制度条件下,如何处理土地发展权与土地所有权的关系,颇值得考虑。如借鉴上述以美国为代表的土地发展权从属于土地所有权人的模式,我国土地发展权的制度安排就是,国有土地的土地发展权归国家,农民集体土地的土地发展权归农民集体,这样就存在两种情况的土地发展权。如果借鉴上述以英国为代表的土地发展权归政府或国家(土地发展权国有化)的模式,我国土地发展权的制度安排就只存在一种情况,那就是无论国有土地上的土地发展权,还是农民集体土地上的土地发展权,都归国家所有。如果借鉴上述以法国为代表的通过法定上限密度将增额土地发展权规定归国家所有,把法定土地发展权规定为归土地所有权人所有的模式,我国土地发展权的制度安排实际也只存在两种情况,但制度内容有别于第一种模式,分别是国有土地上的增额土地发展权和法定土地发展权都归国家所有;农民集体土地上的增额土地发展权归国家所有,法定土地发展权归农民集体所有。上述三种不同的制度安排，都要求土地发展权从土地所有权分离出来，成为一种独立于土地所有权的新型土地权利。

（二）土地发展权与土地使用权

1. 我国存在五种土地使用权

在学理上土地使用权有权能说与使用权独立说两种：一是土地所有权人对自己拥有的土地所享有的使用权；二是非土地所有权人对土地所享有的使用权。前者即所有权人的使用权，称为所有权的权能；后者即非所有权人的使用权，是与所有权相分离的使用权，称为独立意义的使用权。前者不是独立的权利，只是所有权的一项权能；后者是一种独立的、与所有权相分离的财产权利。

上述第二种非土地所有权人对土地所享有的使用权，又有广义、狭义之分。广义的土地使用权，是指土地使用者依法对其取得的土地行使占有、使用、收益和一定处分的权利，包括国有土地使用权和农民集体土地使用权。国有土地使用权又分为出让土地使用权和划拨土地使用权。通过出让方式获得的土地使用权是有偿、有期限的，包含一定程度的占有、使用、收益和处分权能，该种土地使用权已经具有独立的物权意义。通过划拨方式取得的土地使用权是无偿的、无期限的，在占有、使用、收益和处分权能方面，与通过出让方式获得国有土地使用权有很大不同，主要表现在，不能擅自让渡给其他市场主体。

农民集体土地使用权包括农村土地承包经营权、农村集体建设用地使用权和宅基地使用权三种形式。这三种形式的土地使用权不仅与国有出让土地使用权和国有划拨土地使用权不同，而且这三种土地使用权之间亦存在很大区别。农村土地承包经营权，是农村土地承包经营权人对其依法承包使用的承包土地享有的占有、使用、收益和流转的权利。随着我国农村土地承包经营权立法的完善，农村土地承包经营权的物权化特征越来越突出。农村集体建设用地使用权，是农村集体投资或农民投资兴办的乡镇企事业、村办企业等使用农村集体土地而形成的土地使用权。农村集体建设用地使用权的流转，在国家层面尚未放开，只在一些地方试点，甚至有些地区已有立法予以规范。① 宅基地使用权，是农村村民建设住宅使用集体的土地而形成的土地使用权，农村村民一户只能拥有一处宅基地，而且其面积不得超过省、自治区、直辖市规定的标准。

　　狭义的土地使用权，仅指房地产市场中的土地使用权，或者称之为可转让的土地使用权，是以房地产开发建设为目的而取得的对国有土地占有、使用、收益和一定处分的权利。这种权利的产生以土地具有使用价值为基础，同时又具有某些商品属性。在法律上是以《宪法》中有关"土地的使用权可以依照法律的规定转让"为根据的，这种土地使用权也称为"出让国有土地使用权"。正如有学者指出的："（这种）土地使用权作为一种独立权利形态的存在，无论在立法上还是在实践中，都已经得到确认。"②

　　尽管上述五种广义上的土地使用权（出让土地使用权、划拨土地使用权、农村土地承包经营权、农村集体建设用地使用权和宅基地使用权）由于立法内容的不同，在主体、客体

---

　　① 《广东省集体建设用地使用权流转管理办法》于2005年10月1日起生效。
　　② 王卫国：《中国土地权利研究》，中国政法大学出版社1997年版，第139页。

和内容等方面不完全相同，甚至存在相当大差异，但是，它们在以下方面具有相同的特征：一是它们都是从土地所有权中分离出来的，都不同程度地具有一定的物权意义；二是它们所具有的内容都限于静态土地利用权利内容，未涉及动态土地利用权利内容。

2. 土地发展权与土地使用权是各自独立的土地权利

上述五种广义上的土地使用权的共同特征说明，我国土地使用权与土地发展权在法律性质、内容上各有不同，通过比较分析土地发展权与土地使用权的关系，不难看出土地发展权在我国土地权利体系中占有一席之地。

我国设置土地发展权，其与以上五种土地使用权的关系如何处理，没有国外经验可资借鉴，加之这五种土地使用权，有的种类是我国土地权利制度特有的"物种"（如农村土地承包经营权），有的"种类"（出让国有土地使用权）虽然国外已有，但在内容方面又有很大差别。因此，如何在土地使用权上设置土地发展权，特别是如何科学地处理好土地发展权与土地使用权的关系问题，是一个很有必要探讨的问题。我国有些地方在房地产开发（商品房建设）中有按建筑面积（按楼面地价）收取土地出让金的做法，这在某些方面类似法国土地发展权（建筑权），但有实际性差别：一是法国明确规定了"建筑权"的标准与内容，而我国没有规定；二是法国"建筑权"是一种独立的权利，而我国按建筑面积收取土地出让金只是收取土地租金的方式，并不是具有发展权意义的建筑权的对价。

土地使用权出让金不是土地发展权的对价，在性质上是地租。"地租是土地使用权的价格——对于土地所有者来说，地租是出售一定时期的土地使用权所收取的价格，其经济实质是土地所有权在经济上的实现；对于土地使用者来说，地租是购买一定时期的土地使用权所付出的价格。"① "不论地租有什么独特的形式，它的一切类型有一个共同点：地租的占有是土地所有权借以实现的经济形式"② "真正的地租是为了使用土地本身而支付的。"③ "土地所有权的恰当表现，是绝对地租"④。只要存在土地所有权，存在土地所有权和土地使用权分离，土地使用者就要向土地所有者交纳地租。在土地私有制条件下是如此，在土地公有制条件下也是如此。土地使用权出让金只是一定年限土地使用权的对价，而不是土地发展权的对价。土地发展权与土地使用权各自独立而存在。

从国外关于土地发展权制度规定来看，改变土地用途、提高土地利用集约度所产生的巨大发展性利益（增值利益），通过制度规范，要么归国家或政府所有，要么归原土地所有权人所有。由于我国土地权利体系中没有土地发展权，土地开发者取得开发一定地块的土地而没有为土地发展权支付对价，改变土地用途、提高土地利用集约度所产生的巨大的发展性利益（增值利益）有相当一部分无偿落到土地开发者手里。在国家垄断土地一级市场制度下，政府无论是通过出让方式直接出让城镇国有土地使用权给土地开发者，还是通过向农民集体征收土地然后再出让给土地开发者，从制度上讲政府收取的仅仅是一定年限的土地使用权出让金⑤，农民集体和农民获得的仅仅是按土地被征收前的用途补偿，并没有分享改变土地用途、提

---

① 周诚：《土地经济学原理》，商务印书馆2003年版，第303页。
② 《马克思恩格斯全集》（第25卷），人民出版社1966年版，第714页。
③ 《马克思恩格斯全集》（第25卷），人民出版社1966年版，第69页。
④ 《马克思恩格斯全集》（第26卷），人民出版社1966年版，第375页。
⑤ 当然，近些年来，有些地方政府通过按楼面地价方式收取土地使用权出让金，也占有了一部分土地发展权带来的利益。

高土地利用集约度带来的巨大的发展性利益（增值利益）。

（三）土地发展权与空间权

1. 空间权是独立的土地权利

空间权解决的是土地的立体利用问题。随着生产力的发展、现代建筑技术的突飞猛进、材料科学的飞速发展，在现代社会，人类对土地利用的深度和广度急剧加大，有关土地所有权的理念及其立法也产生了重大变化。传统民法理论认为的土地所有权的客体"上达天宇，下及地心"的理念发生了巨变。土地所有权已呈立体化趋势。①

在传统土地所有权制度理念下，土地所有权效力范围以地表为中心而有上下垂直的支配力，"上达天宇，下及地心"就是这种土地所有权制度的理念。19 世纪末 20 世纪初，城市化进程的加快，土地资源的日趋稀缺，现代土木建筑技术的进步，使得人类占有、使用土地的需要和能力发生了重大变化，改变了过去人类占有、使用土地仅限于土地地表的做法，而在土地地表以下或以上一定空间进行土地利用，如开建地下商场、兴建空中走廊、地下通道、架设高架桥等等，对土地地表以下或以上一定空间的利用，需要从法律上界定权利来源、权利性质，以便调整权利义务关系。在这种前提下，须将土地地表以下或以上一定空间范围，从土地所有权自身中分离出来，规定其上下范围，并以该一定范围为独立支配客体而设定相应权利。这种权利就是空间权。

迄今为止，空间权已被大多数国家立法或判例所确立。随

---

① 王卫国、王广华：《中国土地权利的法制建设》，中国政法大学出版社 2002 年版，第 31 页。

着我国经济的发展和城市化水平的不断提高，空间开发利用日益增多，空间开发利用立法亦取得了一定成绩，如1996年10月29日第八届全国人民代表大会常务委员会通过的《中华人民共和国防空法》、1997年10月27日建设部发布的《城市地下空间开发利用管理条例》（2001年11月2日修改），对城市地下空间的使用、城市地下空间开发利用的主管部门、规划、工程建设、工程管理和罚则等进行了规范。此外，各地也颁布了相应的地方性法规或规章，如2008年9月1日通过的《深圳市地下空间开发利用暂行办法》、2011年11月21日通过的《广州市地下空间开发利用管理办法》等。与我国目前空间开发利用的实践相比较，我国空间开发利用的立法还存在不足，如，立法层次低，我国至今没有专门系统的空间开发利用的中央立法；立法内容单调，从已出台的法律文件来看，其内容局限于城市地下空间的防空用途、开发利用管理、规划、工程建设和工程管理，没有涉及或很少涉及空间权属等关键问题。尽管我国空间开发利用立法存在不足，但空间开发已成事实，空间权观念深入人心。

从国外空间权立法来看，空间权已经从土地所有权中分离出来，成为一种独立意义的物权。此种情况反映，土地权利体系的发展，已由注重土地平面利用权利的规范，发展到关注土地立体利用权利的规范。空间权的产生，解决了土地立体利用而产生的土地空间关系，其意义表现在：①土地空间权之客体系离开土地地表之空中或地中的一定范围之空间。此种以空中或地中之一定范围为客体而成立的权利，于法律性质上系属于一种不动产权。②作为财产权利的特定客体之土地，其在物理上包括地表、空中及地中三部分。在传统的土地法理念及制度下，土地所有权效力之范围以地表为中心而有上下垂直的支配力。③现代意义的空间权概念发端于 19 世纪末 20 世纪初叶，其产生有一个直接的重大因素（直接推动力），即社会必要性。①

2. 土地发展权不同于空间权

空间权是权利人对地表以下或以上一定空间范围所享有的权利。这种以地表以下或以上一定空间范围为客体而成立的权利，在法律性质上属于不动产。

土地发展权与空间权都反映出近现代土地权利发展的新动向，但两者的作用各有不同，土地发展权调整的是土地动态利用而产生的权利义务关系；空间权调整的是土地立体利用而产生的权利义务关系，因此，土地发展权与空间权是各自独立的。

土地发展权与空间权的设置各有其社会条件，正如马克思指出的："法的关系正像国家的形式一样，既不能从它们本身理解，也不能从所谓人类精神一般发展理解，相反，他们根植于物质的生活条件。"② 这就要求一国的土地权利设置必须从本国的经济社会发展水平和条件出发，以此来建设本国土地权利体系，构建本国土地权利法律制度。我国的现实情况是，一方面，随着城市化进程的迅速发展和人口的不断增加，改变土地用途、提高土地利用集约度产生巨大的发展性利益（增值利益）的分配和权利归属的现实问题越来越突出；另一方面，空间开发利用已经成为不争的事实。因此，我们必须从我国国情出发，借鉴国外经验，尽快设置土地发展权和空间权。

---

① 陈华彬：《土地所有权理论发展之动向——以空间权法理之生成及运用为中心》，《民商法论丛》（第 3 卷），法律出版社 1995 年版，第 90~91 页。

② 《马克思恩格斯选集》第 1 卷，人民出版社 1972 年版，第 71 页。

从上述土地发展权与土地所有权的关系、土地发展权与土地使用权的关系,以及土地发展权与空间权的关系分析中不难发现,土地发展权的设置与我国已设置的土地权利体系中的其他土地权利并不重叠,也不冲突;相反,设置土地发展权弥补了我国现有土地权利体系的不足,解决了我国土地开发利用过程中产生的新问题,顺应了现代土地权利制度发展的趋势。

三、土地发展权应当成为我国土地权利体系的重要组成部分

(一)土地权利的设置必须随着社会经济的不断发展而有所变化

2007年,我国已经颁布了《物权法》。现行《物权法》凝聚了广大法学工作者特别是民商法律工作者的心血和智慧,它构建了我国较为完整的不动产物权法律体系,规定了不动产物权的基本原则;在确立物权的一般规定、配置和构建我国物权权利体系的基础上,把不动产物权作为立法的重点,规范了有关不动产物权的各种所有权、用益物权和担保物权,确立了各种不动产物权发生、变更与消灭的基本原则和不动产物权流转保护的原则及制度等。① 但《物权法》没有规定土地发展权,这是否意味着我国土地权利制度不需要规定土地发展权,或者说,土地发展权不需要在《物权法》中规定呢?笔者认为,土地发展权作为物权之一种,应当成为我国土地权利体系的重要组成部分,具体分析如下:

---

① 胡志刚:《不动产物权新论》,学林出版社2006年版,前言,第1~2页。

从土地发展权产生的历史必然性来看,土地发展权应当成为我国土地权利体系的重要组成部分。20世纪上半叶,特别是第二次世界大战之后,随着城市化进程的迅速发展、土地资源的日益稀缺,土地作用的发挥已不局限于其自然资源功能,农用地转为建设用地,或者土地利用集约度的提高,都是对土地的发展性利用。为了对这种土地的发展性利用行为所产生的发展性利益(增值利益)进行法律上的规范与保护,以及通过立法规定土地发展性利用所带来的经济利益分配,产生了土地发展权制度,土地发展权也就成为与土地所有权分割而单独处分的财产权。土地发展权的创设,反映了土地权利体系在新的历史条件下新的发展动向,遵循了土地权利体系发展变化的一般规律。

土地作为人类赖以生存的不动产,从罗马法开始就形成了一套有关土地所有与利用的法律制度。随着人类社会的演进,土地所有权理论也已经或正在发生一系列变革,"所有权并非一个不变的概念,而是相对于争论中的特定法律程序变化的"①。法律发展史表明,所有权的最基本和最简单的形态,是个人所有权,即个人对其财产排他地直接支配的权利。所有权具有绝对性、排他性、全面性,准确地说是针对这种个人所有权处于静止状态而言的。当所有物上存在他物权时,所有权的特性便发生了变化,其权能和特征已不再是绝对的、排他的和全面的。当所有人变为复数时,这种个人所有权便成为共有权。法人制度产生以后,所有权又发生了新的突变,创设了法人所有权,原来的个人所有权变为选举、监督法人管理人员之

---

① 瑞安:《民法导论》,PTY有限公司、法律书籍公司1962年版,第163页。

权和按资取得收益权。① 当一栋楼房被区分为若干个部分时，又产生了建筑物区分所有权②。当地下矿藏的开发利用为人们所重视时，采矿权又与土地所有权分离，产生了采矿权。当人们对土地的利用不限于土地表面时，又产生了空间所有权和空间利用权。总之，个人所有权、共有权、法人所有权、建筑物区分所有权、采矿权、空间所有权和空间利用权，都是所有权在不同历史时期发展变化的必然结果。所有权发展变化规律表明，土地权利的设置必须随着社会经济的不断发展而有所变化。

我国中央统一立法虽然还没有明确规定土地发展权制度，但经过20多年学术论证，我国学术界比较一致的观点是，土地发展权是一项可以与土地所有权分离而单独处分的财产权（物权），土地发展权应当成为我国土地权利体系的重要组成部分。如梁慧星教授指出："土地发展权是一种可与土地所有权分离的独立财产权"③。江平教授等认为，从我国的国情出发，土地发展权应定位于农地发展权。④ 陈华彬教授认为"土地发展权为所有权一束权利（A Bound of Rights）中之一种"⑤。柴强认为，土地发展权的基本观念，是发展土地的权利，是一种可与土地所有权分割而单独处分的财产权。⑥ 孙弘

---

① 崔建远等：《中国房地产法研究》，中国法制出版社1995年版，第171页。
② 我国《物权法》称之为"业主的建筑物区分所有权"。
③ 梁慧星：《中国物权法研究》，法律出版社1996年版，第369页。
④ 参见江平《中国土地立法研究》（修订1版），中国政法大学出版社1999年版，第386页。
⑤ 陈华彬：《建筑物区分所有权研究》，法律出版社2007年版，第107页。
⑥ 参见柴强《各国（地区）土地制度与政策》，北京经济学院出版社1993年版，第105页。

认为,土地发展权是土地权利体系的组成部分,但它并不是自古就有的,只是到了近代,出于对资源与环境的保护、对土地立体开发进行政府管制的需要被创设出来。① 胡兰玲认为,土地发展权是对土地在利用上进行再开发的权利,即在空间上向纵深方向发展,在使用时变更土地用途之权,它包括空间建筑权和土地开发权。发展权不仅是一种物权,而且是一种与所有权具有相同效力和权能的物权,它可与土地所有权相分离而单独使用和处分。② 李世平认为,土地发展权是将土地变更为不同使用性质的权利,它既可以与土地所有权合为一体由土地所有者支配,也可以由只拥有土地发展权而不拥有土地所有权者支配。③ 张良悦认为:"土地发展权是指改变土地用途的权利,它由土地的地役权衍生而来,是土地产权束中的一束。"④ 邹钟星等认为:"土地发展权指将土地变更不同使用性质之权利,是一种可以独立支配的财产权。"⑤ 穆松林等认为,土地发展权是农地产权体系中的一种重要权利,土地用途发生变化之后土地不同用途的价格差异而形成的土地增值便是土地发展

---

① 参见孙弘《中国土地发展权研究:土地开发与资源保护的新视角》,中国人民公安大学出版社2004年版,第43页。

② 参见胡兰玲《土地发展权论》,载《河北法学》2002年第2期,第143~146页。

③ 参见李世平《土地发展权浅说》,载《国土资源科技管理》2002年第2期,第15页。

④ 张良悦:《土地发展权及其交易》,载《经济体制改革》2008年第6期,第37页。

⑤ 邹钟星、祝平衡:《土地发展权价格的测算方法》,载《统计与决策》2009年第4期,第156页。

权收益。①

(二) 土地发展权是一项独立的不动产财产权

土地发展权作为一项独立的不动产权利形态，其客体的独立性至关重要。在前文论述土地发展权客体为何物的基础上，为进一步认清土地发展权客体的独立性，以下从两个方面进一步解剖土地发展权的客体问题：一是土地发展权之成立与"一物一权主义"之关系；二是土地发展权将土地开发利用而产生的发展性利益独立出来，赋予权利以特定人，于此，发展利益能否成为权利客体不无疑问。因此，土地发展权要作为一项独立的民事权利，必须圆满解决此两项疑问。

1. 土地发展权与"一物一权主义"

"一物一权主义"，又称"物权客体特定主义（spezialitätsprinzip）"，是罗马法以来物权法的基本原则。此原则强调，一物之上仅有一个物权，不能同时存在两个相同物权。所谓"物"，是指除人身体之外，凡能为人力所支配，并且具有独立性，能满足人类社会生活需要之有体物。我国《物权法》第二条规定："本法所称物，包括不动产和动产。法律规定权利作为物权客体的，依照其规定。"非独立的特定物不能成为所有权之客体，独立特定物之一部分也不得成为单独所有权之客体。大陆法系国家大都奉行这一原则。

近现代大陆法系国家奉行"一物一权主义"的主要理由是：①对物之所有权完整性的保护，所有权是最完整的物权，

---

① 参见穆松林、高建华《土地征收过程中设置土地发展权的必要性和可行性》，载《国土与自然资源研究》2009 年第 1 期，第 35 页。

具排他性；②"将物权之内容，以法律予以定型化，以策物权交易安全"①。将土地开发利用而产生的发展性利益单独抽象出来，作为一项民事权利，是所有权发展变化的必然结果；将土地开发利用而产生的发展性利益单独作为一项独立的民事权利予以保护，并不妨碍土地流转，是调整土地流转所必需。因此，将开发利用土地而产生的发展性利益作为一项单独民事权利，并不违反一物一权主义。

2. 发展性利益可以成为权利客体

20世纪以来，英、美等国设立了土地发展权，是对土地开发利用而产生的发展性利益予以保护。发展性利益可否为物，是否可以成为权利客体，是关系到土地发展权能否成立的重要问题，必须予以回答。

自罗马法至近代，特别是第二次世界大战之前，人类对于土地的利用和开发是有限的。可以说土地所有权的内容无所不包，土地所有权人可以自由地行使权利，而不受限制。法律有关土地的权利关系亦只关注土地利用静态权利的保护。土地发展权之确立，是人类土地权利保护立法由静态转向动态过程中的必然结果。

20世纪，特别是第二次世界大战之后，西方国家基于国家重建和人口增加的原因，加大了土地开发利用速度，改变土地用途、提高土地利用集约度所产生的巨大发展性利益（增值利益分配和权利归属）问题被凸显出来，为了调整土地开发利用带来的发展性利益关系，土地发展权应运而生。1947年，英国率先创设土地发展权制度。土地发展权最初的理论源

---

① 潢汶科：《建筑物之区分所有权》，载《法学丛刊》1996年第96期，第35页。

于采矿权可以与土地所有权分离而单独出售。1947年英国《城乡规划法》规定,土地发展权属于国家。实行土地发展权国有化,私人土地开发必须向政府申请,购买土地发展权。在美国,土地发展权制度建设从1961年开始,现发展为包括保护农地、保护生态平衡和历史性建筑等为目的的土地权利法律制度。以土地发展权征购和土地发展权转移为主的土地发展权法律制度已在美国140多个区域实行。法国政府制定了开发建设土地上限密度限制,对土地所有者在其拥有所有权的土地上进行建设开发的建设权规定一个上限密度,在限度之内可以自由处理,超过一定限度的建筑权归地方政府所有。建筑开发人如果要超过法定限度进行建设,就必须向政府购买超过标准的建筑权。国外土地发展权的设置经验表明,发展性利益可以为物,可以成为权利客体。土地发展权的设置,在一定程度上达到保护耕地、保护自然资源、保护生态环境、保护社会公共利益的目的。

由于我国长期处于土地的计划管理模式之下,土地管理与利用存在很多弊端。在市场经济条件下,如何有效地利用土地,保护土地所有者及利用者的利益,调整土地开发利用带来的发展性利益关系,借鉴西方国家以土地开发利用而产生的发展性利益为对象进行立法保护显得非常必要。"土地或建筑物等不动产物权,完全是透过法技术的运作,而借不动产登记簿上所登记的笔数、个数表现出来。"[①] 因此,从理论上看,发展性利益若具备物权构成的要件,即可依不动产物权的公示方式(登记)进行确认。我国《物权法》规定,物权是指权利人依法对特定的物享有直接支配和排他的权利,包括所有权、

[①] 陈华彬:《建筑物区分所有权研究》,法律出版社2007年版,第112页。

用益物权和担保物权。从上述我国《物权法》关于物权的规定内容来看,物权的构成须具备三个要件:一是特定的物;二是对物享有直接支配权利;三是对物享有排他的权利。发展性利益完全具备我国《物权法》规定的物权构成须具备的三个要件。因此,发展性利益可以成为权利客体。

本章小结

土地发展权在我国土地权利体系中应当占有一席之地。我国土地权利体系的立法内容表明,在我国土地权利体系中,土地所有权居于中心地位,构成土地权利体系制度的基石;其他土地权利都是从所有权中派生出来的,或者是对所有权和使用权的限制而创设。这种土地权利体系只反映土地利用的静态权利,未能反映土地利用的动态权利。我国土地权利体系的不足主要表现在:传统土地权利体系不能解决改变土地用途、提高土地利用集约度而凸显的发展性利益问题。权利的细分可以使土地产权更加明晰和细化,从而有利于土地资源的有效配置。改变土地用途、提高土地利用集约度能够带来巨大的发展性利益(增值利益),比如在农业用地变更为建设用地的过程中,土地的市场价值会产生巨大的增值利益。在传统土地权利体系下,这种巨大增值利益会因为土地使用权转移而归属于土地使用权人。然而,这种增值利益主要是由于土地用途变更产生的,并非是来源于土地使用权人对土地进行的追加投资。

从对土地发展权与土地所有权的关系、土地发展权与土地使用权的关系以及土地发展权与空间权的关系的分析中不难发现,土地发展权的设置与我国已设置的土地权利体系中的其他土地权利并不重叠,也不冲突;相反,设置土地发展权弥补了我国现有土地权利体系的不足，解决了我国土地开发利用过程中产生的新问题，顺应了现代土地权利制度发展的趋势。

　　土地发展权作为物权之一种，应当成为我国土地权利体系的重要组成部分。从土地发展权产生的历史必然性来看，土地发展权应当成为我国土地权利体系的重要组成部分。土地发展权的创设，反映了土地权利体系在新的历史条件下新的发展动向，遵循了土地权利体系发展变化的一般规律。我国中央统一立法虽然还没有明确规定土地发展权制度，但经过 20 多年的学术论证，我国学术界比较一致的观点是，土地发展权是一项可以与土地所有权分离而单独处分的财产权（物权），土地发展权应当成为我国土地权利体系的重要组成部分。

第七章　我国土地发展权设置的原则和权利归属

任何土地权利设置应当依循一定的原则。关于我国土地发展权设置的原则学术界鲜有涉及，因此，有必要对我国土地发展权设置的原则进行细致而全面的论证。

我国土地发展权归属是土地发展权设置的核心内容，对土地发展权制度具有决定性作用。虽然我国学界关于土地发展权归属的探讨较多，但学者们的探讨不仅彼此之间争议较大，而且缺少从物权（财产权）角度进行论证，这显然背离了作为物权（财产权）的土地发展权设置方向，因此，本章主要从物权（财产权）角度，就我国土地发展权的权利归属进行探讨。

一、我国土地发展权设置的原则

土地发展权对我国的土地权力体系而言是一个"舶来品"，因此，我国设置土地发展权的过程从某种程度上来讲是一个法律移植的过程。在这个法律移植过程中，必须注意从我国国情出发。具体来看，我国设置土地发展权应当坚持以下原则：其一，坚持公平与效率的辩证统一；其二，将土地发展权纳入物权法体系；其三，与我国现行土地制度相匹配。

（一）坚持公平与效率的辩证统一

土地权利的设置必须坚持一定的价值取向。公平与效率是人类社会一对基本的价值范畴。公平与效率两者之间的矛盾运动及其重新组合推动着人类社会不断向前发展和演变。公平是社会成员之间公正平等地分享社会资源，即将社会资源的整体"蛋糕"分配妥当。效率标示投入与产出之比，效率价值目标追求将社会资源的整体"蛋糕"加以扩大。① 公平与效率作为一对基本的价值范畴贯穿着人类社会发展的始终。就一般意义而言，公平与效率存在三种处理方式：

第一，公平优先于效率。公平是目标，效率是手段，只有实现公平，才能保障效率。因而，当公平与效率发生冲突时，应当选择公平而舍弃效率。②

第二，效率优先于公平。有效率才能形成机会均等，没有效率会使贫富差距不断扩大。如果公平优先于效率，其结果是既无法实现公平，也无法保障效率，如果效率优先于公平，将既实现公平，又保障效率。③

第三，公平与效率辩证统一。公平与效率同等重要，两者之间不是谁替代谁或谁优先于谁的关系，而是辩证统一的关系。

在土地发展权设置时必须坚持公平与效率辩证统一。公平

---

① 参见文正邦《公平与效率：人类社会的基本价值矛盾》，载《政治与法律》2008 年第 1 期。
② 参见洪银兴《构建和谐社会要坚持统筹公平与效率的改革观》，载《中国党政干部论坛》2005 年第 3 期。
③ 参见（美）弗里德曼《自由选择》，胡骑、席学媛、安强译，商务印书馆 1999 年版，第 149～152 页。

为效率的提高提供了社会保证,没有公平提供的社会保证,效率将变质为不正义、虚伪的效率,真正意义上的效率无法实现;效率为公平的实现提供了物质保障,缺乏效率提供的物质保障,公平将变质为贫困、低级的平均主义,真正意义上的公平无法实现。因此,两种价值应当是互为手段和结果,体现辩证统一的关系。这种辩证统一的关系应当贯穿于我国土地权利制度建设的整个过程,具体到我国土地发展权设置,则表现为应当将坚持公平与效率的辩证统一作为原则之一。

为进一步把握土地发展权设置的价值取向,有必要对域外国家或地区的土地发展权设置及其制度绩效予以考察。域外国家或地区的土地发展权设置在处理公平和效率两者之间关系时分别采用三种不同的方式:一是土地发展权国有模式(英国)。这种模式重视公平而完全忽视效率。二是土地发展权私有模式(美国、日本、意大利、我国台湾地区)。这种模式追求效率的同时保证公平。三是土地发展权共享模式(法国)。这种模式重视公平但对效率的兼顾不够。

土地发展权国有模式(英国)和土地发展权共享模式(法国)忽视了公平与效率辩证统一的关系,特别是没有有效利用市场机制实现对土地资源的有效配置,因而土地发展权的价值未能有效发挥,值得我们引以为戒。土地发展权私有模式(美国、日本、意大利、我国台湾地区)重视公平与效率辩证统一的关系,较好地运用了市场机制调节土地发展权关系,既实现了效率,又保证了基本的公平,实现了土地发展权的权利价值,值得我们借鉴。

目前,我国在中央立法层面上虽然没有设置土地发展权,但在现实生活中,土地发展性利益却普遍存在。对我国具体实践加以审视,不难发现,我国在处理土地发展性利益分配问题上，既没有做到公平，也没有实现效率，具体表现为：

一方面，根据《物权法》第一百三十五条、第一百五十一条的规定和《土地管理法》第四十三条的规定，我国土地一级市场由政府完全垄断。农民集体所有土地除少数情形下可以直接作为建设用地使用外，其他均需要先由国家（地方政府）将集体土地征收转为国有土地后，才可作为建设用地使用。再根据《土地管理法》第四十七条的规定，政府在征收集体土地时仅需依据被征收土地的原用途给予补偿，同时，《土地管理法》第六十三条规定，农民集体土地的使用权不得出让、转让或出租用于非农建设，这就从土地权利制度层面将农民集体土地上的土地发展性利益完全赋予国家（地方政府）。

作为集体土地所有者组成成员的农民个体，既要承担保护耕地（维持集体土地农用状态）的重任，又不能分享集体土地上的土地发展性利益，这种土地权利制度所规定的利益分配方式极不公平，特别是在我国实行城乡经济二元结构、且发展不平衡的大背景之下，这种不公平被进一步放大，并对我国经济社会的可持续发展造成严重危害。

另一方面，由于我国在分配土地发展性利益时完全采用政府干预的公法机制，没有有效利用市场机制，难免效率低下。在农民集体土地上，地方政府通过土地征收行为无偿地获得土地发展性利益，而巨大的土地发展性利益除了给政府带来巨额财政收入外，也使得地方政府在自觉与不自觉中被动地产生对土地财政的严重依赖。这种异化、扭曲的城市化不可避免地造成土地资源利用效率低下的恶果。①

我国应当利用设置土地发展权的有利时机，借鉴土地发展权私有模式（美国、日本、意大利、我国台湾地区）的相关做法，改变现行对土地发展性利益分配不公平和无效率的现状，做到既公平又保证效率，实现两者之间的辩证统一。

首先，为了实现公平，应当改变当前地方政府近乎独享农民集体土地上土地发展性利益的局面。尊重农民集体的土地所有权，特别是做到国家土地所有权与集体土地所有权在法律地位上的平等，让广大农民能够分享土地发展性利益。这不仅是因为土地所有权是土地发展权权利来源理论推断的当然结果，更是广大农民自新中国成立以来为国家经济社会发展作出巨大牺牲而现在应当反哺农村、农业和农民这一实践意义的当然结果。

其次，为了实现效率，应当引入市场机制，实现土地发展权在区域内及区域间的有序流转。在承认农民集体土地发展权的基础上，构建土地发展权移转机制，充分发挥市场在资源配置过程中的决定性作用，实现资源配置的高效率。

（二）将土地发展权纳入物权法体系

土地发展权作为一种独立的新型物权，是对传统物权体系的丰富。我国在设置土地发展权时，应当将土地发展权纳入现

---

① 我国城市化进程很快，城市化率由1978年的17.92%提高到2012年的52.57%，但城镇户籍人口占总人口比例只有35%，这意味着我国17.57%的人虽然生活在城镇却没有实现城市化，换言之，由于缺乏市场机制配置土地发展性利益造成严重的土地财政依赖症，进而使得我国的城市化已经由人的城市化异化、扭曲为土地的城市化，参见徐晓风《中国真实城市化率不到35%》，载《扬子晚报》2013年6月28日。

行物权法体系，包括物权实体法和物权程序法两个层面。物权实体法主要是指《物权法》，物权程序法则是指不动产登记法。我国有部分学者认为，不动产登记只是纯粹的行政管理手段，因而，不动产登记法自然而然属于行政法范畴，其实这是对不动产登记法的误解和误读。在域外市场经济体制国家里，不动产登记法普遍被作为物权的程序法或特别法，例如，在德国物权法中，不动产登记法属于物权程序法。日本的不动产法把不动产登记法作为它的特别法。我国2014年11月24日公布（2015年3月1日施行）的《不动产登记暂行条例》第一条把不动产登记作为《物权法》的程序法或特别法。[①]

在物权实体法层面，由于我国物权法坚持物权法定原则，即物权的种类和内容都应当由法律作出统一规定，而不允许当事人自由创设。我国法律不仅应当对土地发展权的内容作出明确规定，同时，还应当明确土地发展权与既有物权之间的关系。

在物权程序法层面，由于我国物权变动以形式主义为原则，以意思主义为例外，不动产物权变动以登记生效为原则，以登记对抗为例外（主要是土地承包经营权和地役权），因而，应当将土地发展权的权利变动纳入不动产统一登记程序。

1. 土地发展权如何纳入物权实体法体系

在物权实体法层面，我国《物权法》应当将土地发展权设定为独立的物权种类，并明确界定土地发展权的内容。土地发展权内容的界定需要解决两个问题：其一，土地发展权的称谓；其二，土地发展权的立法定义。

---

① 参见孙宪忠《中国物权法总论》（第三版），法律出版社2014年版，第356～357页；（日）北川善太郎《日本民法体系》，李毅多、仇京春译，科学出版社1995年版，第64页。

关于土地发展权的称谓，涉及对其英文名称 Land Development Right 的汉译问题，我国学界对此有两种不同的看法。

第一种看法认为，应当把"development"译成"开发"，"Land Development Right"，应翻译为土地开发权。如周诚教授认为，development 一词，具有中文的发展、开发、展开、发达等四个含义，中文的"发展"一词是指事物由小到大、由简单到复杂、由低级到高级等变化。而"开发"一词则是指对于资源的利用或进一步利用。土地改变使用性质，是对土地的进一步利用，应当使用"开发"一词方为确切。①

第二种看法认为，应当把"development"译成"发展"，即"Land Development Right"应翻译为土地发展权。

相较于第一种观点而言，主张第二种观点的学者更多。例如，原国家土地管理局 1992 年完成的《各国土地制度研究》报告中首次介绍了 Land Development Right，并且将其翻译为土地发展权。江平先生在《中国土地权利研究》、梁慧星先生在《中国物权法研究》、陈华彬教授在《民法物权》一书中也都使用"土地发展权"一词。②

笔者认同第二种看法，理由具体分解如下：

第一，在《现代汉语词典》中，"发展"的定义是："事物由小到大、由简单到复杂、由低级到高级的变化"，"开发"的定义是："以荒地、矿山、森林、水力等自然资源为对象进

---

① 参见周诚《论我国农地自然增值公平分配的全面产权观》，载《中国地产市场》2006 年第 8 期。

② 参见江平《中国土地权利研究》，中国政法大学出版社 1999 年版，第 384 页；梁慧星《中国物权法研究》，法律出版社 1996 年版，第 369 页；陈华彬《民法物权》，中国法制出版社 2010 年版，第 212 页。

行劳动,以达到利用的目的"。① 可见,"开发"一词强调的是对事物的利用,而"发展"一词强调的是事物的动态变化,将"Land Development Right"翻译成"土地发展权"符合该权利的内涵,更能体现该权利的本质。

第二,英国1990年《城乡规划法案》(*Town and Country Planning Act. 1990*)将"development"界定为:在地面、地上或地下进行建筑、采矿或其他操作,或者对建筑或土地用途进行任何实体性变更②,这与汉语中的"发展"的词义相似,也说明将"Land Development Right"翻译成土地发展权更为恰当。

第三,我国台湾地区的主流观点将"Land Development Right"翻译成"土地发展权"。采用"土地发展权"的称谓,不仅可以使我国大陆地区与我国台湾地区的学术称谓保持一致,而且有利于我国大陆地区与我国台湾地区之间的学术交流。③

关于土地发展权的立法定义,我国学界主要有两种观点,即广义说和狭义说。广义说主要从改变土地使用性质和提高土地利用集约度两个方面定义土地发展权。广义的土地发展权可进一步分解为市地土地发展权、农地土地发展权和未利用地土

---

① 参见中国社会科学语言研究所词典编辑室编《现代汉语词典》(第五版),商务印书馆2005年版,第369、755页。
② See Town and Country Planning Act, 1990, Part Ⅲ, 55 (1).
③ 我国台湾地区对"Land Development Right"汉译的主流观点是"土地发展权"。参见苏志超《比较土地政策》,五南图书出版有限公司1999年版;温丰文《土地法》,洪记印刷有限公司1997年修订版;边泰明《土地使用规划与财产权》,台湾詹氏书局2003年版;李鸿毅《土地法论》,台湾三民书局1999年版;谢哲胜《土地法》,台湾财产法暨经济法研究协会出版社2006年版。

地发展权。而狭义说仅从改变土地使用性质方面，即农用地变更为非农用地方面定义土地发展权，因而，狭义的土地发展权与农地发展权范畴相同。① 笔者认同广义说土地发展权的定义。一方面，在我国现实生活中，土地发展性利益产生的途径包括改变土地使用性质和提高土地利用集约度两个方面，这两种途径产生的土地发展性利益都需要以土地发展权的形式加以保护，狭义说过于狭隘。另一方面，域外国家或地区对土地发展权概念的界定比较统一，包括改变土地使用性质和提高土地利用集约度两个方面，与广义说相同，因而，我国物权实体法对土地发展权的定义采广义说可与国际主流观点接轨。

综上所述，我国物权实体法应当采用土地发展权而非土地开发权的称谓，并从改变土地使用性质和提高土地利用集约度两个方面定义土地发展权，明确规定土地发展权为权利人改变土地使用性质（如农用地变为非农用地）或提高土地利用集约度（如建设用地提高开发强度）之权利。

由于我国物权体系的建构是以所有权为核心、包括用益物权（准物权）和担保物权在内的典型大陆法系模式，因而，如何妥善处理好土地发展权与既有物权（主要是土地物权）之间的关系，如何妥当处理土地发展权在我国土地物权体系中的地位，这是土地发展权纳入物权实体法所必须解决的问题。

土地发展权与土地所有权的关系表现为：土地发展权既脱胎于土地所有权，又独立于土地所有权。在近现代以前，尽管

---

① 我国《土地管理法》第四条将土地分为建设用地、农用地和未利用地。广义说由于从改变土地使用性质和提高土地利用强度两个方面定义土地发展权，因而，与上述三类土地相对应的土地发展权分别为市地土地发展权、农地土地发展权和未利用地土地发展权，而狭义说由于仅从改变土地使用性质方面定义土地发展权，因而，土地发展权等同于农地发展权。

没有土地发展权的权利设置,土地发展权被隐含于土地所有权中,并作为土地所有权权利内容的重要组成部分,体现为土地所有权人不仅可以改变土地的使用性质(如由农用变为非农用)或者提高土地利用的集约度(如增加楼层),而且独自享受改变土地的使用性质(如由农用变为非农用)或者提高土地利用的集约度(如增加楼层)产生的发展性利益。随着经济社会的发展和法学理论的演进,土地发展权具有从土地所有权独立出来的客观需要,土地发展权与土地所有权相分离而成为独立的财产权利,并且土地发展权可以与土地所有权分属不同的权利主体。依据《宪法》和《物权法》的相关规定,我国实行社会主义土地公有制,土地所有权分为国家土地所有权和农民集体土地所有权两种。如何处理土地发展权与土地所有权(国家土地所有权和农民集体土地所有权)之间的关系,需要进行深入的思考和周密论证,此内容详见下文"我国土地发展权的权利归属"。

土地发展权与建设用地使用权的关系为彼此独立而又相互配合的关系。建设用地使用权是在国有土地或农民集体所有的土地上以建造或保有建筑物、构筑物及其附属设施为目的而设置的土地用益物权。[①] 该权利调整的是土地所有与土地使用(非农化使用)之间的关系。建设用地使用权解决的是土地所有与非农化使用的问题;而土地发展权解决的则是土地非农化开发及开发程度的问题。

此外,虽然土地发展权和建设用地使用权作为财产权都具有相应的财产价值,但两者的财产价值并不相同,其中,土地

---

① 参见梁慧星、陈华彬《物权法》(第五版),法律出版社 2010 年版,第 265 页。

发展权的财产价值是土地发展性利益的对价,是土地发展性利益在市场交易中的反映;建设用地使用权的财产价值以土地出让金的形式加以表现,而土地出让金的本质是一定年限使用土地的地租。①

土地发展权与地役权之间关系的焦点是保存地役权。传统民法上的地役权是权利人为了便于自己不动产的利用而限制他人不动产所有权行使之权利。地役权理论在当代有了新的发展,适用范围不断扩展,例如,限制营业竞争的地役权、保存地役权等。有学者认为,土地发展权亦是地役权理论的扩张,是地役权理论在当代的新发展,并运用保存地役权(消极地役权)理论解释土地发展权购买,认为土地发展权购买是被限制开发土地的所有权人为政府设立的消极地役权,政府作为地役权人享有限制他人开发土地的权利,但需要承担支付费用的义务。土地所有权人作为供役地人享有请求给付费用的权利,但需承担不开发土地的义务(不作为义务)。

然而,运用保存地役权理论解释土地发展权购买的学者却无法解释土地发展权移转,无法回答土地发展权为何能作为一种商品在市场上流通,更无法回答土地发展权为何能从一块土地转移到另一块土地。究其原因在于,土地发展权与地役权是在权利本质和权利价值等方面都存在巨大差异的两种类型的物权,不能因为两种权利在某些领域存在一定交叉,就简单地将两者混为一谈。

---

① 地租是土地使用权的对价。相对于土地所有者而言,地租是土地所有权人出售一定时期土地使用权所收取的价格,其经济实质是土地所有权在经济上的实现;对于土地使用者来说,地租是购买一定时期土地使用权所付出的价格。参见周诚《土地经济学原理》,商务印书馆2003年版,第303页。

我国《物权法》对地役权非常重视,并以专章形式,用多达14个条文的内容加以规定。尽管如此,被立法者寄予厚望的地役权在现实生活中却极少被应用,不仅地役权登记数量稀少,而且法院审理的地役权案件更是难得一见。为了改变这种令人尴尬的局面,有学者提出,我国地役权应当吸收保存地役权理论进行改造[①]。笔者认为,我国地役权进行现代化改造,但不能简单地把土地发展权纳入地役权体系。

土地发展权与空间权的关系就像"孪生兄弟",有相似之处,却又是彼此独立的权利(个体)。其中,相似之处主要表现在:两者都是近现代以来为因应经济社会发展的需要而设置的新型土地权利,代表着土地权利发展的新动向,并且土地发展权移转从表象观看,体现为一定空间的移转(其实空间具有特定的八至,是无法移动的)。正因为这种相似性,在早期的美国财产法和日本民法中,土地发展权与空间权被混为一体。

土地发展权与空间权彼此独立主要表现在,两者具有不同的权利本质和权利价值,土地发展权是为调整土地利用的动态化关系而设置的土地权利,而空间权则是为了调整土地利用的立体化关系而设置的土地权利。土地发展权移转不能简单地看作空间的移转(因为空间根本就不能移动),土地发展权移转实际是开发容量的移转。因此,土地发展权与空间权是两个有一定相似之处,却又彼此独立的土地权利。

土地发展权与宅基地使用权之间的关系,与土地发展权和

---

① 参见孙鹏、徐银波《社会变迁与地役权的现代化》,载《现代法学》2013年第9期;耿卓《我国地役权现代发展的体系解读》,载《中国法学》2013年第3期;耿卓《乡村地役权及其在当代中国的发展》,载《法商研究》2011年第4期;耿卓《地役权的现代发展及其影响》,载《环球法律评论》2013年第6期。

建设用地使用权之间的关系大体相似（彼此独立而又相互配合），但又有所不同。宅基地使用权是农村居民依法享有的在集体所有的土地上建造或保有住宅及其附属设施的用益物权①，是权利人为了在集体所有的土地进行非农化开发（用于自住）而设立的土地物权。该权利调整的是集体土地所有与集体土地非农化使用（用于自住）之间的关系，这一点与建设用地使用权相似，因而，宅基地使用权人可以使用集体土地，但该权利人对土地进行非农化开发（用于自住）及开发的程度则由其所享有的土地发展权所决定。

然而，基于我国的现实国情，宅基地使用权与建设用地使用权明显不同之处在于，前者以实现土地的社会保障功能为核心，而后者则以实现土地的财产功能为核心。② 因此，为了体现宅基地使用权的社会保障功能，当权利人获得宅基地使用权时法律应当自动、无偿地赋予与之相对应的土地发展权③，可设计为法定土地发展权。由于建设用地使用权以财产功能为核心，权利人在获得建设用地使用权时法律不会自动、无偿地赋予与之相对应的土地发展权，权利人需要依据自己的意愿购买相应的土地发展权，才能实现对应程度的土地非农化开发。这是我国土地发展权市场交易的主要表现形式，可设计为意定土

---

① 参见江平《中国物权法教程》，知识产权出版社2007年版，第353页。
② 我国的土地发挥着三大功能，即财产功能、社会保障功能和生产资料功能，宅基地使用权主要体现土地的社会保障功能，其他功能则相对弱化；而建设用地使用权主要体现土地的财产功能，其他功能则相对弱化。参见汪洋《集体土地所有权的三重功能属性——基于罗马氏族与我国农村集体土地的比较分析》，载《比较法研究》2014年第2期。
③ 一户只能拥有一处宅基地，并且宅基地的面积不得超过省、自治区、直辖市规定的标准。参见江平《中国物权法教程》，知识产权出版社2007年版，第359页。

地发展权。

　　土地发展权与土地承包经营权之间有着清晰而明确的权利边界。土地承包经营权是权利人以农业用途为目的，对集体所有或者国家所有由集体使用的土地享有的从事农业生产的用益物权。[①] 土地承包经营权是对土地进行农业利用的权利，而土地发展权则是对土地进行非农化开发或者提高非农化开发程度的权利，两者之间的权利边界是土地的农用与非农用。当土地所有权人将土地发展权处分之后，只能依土地之原状使用土地（一般是农用状态），并且也只能为他人设立依土地原状使用土地（一般是农用状态）的权利，此时，土地使用权人在未获得相对应的土地发展权前，也只能依土地之原状使用土地（一般是农用状态），而不得开发土地。

　　可以说，土地承包经营权是依土地发展权行使前土地的状态，对土地进行利用的权利。土地发展权是对土地进行非农化开发的权利。

　　土地发展权与担保物权之间的关系表现为：土地发展权可以成为担保物权的标的。大陆法系传统担保物权理论认为，担保物权的本质是价值权，因而，衡量一项权利能否成为担保权标的的核心标准是，该权利是否具有交换价值。[②] 美国学者在研究担保物权标的特征时提出了六个具体判断标准，即可以计量、可被消耗、有增值可能、对债务人有实际意义、容易监

　　[①] 参见王利明《物权法论》（修订二版），中国政法大学出版社2008年版，第225页。
　　[②] 参见徐海燕、李莉《物权担保前沿理论与实务探讨》，中国法制出版社2012年版，第13页。

管和可以转让。①

  土地发展权完全符合上述六个标准，表现为，土地发展权具有市场价值且可以用金钱衡量；土地发展权的行使过程即为其消耗过程；土地发展权的价值由市场所决定，因而具有增值的可能；对债务人而言，其可以将土地发展权在自由市场公开出售，因而具有实际意义；土地发展权具有外在的表现形式，即权属证书，并且需要在特定机关进行登记，因而容易监管；土地发展权可以在市场流通，具有可转让性。而且，随着经济社会的发展，为了信用融资的需要，越来越多的财产权成为担保物权的标的，可以说财产权的担保化（价值化）是现代物权法发展的趋势之一。

  因此，土地发展权可以成为担保物权的标的，土地发展权人可以在土地发展权上设置担保物权。那么，在土地发展权上可以设立哪种担保物权，是抵押权抑或质权？在美国，土地发展权上可以设立抵押权，土地发展权银行接受土地发展权抵押，并为抵押人提供贷款。但基于物权理论和物权制度存在差异，在我国不适合在土地发展权上设立抵押权，而应当在土地发展权上设立质权，具体理由如下：

  依据我国《物权法》第一百八十条规定及传统担保物权理论，抵押权属于用益性担保物权，质权则属于非用益性担保物权，两者的区别之处在于，前者可以继续使用、收益（使用和收益均以不损害担保物的交易价值为限）抵押物，而后

---

① See Rashmi Dyal-chand. Human Worth as Collateral, Rutgers Law Journal. 797－799（2006－2007）.

者则不能继续使用、收益质押物。[1] 由于土地发展权人对土地发展权的使用或收益均会造成担保物交易价值的损害,因此,在土地发展权之上设立抵押权与我国《物权法》的相关规定及担保物权理论相违背。相反,由于质权的非用益性,土地发展权人不能继续使用、收益质押物,因此,在土地发展权之上设立质权具有可行性。实际上,我国在土地发展权之上设立质权,与美国在土地发展权上设立抵押权,没有制度功能的区别。

此外,关于在土地发展权上设立质权公示方式的选择方面,应当采用登记方式。根据我国《物权法》第二百二十三条规定,我国权利质权的公示方式包括登记和交付(权利凭证)两种,其中以登记为主要方式。这种以登记为主的公示方式与境外立法的发展趋势相吻合,[2] 因而,在土地发展权上设立质权时,为了增强公信力及保障交易安全,应当以登记作为公示方式。

2. 土地发展权如何纳入物权程序法体系

在物权程序法层面,应当将土地发展权纳入不动产统一登记法的适用范围。我国不动产物权变动以登记生效为原则,以登记对抗为例外。以登记生效为原则,体现在我国《物权法》第九条规定的不动产物权的设立、变更、转让和消灭,经依法登记,发生效力;未经登记,不发生效力,但法律另有规定的除外。以登记对抗为不动产物权变动的例外,体现在《物权

---

[1] 参见徐海燕、李莉《论碳排放权设质依据及立法建议》,载《北方法学》2014年第1期。

[2] 参见孙宪忠等《物权法的实施》(第一卷),社会科学文献出版社 2013 年版,第 524 页。

法》第一百二十九条（土地承包经营权）和第一百五十八条（地役权）的相关规定。土地发展权作为不动产物权应以登记作为权利变动的生效要件，并纳入不动产统一登记法。

我国现行的不动产登记制度基本是在《物权法》颁布之后形成的①，涉及不动产登记的中央立法有《物权法》（2007年制定并施行）、《土地登记法》（2007年制定，2008年施行）、《房屋登记办法》（2008年制定并施行）、《水域滩涂养殖发证登记办法》（2010年制定并施行）等。

尽管《物权法》明确赋予了不动产登记的私法特性，并在第十条第二款中明确规定国家对不动产实行统一登记制度，但是在《物权法》颁布之后，我国不动产登记法却迟迟不见出台，因而在实践中未能形成统一的法律依据、统一的登记机关、统一的登记效力、统一的登记程序和统一的权属证书的五统一局面。值得欣慰的是，2013年3月26日发布的《国务院办公厅关于实施〈国务院机构改革和职能转变方案〉任务分工的通知》，明确将出台《不动产统一登记条例》，国务院法制办于2014年8月15日公布《不动产登记暂行条例》（征求意见稿），并于2014年11月12日由国务院总理李克强签署第

---

① 我国大陆地区的不动产登记制度以《物权法》的颁布为分界点，可分为两个阶段，第一阶段，20世纪80年代至《物权法》施行前。这一阶段除了不少中央立法外，还有为数众多的地方性法规或规章，例如《森林法》（1984年制定，1985年施行，1998年修订）、《草原法》（1985年制定并施行，2002年修订）、《土地管理法》（1986年制定，1988年、1998年和2004年修订）、《矿产资源法》（1986年制定并施行，1996年修订）等，这一阶段的不动产登记具有浓厚的行政管理色彩。第二阶段，《物权法》施行至今。《物权法》明确赋予了不动产登记的私法特性。参见常鹏翱《不动产登记法》，社会科学文献出版社2011年版，第30～36页；孙宪忠等《物权法的实施》（第一卷），社会科学文献出版社2013年版，第71页。

656 号《中华人民共和国国务院令》正式公布,该条例于 2015 年 3 月 1 日正式施行。

《不动产登记暂行条例》作为《物权法》的程序法或特别法,规定了统一的不动产登记机关、不动产登记程序、不动产登记效力和不动产登记簿,与《物权法》之间形成了很好的不动产程序法与实体法之间优势互补和良性互动的局面。我国在设置土地发展权时,不仅应当将土地发展权纳入物权实体法体系,而且应将土地发展权纳入物权程序法体系。

我国《不动产登记暂行条例》第五条采取开放式的立法模式,规定了需要办理登记的不动产权利种类。该条在具体列举 9 种需要登记不动产权利的同时,将法律规定需要登记的其他不动产权利也纳入登记范围。[1] 这种开放式的立法模式为土地发展权纳入不动产统一登记法的适用范围创造了空间。

关于不动产登记机关,学界存在行政机关和司法机关两种观点,《不动产登记暂行条例》第六条规定,我国不动产登记机关为行政机关。需要注意的是,在美国,土地发展权的登记机构是土地发展权银行。土地发展权银行的组织性质依据其承担的职能不同分为市场主导型和政府主导型两种,市场主导型的土地发展权银行是独立的法人,侧重于市场服务;而政府主导型的土地发展权银行是一个政府机构,侧重于市场管理。可见,市场主导型土地发展权银行相当于独立的中介机构,政府主导型土地发展权银行相当于行政机关。将土地发展权纳入不

---

[1] 《不动产登记暂行条例》第五条规定:"下列不动产权利,依照本条例的规定办理登记:(一)集体土地所有权;(二)房屋等建筑物、构筑物所有权;(三)森林、林木所有权;(四)耕地、林地、草地等土地承包经营权;(五)建设用地使用权;(六)宅基地使用权;(七)海域使用权;(八)地役权;(九)抵押权;(十)法律规定需要登记的其他不动产权利"。

动产统一登记法的适用范围意味着，土地发展权登记机关的性质是行政机关，类似于美国法上的政府主导型土地发展权银行。

关于不动产登记程序，从理论上分解，包括不动产总登记、不动产变更登记、不动产更正登记（异议登记）和不动产注销登记四个方面。规范、合理的登记程序有利于杜绝行政机关违法行为的发生，有利于保护当事人的合法权益。在《不动产登记暂行条例》出台之前，尽管《物权法》第十三条和第二十二条对不动产统一登记相关内容有所涉及，但缺乏统一、系统和具体的登记程序规定（当然这也不是《物权法》的使命）。《不动产登记暂行条例》的出台，从立法上保障了不动产登记程序的统一。《不动产登记暂行条例》第十四条至第二十二条较为详细地规定了不动产登记程序。将土地发展权纳入不动产统一登记法的适用范围意味着，土地发展权的总登记、变更登记、更正登记（异议登记）和注销登记都应当遵守《不动产登记暂行条例》的相关规定。

关于不动产登记效力。我国《物权法》在不动产物权变动的立法模式上，根据变动原因将不动产物权变动分为依法律行为的物权变动和非依法律行为的物权变动两种。在依法律行为的物权变动情形下，我国不动产物权变动立法的模式是以登记生效为原则（形式主义），以登记对抗（意思主义）为例外。在非依法律行为的物权变动情形下，登记并非取得不动产物权的要件，而仅仅是取得处分不动产物权的前置性要件。[①] 毫无疑问，我国《不动产登记暂行条例》制定的主要依据是

[①] 参见孙宪忠等《物权法的实施》（第一卷），社会科学文献出版社 2013 年版，第 124 页。

《物权法》。在不动产登记效力方面应当依据《物权法》的相关规定来处理。将土地发展权纳入不动产统一登记法的适用范围意味着，土地发展权登记的效力也应当遵守《物权法》的上述规定，具体为在依法律行为的物权变动情形下，登记是土地发展权变动的生效要件；在非依法律行为的物权变动情形下，登记是取得处分土地发展权的前置性要件。

关于不动产登记簿。根据《不动产登记暂行条例》（征求意见稿）第八条规定，不动产登记可以采用纸质介质，也可以采用电子介质。但是在最终公布的《不动产登记暂行条例》第九条却明确规定，不动产登记簿应当采用电子介质，只有在暂时不具备采用电子介质条件的前提下，才可以采用纸质介质。我国推行不动产登记簿电子化与国外不动产登记发展趋势相一致。其制度作用表现在，全面提升了登记的信息化、便利化和规范化。将土地发展权纳入不动产统一登记法的适用范围意味着，土地发展权的登记簿原则上也应当采用电子介质。土地发展权登记电子化在国外（特别是在美国）也是一种常态，例如，美国新泽西土地发展权登记机关就建立交易数据库，将交易双方的信息、交易地块的信息、交易时间和价格等基本信息纳入数据库中。

（三）与我国现行土地制度相匹配

我国设置土地发展权应当对我国物权法律制度特别是土地法律制度等现行法律制度加以审视，并确保土地发展权的设置与上述制度之间保持必要的协调。

我国物权法律制度中最具本土特色的是实行土地公有制，分别为土地的国家所有和农民集体所有，不存在土地的私人所有，这是我国《物权法》对我国《宪法》第十条所确定的社会主义土地公有制的贯彻。①

尽管近年来学术界对集体土地所有权改革的争论不断②,但就我国的现实国情和中共中央的精神③而言,坚持集体土地所有权的大前提不会变动。我国土地的国家所有、农民集体所有,与域外设置土地发展权的国家或地区所实行的土地私有有所不同,这就要求我国在设置土地发展权时不能生搬硬套,而应当充分考虑我国实行土地公有制的基本国情。

一方面,在国有土地上,与域外国家或地区关于土地发展权归属于国家或土地所有权人的规定不同,在我国国有土地上不会造成土地发展权归属主体的不同,因为,在我国国有土地上,国家既是土地所有权人,又是土地发展权人,所以,无论是土地发展权归属国家所有,还是土地发展权归属土地所有权人,我国国有土地上的土地发展权都竞合为国家所有。

在我国国有土地上,国家虽然是土地的所有权人,但国家

---

① 我国《宪法》第十条规定:"城市的土地属于国家所有。农村和城市郊区的土地,除由法律规定属于国家所有的以外,属于集体所有;宅基地和自留地、自留山,也属于集体所有。"

② 主要有三种观点,其一,应当在坚持集体土地所有权的大前提下,通过对集体土地所有权的主体、权能等的完善弥补现行之不足;其二,应当废除集体土地所有权,将集体土地全部私有,实行集体土地私有化;其三,应当废除集体土地所有权,将集体土地全部收归国有,实行集体土地国有化。参见孟勤国《揭开中国土地私有化论的面纱》,载《北方法学》2010 年第 1 期;张先贵《集体土地所有权改革的法理思辨》,载《中国土地科学》2013 年第 10 期。

③ 例如,2015 年中央一号文件《关于加大改革创新力度加快农业现代化建设的若干意见》明确指出:"确保土地公有制性质不变"http://www.gov.cn/zhengce/2015-02/01/content_2813034.htm,2015 年 2 月 1 日访问。国家主席习近平在 2014 年 12 月 2 日中央全面深化改革领导小组第七次会议中强调,坚持土地公有制性质不改变。http://news.xinhuanet.com/politics/2014-12/02/c_1113492626.htm,2014 年 12 月 2 日访问。

一般并不以土地所有权人的身份直接利用土地,而是以土地所有权人的身份将国有土地使用权划拨或出让给具体的土地使用权人,这就意味着在国有土地上对土地直接利用的是土地使用权人。在我国国有土地上,土地发展权与土地使用权之间的结合不会很紧密。这与实行土地私有制的国家或地区不同,因为,在实行土地私有制的国家或地区,对土地直接开发的主要是土地所有权人,因而,这些国家或地区的土地发展权与土地所有权结合非常紧密。

另一方面,在集体土地上,虽然法律规定集体土地所有权的主体是农民集体,但立法并没有对农民集体的概念进行细化界定,并且在不同的法律中农民集体所有的表现形态各异,①"集体土地所有权主体虚化"成为严重的现实问题。同时,在我国集体土地上形成土地所有权与土地使用权(主要是土地承包经营权和宅基地使用权)二元结构,而且后者(由农民行使)承担着保障农民基本生产与生活、保护耕地和粮食安全的重要功能。由上可见,制度推行的必然结果是,我国集体土地发展性利益在国家(全民代表)、集体(土地所有者)和农民(集体的组成成员和土地使用者)三者之间分配关系的复杂化,这种情形是我国土地发展权设置应当面对的,必须妥善解决。

我国土地法律制度中与土地发展权的设置有着密切关联的

---

① 在《宪法》中,集体土地所有权的主体是集体,但没有规定具体的管理主体;在《土地管理法》中,集体土地所有权的主体是乡镇、村和农村集体经济组织,对应的管理主体分别是乡镇集体经济组织、村集体经济组织(村民委员会)和农村集体经济组织(村民小组);在《民法通则》中,集体土地所有权的主体是村农民集体和乡镇农民集体,对应的管理主体是村农业集体经济组织(村农业生产合作社)、村民委员会和乡镇农民集体经济组织。参见(日)小川竹一《中国集体土地所有权论》,牟宪魁、高庆凯译,载《比较法研究》2007年第5期。

是土地管理法律制度和土地征收法律制度。其中土地用途管制制度①和土地利用规划制度②在我国土地管理法律制度中与土地发展权的关系最为密切。土地用途管制制度和土地利用规划制度都是国家运用警察权（公权力），对土地资源利用进行管理的公法性手段。而土地发展权则是运用财产权（私权）对土地资源利用进行市场化配置的私法性手段。我国土地发展权的设置应当与土地用途管制、土地利用规划相结合，把土地发展权与土地用途管制、土地利用规划妥善对接，形成土地资源管理与配置相结合的私法与公法双轨制。

土地征收是国家基于公共利益的需要、动用行政权强制取得被征收人土地财产权的行为。土地征收的本质是国家以公共利益为目的进行强制交易。在英国，土地征收又被称为"强制购买"，国家通过征收权仅仅获得依照市场价格强制交易被征收财产权的资格，这也就意味着国家必须依照市场价格补偿被征收人。③ 土地征收过程中涉及的权力（征收权）与权利（财产权）之间的冲突和利益平衡是现代实施市场经济体制的国家普遍需要解决和应对的普遍问题。④

---

① 土地用途管制制度是国家为了保证土地资源的合理利用，通过划定土地用途区域，确定土地的使用限制条件，以确保土地所有者和土地使用者严格按照用途使用土地的制度。参见程信和《房地产法学》，人民法院出版社 2010 年版，第 87~88 页。

② 土地利用规划制度是国家为了保证经济社会的可持续发展对一定区域的土地利用在空间上和时间上所作的总体性安排。参见刘国臻《土地与房地产法研究》，中国政法大学出版社 2013 年版，第 102 页。

③ See The Office of the Deputy Prime Minister. *Compulsory and Compensation*: *Compulsory purchase procedure*, Communities and Local Government Publications. 2004.

④ 参见叶芳《冲突与平衡：土地征收中的权力与权利》，上海社会科学院出版社 2011 年版，第 19 页。

由于我国土地征收制度存在不足，从而导致上述问题更加突出，主要表现在，我国处于城镇化进程的快速推进期，由于我国的城镇化主要是土地的城镇化而非人口的城镇化，加之地方干部考核标准主要以地区生产总值及增长率作为指标，导致地方政府随意动用土地征收权。同时，在土地征收过程中，被征收人的财产权被长期压制，特别是农民的土地发展性利益近乎完全被地方政府无偿获得。这种权力（征收权）滥用与权利（财产权）被压制的局面，其结果必然导致权力（征收权）滥用与权利（财产权）两者之间处于严重的不平衡状态。我国土地发展权的设置应当与土地征收制度衔接，其策略应当是将土地发展权纳入征收补偿范围，并以此为契机改革我国的征收补偿制度，使得土地征收过程中的权力（征收权）与权利（财产权）之间达到平衡。

二、我国土地发展权的权利归属

我国土地发展权的权利归属直接决定着土地发展性利益的归属，是一个具有重要理论价值和深远现实意义的论题。从物权（财产权）角度探讨我国土地发展权的权利归属需要妥善解决以下两个问题：其一，土地发展权的权利来源问题，这是解决土地发展权归属问题的核心；其二，土地发展权的权利归属与土地发展性利益分配之间的关系问题。

财产权利归属关乎权利的确认，是财产权利得以实现的起点，属于私法范畴。鉴于土地发展权是土地发展性利益之力，土地发展权的权利归属是土地发展性利益分配的第一层次，土地发展性利益的分配是利益分享的问题，涉及到社会整体财富的分配，因而，需要私法（财产权）与公法（税收和公益慈善）配合解决。其中，作为土地发展性利益分配的第一层次，私法的调整应以财产权为基础，通过市场交易完成；公法的调整，包括政府对土地发展性利益征税和举办公益慈善等，对土地发展性利益征税属于土地发展性利益分配的第二层次，该层次以公平正义为基础，公益慈善属于土地发展性利益分配的第三层次，该层次以伦理道德为基础。

（一）土地发展权是从土地所有权分离出来的财产性权利

依照物权法的理论，财产性权利的权利来源决定财产权利的权利归属，因而，明确我国土地发展权的权利归属的前提是，寻找土地发展权的权利来源。关于土地发展权的权利来源，学界主要有三种观点。

第一种观点主张，土地发展权是从土地所有权分离出来的权利，其权利来源是土地所有权。这种观点可称为"所有权派生论"，目前为较多学者所认同。如程雪阳、穆松林、高建华、毋晓蕾、刘娟、胡兰玲、杨明洪、刘永湘、郑振源等均主张土地发展权权利来源是土地所有权[①]。

第二种观点主张，土地发展权产生于国家对土地的规划与管制，因而，土地发展权的权利来源是国家公权力（警察权）。例如，陈柏峰认为，土地发展权并非土地所有权的派生

[①] 参见程雪阳《土地发展权与土地增值收益的分配》，载《法学研究》2014年第5期；穆松林、高建华、毋晓蕾、刘娟《土地发展权及其与土地用途管制的关系》，载《农村经济》2009年第11期；胡兰玲《土地发展权论》，载《河北法学》2002年第3期；杨明洪、刘永湘《压抑与抗争：一个关于农村土地发展权的理论分析框架》，载《财经科学》2004年第6期；郑振源《征用农地应秉持"涨价归农"原则》，载《中国地产市场》2006年第8期。

权利,它因国家管制权的行使而成为一项独立的权利[①]。

第三种观点主张,土地发展权是土地所有权和国家对土地的规划与管制两方面协力的产物,因而,土地发展权的权利来源是土地所有权和国家公权力(警察权)。例如,孙弘认为:"土地发展权的权利来源于土地所有权和警察权"[②]。

笔者认为,从土地发展权的产生过程和土地发展权的物权(财产权)属性出发来看,土地发展权是从土地所有权分离出来的权利,土地所有权是土地发展权的唯一权利来源,土地发展权的权利来源与国家对土地的规划和管制无关,理由如下:

就土地发展权的产生过程而言,国家对土地进行规划与管制之前,土地发展权是土地所有权内容的应有之义,此种状态的土地发展权是土地所有权权利内容的重要组成部分,土地所有权人可以在不违反私法上义务的前提下,仅依自己之意愿就可以开发和利用土地。随着土地所有权社会化理念的产生,国家通过土地规划和管制手段,对土地所有权加以必要的限制,而容忍来自公法的合理限制是土地所有权作为财产权所应当承担的必要义务,此时作为土地所有权内容的土地发展权同样也受到土地规划和管制手段的限制,因而可以说,土地发展权与土地所有权一样都是土地规划和管制的对象(这是近现代社会财产权的应有之义)。

上述土地规划和管制限制在土地发展权从土地所有权处独立出来之后仍旧存在,表现为,作为独立财产权的土地发展权

[①] 参见陈柏峰《土地发展权的理论基础与制度前景》,载《法学研究》2012年第4期。

[②] 孙弘:《中国土地发展权研究:土地开发与资源保护的新视角》,中国人民大学出版社2004年版,第90页。

的行使虽然取决于土地发展权人的意志,但是这种意志之行使受到土地规划和管制限制时必须予以克制,这也是财产权社会化的必然结果。因而可以说,国家对土地进行规划和管制的公权力,既不是土地发展权的权利来源,也不能赋予某块土地相应的土地发展权,其仅仅是对土地发展权这一本来就客观存在的财产权加以必要的公法上的限制(正如土地规划和管制对土地所有权所施加的限制一样)。因此,土地所有权是土地发展权唯一的权利来源,土地规划和管制仅仅是其作为财产权受到公法限制的一种表现形式,而非其权利来源。

当然,在论及土地发展权的权利来源时,土地发展权国有模式(英国)不容回避。有学者认为,英国将土地发展权归国家享有而非土地所有权人享有表明,"土地发展权不太可能是土地所有权的派生权利,其产生于国家管制权对土地开发利用的限制","土地发展权与国家管制权的'限制'相伴而生"。[①] 上述见解值得商榷,具体分析如下:

首先,土地发展权并非与国家规划和管制权相伴而生。在国家规划和管制权出现之前,土地发展权即以土地所有权内容的形式而存在,随着世界上第一部规划法——英国1909年《住宅与城镇规划法》(*The Housing*, *Town Planning*, *Etc. Act of 1909*)的颁行,国家规划和管制权得以产生,但此时土地发展权并未与土地所有权相分离,仍旧属于土地所有权权利内容的一部分。直到英国1947年《城乡规划法》的颁行,土地发展权才与土地所有权相分离,而以独立财产权的形式出现,可见,土地发展权的产生与国家规划、管制权没有必然联系。

---

① 参见陈柏峰《土地发展权的理论基础与制度前景》,载《法学研究》2012年第4期。

其次，土地发展权归属于国家而非土地所有权人的国有模式，仅仅意味着国家规划和管制权对土地发展权这一财产权限制到极致，以至于实现土地发展权的国有化。学者们在研究土地发展权国有模式时常常忽略英国政府在将土地发展权收归国有的同时，向失去土地发展权的土地所有权人支付补偿这一细节，① 这也就意味着英国行使规划和管制权对土地发展权的限制"走得太远"。英国作为一个设置土地发展权最早的国家，虽然主张"涨价归公"，由国家代表全民享有土地发展性利益，但仍旧给予失去土地发展权的土地所有权人一定的补偿，② 可见，土地发展权国有模式仅仅是国家对土地所有权人的土地发展权加以国有化，这也进一步表明，土地发展权作为一项派生于土地所有权的财产权，与国家规划和管制权之间有着清晰而明确的界限，土地规划和管制权不是土地发展权的权利来源。

从土地发展权的财产权（物权）属性来看，土地发展权作为一项独立的财产权，与土地所有权紧密相连，而与国家公权力（警察权）相去甚远。土地发展权与土地所有权的紧密相连表现在，土地发展权是土地所有权的派生权利，这种派生性由所有权的基本理论所决定。所有权是权利人对物拥有最基

---

① 参见蔡玉梅、张晓玲、张文新《英国城乡规划的演变及对我国国土规划启示》，载《中国地质矿产经济学会资源经济与规划专业委员会 2006 学术交流会资料汇编》2006 年 12 月，第 122 页。

② 英国政府在土地发展权国有化时专门设置了一个总额 3 亿英镑的基金以适当补偿土地所有权人失去土地发展权的损失。See Peter Hall, Urban and Regional Planning, *Routledge*, 73（2002）.

本和完全主宰的权利,① 通常所说的占有、使用、收益和处分权能仅仅是对所有权最主要权能的不完全列举,而非所有权的全部权能,在土地发展权未独立之前,开发土地(变更土地使用性质或提高土地利用集约度)是土地所有权内容之一。尽管随着经济社会的发展和法学理论研究的深入,土地发展权逐渐成为一种独立的财产权,但也改变不了其脱胎于土地所有权的事实,所以说,土地发展权是土地所有权为因应时代发展而派生出来的权利。

有学者认为,土地发展权派生于土地所有权在法理上缺乏足够的说服力②,这种观点值得商榷。其一,如上所述土地发展权派生于土地所有权一样,其理论来源是所有权的权能理论,而非土地所有权绝对理论。其二,土地发展权得以作为独立财产权利产生的一个很重要的法学理念的转变是,所有权由绝对走向相对。在所有权绝对理念之下,土地所有权人对其土地拥有"上达天宇,下至地心"的绝对权利,这种权利容易被土地所有权人滥用。只有在土地所有权相对理念之下,土地发展权才有从土地所有权中独立和分离的空间与土壤。

此外,作为财产权的土地发展权与国家公权力(警察权)之间有着天壤之别,表现在,从主体角度而言,土地发展权可以为不同的市场主体所享有,而国家公权力(警察权)只能由公权力机构享有。从可交易性角度而言,土地发展权可以交

---

① 参见(意)彼德罗·彭梵得《罗马法教科书》(修订版),黄风译,中国政法大学出版社 2005 年版,第 148 页。

② 如陈柏峰指出,土地发展权派生于土地所有权的理论基础是所有权绝对的观念,这种观念在公法和私法都对土地所有权广泛限制的今天缺乏足够说服力。参见陈柏峰《土地发展权的理论基础与制度前景》,载《法学研究》2012 年第 4 期。

易流转，而国家公权力（警察权）则不可交易流转。从纳税角度而言，土地发展权的权利人需要缴纳不动产税，而国家公权力（警察权）则不需要。

综上所述，从土地发展权的财产权（物权）属性来看，土地发展权是派生于土地所有权的财产权，其与国家公权力（警察权）之间有着天壤之别，因而，土地发展权的权利来源是土地所有权，而非国家公权力（警察权）。

（二）我国应将土地发展权归属于土地所有权人

土地所有权作为土地发展权唯一权利来源，意味着土地发展权归土地所有权人享有具有正当的理论依据。土地发展权的权利归属的制度设计应当遵守这一理论证成。我国实行土地社会主义公有制，土地所有权分为国家土地所有权和农民集体土地所有权，因此，土地发展权应当分别归属于国家土地所有者和农民集体土地所有者，即国有土地上的土地发展权由国家享有，集体土地上的土地发展权由农民集体享有。

在国有土地上，根据《物权法》第四十五条第二款、《土地管理法》第二条第二款规定，国有土地所有权由国务院代表国家行使。在实践中，国务院作为国有土地所有权行使代表通常并不直接行使土地所有权，而是通过授权地方政府具体行使。被授权的地方政府可以以自己的名义代表国家土地所有权人行使国有土地所有权。例如，依据《城镇国有土地使用权出让和转让暂行条例》的规定，城镇国有土地使用权出让由市、县人民政府负责。土地使用权出让合同由市、县人民政府土地管理部门与土地使用者签订。市、县人民政府作为地方政府是代表国家土地所有权人为土地使用者设立他物权（城镇国有土地使用权)。因此,我国国有土地上的土地发展权应当由国务院代表国家行使,同时,地方政府经国务院授权后也可以成为土地发展权的行使主体。

需要强调的是,国务院或地方政府是以代表土地所有权人(国家)而非以公权力机关的身份行使土地发展权。

在集体土地上,依据《物权法》第五十八和第五十九条、《土地管理法》第十条规定,集体土地所有权由本集体成员集体所有(农民集体所有),因此,我国集体土地上的土地发展权应当归属集体成员集体所有,这一结论不仅具有充分的理论依据,而且有丰富的实践素材。表现为农民集体发展壮大(主要是财产权壮大)的最终目的是为了服务作为农民集体成员的农民个体,并且农民个体的弱势地位决定了其必须团体化,依靠集体的力量实现维护农民个体权益、增加农民个体利益和扩展农民个体权利的目的。[①]

我国土地征收有一个前置性程序,即农用地转用审批程序。在农民集体土地转用时,土地仍然是农民集体所有,此时,基于土地所有权的派生理论,土地发展权当然归土地所有权人(农民集体)享有。在农村土地转用之后,国家基于公共利益运用征收权对其征收时,征收的对象就不再限于集体土地所有权,还包括集体享有的土地发展权。

集体土地上的土地发展权虽然归属于集体,但依前文所述,"集体"这一概念在我国立法中没有界定,造成了我国集体土地上农民集体权利主体被虚化,其结果必然导致作为集体成员和具体使用土地的农民不能切实感受到土地所带来的利益

---

① 参见耿卓《农民土地财产权保护的观念转变及其立法回应——以农村集体经济有效实现为视角》,载《法学研究》2014年第5期。

（特别是土地发展性利益）。因此，在明确集体土地上土地发展权归属于集体的同时，还需要进一步厘清集体与农民（集体成员和土地使用者）之间的关系。

目前，我国学界关于集体与农民之间的关系主要有以下三种见解：其一，集体与农民之间是一种共有关系①。集体是由农民按共有关系所组成的共同体。这种共有关系可进一步分为按份共有关系和共同共有关系。其二，法人关系。集体是独立的法人主体，农民对其享有股权②。其三，总有关系。集体是农民作为成员按总有关系组成的共同体。③ 依据我国《物权法》第五十九条（成员权）的规定，集体与农民之间的关系应当被界定为总有关系。总有的典型是日耳曼法村落共同体，由多人依身份资格而结合，但尚未形成法律人格之共同体，以团体组成员之资格享有权利之型态。④ 具体分析如下：

第一，农民在集体中享有权利以及权利丧失、变更都与其特定的身份资格直接相关，这与总有关系之下以团体组成员资格作为享有权益的前提条件相似。

第二，农民在集体中一般享有财产权的使用和收益权能，而对集体财产的管理或处分，则需要集体成员共同决定或由多数表决决定，这与总有关系之下团体成员只享有财产的用益权

---

① 参见肖方杨《集体土地所有权的缺陷及完善对策》，载《中外法学》1999年第4期。
② 参见王卫国《中国土地权利研究》，中国政法大学出版社1997年版，第114页。
③ 参见韩松《中国农民集体所有权的实质》，载《法律科学》1992年第1期。
④ 参见谢在全《民法物权论》（上册），中国政法大学出版社2011年版，第325页。

能而处分权能必须由全体成员共同行使相似。

第三,农民对集体财产没有明确的份额划分,因而不能请求分割集体财产,这与总有关系之下团体成员对团体财产没有对应份额、无法请求财产份额分割相似。①

第四,我国《物权法》第五十九条将集体所有表述为"成员集体所有",可见,我国农民在集体中享有的是一种成员权,而这种以身份为基础、与集体所有权之间形成的私法上的权利,应当理解为总有关系下的权利。② 因此,在集体土地上,土地发展权归集体享有,基于农民与集体之间的总有关系,农民作为集体组成成员和直接使用土地者享有土地发展权的使用和收益权能,而对土地发展权的处分或管理,则需要由集体成员共同决定。

农民与集体之间的总有关系意味着,作为集体成员的农民,应当享有确定的土地发展性利益。有学者担心,农民享有土地发展性利益会导致农民因为土地被征收而一夜暴富,因此,不应当让集体享有土地发展权,更不应该让农民直接获得土地发展性利益。这种观点值得商榷。

首先,我国目前部分地区确实存在农民因为土地被征收获得土地发展性利益而暴富的现象,但是,更应当看到的是,一些地方政府按照《土地管理法》以土地原用途补偿被征地农民,进而剥夺农民享有土地发展性利益的机会,造成被征地农民财产权受到严重侵害、被征地后生活水平严重下降、征地引

---

① 参见李宜琛《日耳曼法概说》,中国政法大学出版社2002年版,第75~76页。

② 参见王利明、周友军《论我国农村土地权利制度的完善》,载《中国法学》2012年第1期。

发的群体性事件不断发生的现象更加普遍，而且这种现象已经严重影响我国社会整体的和谐、稳定和可持续发展。

其次，土地发展权归集体享有，农民作为集体成员享有确定的土地发展性利益，并不意味着只有被征收土地上的农民才能享有土地发展性利益。土地发展权作为一项私法上的财产权，可以通过市场交易进行流转，即使农民集体未被征地，也可以通过处分土地发展权获得土地发展性利益，这就意味着，享有土地发展性利益的是我国农民整体而非少数被征地农民。

再次，让农民整体享有土地发展性利益是我国工业反哺农业的基本要求。长期以来，我国农民为经济社会的发展作出了巨大的贡献和牺牲，就现阶段而言，完全有必要让农民分享工业化和城镇化所带来的红利（土地发展性利益）。

最后，土地发展权作为一项财产权的归属是其得以实现权利的起点，但权利的归属作为私法范畴仅仅是土地发展性利益分配的第一层次。因此，在土地发展权归属层次须以尊重财产权和依靠市场交易为基本原则，这一层次可能会造成一定程度上的不公平，但对这种不公平的调整显然超出了私法范畴，而是需要通过土地发展性利益分配的第二层次（税收）和第三层次（公益慈善）加以完成。

此外，我国有学者担心将土地发展权归土地所有权人享有会使得农民集体依其享有的土地发展权而随时改变土地使用性质，国家为了保护耕地和生态环境则必须拿出巨大的财力来购买农民集体土地发展权，影响我国耕地保护政策。[①] 这种担心也是多余的。

[①] 参见韩松《集体建设用地市场配置的法律问题研究》，载《中国法学》2008 年第 3 期。

一方面，现代社会，土地发展权作为一项物权（财产权），需要接受来自公法和私法不同程度的限制。农民集体享有土地发展权并不意味着其可以不受限制地行使权利，因而，担心农民集体享有土地发展权即可以随时改变土地使用性质的观点，是对土地发展权这一物权（财产权）的误读。

另一方面，土地发展权作为财产权，其实现的主要途径是在民事主体之间通过市场交易行为进行权利移转，担心国家为了保护耕地和生态环境必须拿出巨大的财力来购买农民集体土地发展权的观点，显然是将土地发展权移转和土地发展权购买相混淆。在土地发展权移转之下，土地发展权在市场主体之间进行流转，相关的交易费用由市场主体承担，政府只需划定"发送区"和"接受区"，而无需花费巨大的财力即可实现耕地和生态环境的保护。因而，将土地发展权归土地所有权人享有不仅不会影响我国现行的耕地保护政策，而且可以促进我国耕地保护的效率化，降低政府的财政支出。

（三）土地发展权的权利归属与土地发展性利益分配

在市场经济环境下，合理的利益分配包括三个层次：第一层次，以财产权为基础，通过市场交易来实现；第二层次，以税收制度为手段，通过政府强制征收来完成；第三层次，以公益慈善制度为基础，通过社会爱心捐助来完成。①

根据土地所有权是土地发展权的唯一权利来源的理论依据，我国土地发展权应当分别归属于国家土地所有者和农民集

---

① 参见刘剑文、陈立诚《税制改革应更加注重分配正义》，载《中国税务报》2013年11月6日。

体土地所有者，即在国有土地上的土地发展权由国家享有，农民集体土地上的土地发展权由农民集体享有。这种制度安排意味着，在我国土地发展性利益分配的第一层次，由国家和农民集体作为土地所有权人获得土地发展性利益，其中前者主要由地方政府管理经营，后者由农民集体和农民个体分享。在这一层次，土地发展权人获得土地发展性利益的途径，包括基于法律行为的移转（土地发展权市场交易）和非基于法律行为的移转（土地发展权征收）。前者是获得土地发展性利益的主要途径，并由此形成土地发展权交易市场。

但是，土地发展权的归属仅仅是土地发展性利益分配的第一层次，合理的土地发展性利益分配还需要经过第二层次（税收）和第三层次（公益慈善），因而，土地所有权人并不会因为享有土地发展权而完全享有土地发展性利益。

在土地发展性利益分配第一层次，在尊重和保护土地所有权人享有土地发展权的基础上，国家需要基于公平考虑，通过税收制度完成土地发展性利益的第二次分配。这是因为，土地作为人类生存所不可或缺的稀缺资源具有双重功能，一方面，土地作为最为重要的财产，是财产权人生产和生活中不可或缺的稀缺资源，承担着财产功能；另一方面，土地作为最为重要的自然资源，是社会整体发展不可或缺的稀缺资源，承担着社会功能。

土地所承载的双重功能意味着，一方面，土地所有权人基于财产权理论应当获得土地发展权（土地发展性利益），另一方面，土地所有权人应当将其享有的土地发展权（土地发展性利益）的部分返还社会。税收手段是土地发展权（土地发展性利益）部分返还社会的基本途径。

土地增值税作为土地发展性利益分配第二层次的基本手

段,具有目的正当性、手段必要性和可行性,表现在:

首先,征收土地增值税具有目的正当性。虽然基于财产权理论,土地所有权人享有土地发展性利益,但由于土地的社会性,土地发展性利益与社会整体的发展具有不可割裂的关系,这就意味着土地发展权人应当将部分土地发展性利益返还给社会。

其次,征收土地增值税具有手段必要性。在土地发展权人将部分土地发展性利益返还给社会的众多实现方式中,征收土地增值税的实施成本最低,而且对土地发展权人财产权的限制或侵害程度最小。国家通过设置合适的税率,征收一定比例的土地增值税,并将征收的土地增值税用于社会公共支出,实现土地发展性利益部分返还社会,符合必要性原则。

最后,征收土地增值税具有可行性。在现代法治国家里,税收已经成为国家对社会利益进行二次分配最重要的手段,例如,所得税、财产税和资源税等都在不同领域对社会利益的二次分配发挥着重要作用,并且随着我国税收法定原则的确立以及相关制度的不断完善,我国税收法治化程度正逐步提升,这些都表明在我国土地发展性利益的二次分配中,征收土地增值税具有可行性。

在市场经济下,完善的土地发展性利益分配机制除了第一层次(财产权的确认和保护)和第二层次(征收土地增值税)外,还需要第三层次,即公益慈善。当然,与前两个层次相比,第三层次主要是以道德为基础,因而更具特殊性,表现在:其一,前两层次以法定为原则,第三层次则以意定为原则。第一层次,财产权的确认和保护是以物权法定为原则,亦即土地发展权的内容和种类由法律直接规定,而不允许当事人意定;第二层次,征收土地增值税是以税收法定为原则,亦即税种、税收要素及程序，是以法律直接规定为前提，而不允许征税主体自由创设；第三层次，以道德伦理为基础，更加注重主体的个人意愿，而非法律强制。其二，第一、二层次是土地发展性利益分配机制的核心，第三层次则起辅助作用。与前两个层次的强制性有所区别的是第三层次的自愿性，因而，在土地发展性利益分配机制中，第三层次起着辅助性作用。

当前虽然我国在中央立法层面没有设置土地发展权，但由于土地发展性利益的客观存在，在实践中存在土地发展性利益的事实分配，表现为，主要由国家（地方政府）所享有，这种利益分配格局不合理，对此，《中共中央关于全面深化改革若干重大问题的决定》和《关于加大改革创新力度加快农业现代化建设的若干意见》都明确提出："建立兼顾国家、集体、个人的土地增值收益分配机制，合理提高个人收益。"将土地发展权归土地所有权人和土地使用权人（运用总有理论做实农民个体成员权），提高个人在土地发展性利益分配中所享有的份额，并通过健全土地增值税，建立健全公益慈善制度，实现土地发展性利益（土地增值收益）在国家、集体、个人之间的合理分配。

本章小结

本章比较详细地论述了我国土地发展权设置的原则和权利归属。我国土地发展权设置的三个原则分别是，坚持公平与效率的辩证统一、将土地发展权纳入物权法体系、与我国现行制度相衔接。坚持公平与效率的辩证统一意味着，我国设置土地发展权应当改变对土地发展性利益分配不公平和无效率的现状，借鉴土地发展权私有模式（美国）的相关做法，既做到公平，又保证效率，实现公平与效率之间的辩证统一。将土地发展权纳入物权法体系意味着，既要将土地发展权纳入物权实体法体系，又要将土地发展权纳入物权程序法体系，前者需要我国《物权法》将土地发展权设定为独立的物权种类，明确界定土地发展权的内容，并处理好土地发展权与既有土地物权之间的关系；后者需要将土地发展权纳入《不动产登记暂行条例》适用范围，适用统一的登记机关、统一的登记效力、统一的登记程序和统一的权属证书。与我国现行制度相衔接意味着，我国设置土地发展权时，应当对我国的物权法律制度，特别是土地法律制度等现行法律制度加以审视，并使土地发展权的设置与土地所有权制度、土地管理法律制度和土地征收法律制度之间保持必要的协调。

关于我国土地发展权的权利归属，从土地发展权的财产权（物权）属性出发，土地发展权是派生于土地所有权的财产权，其与国家公权力（警察权）之间有着天壤之别，因而，土地发展权是从土地所有权中分离的土地权利，其权利来源是土地所有权，而非国家公权力（警察权）。土地所有权是土地发展权的唯一权利来源意味着，土地发展权归土地所有权人享有，具有正当的理论依据。

我国土地发展权的权利归属应当遵守土地所有权是土地发展权的唯一权利来源的理论证成。我国实行土地的社会主义公有制，土地所有权分为国家土地所有权和农民集体土地所有权，土地发展权应当分别归属于国家土地所有者和农民集体土地所有者，换言之，国有土地上的土地发展权由国家享有，农民集体土地上的土地发展权由农民集体享有。

我国国有土地上的土地发展权由国务院代表国家行使，同时，地方政府经国务院授权后成为土地发展权的行使主体。需要强调的是，国务院或地方政府是以代表国家（土地所有权人）身份，而非以公权力机关的身份行使土地发展权。在农民集体土地上，土地发展权归集体享有，基于农民与集体之间的总有关系，农民作为集体组成成员和直接使用土地者享有土地发展权的使用和收益权能，而对土地发展权的处分或管理则需要由集体成员共同决定。

  土地发展权的归属仅仅是土地发展性利益分配的第一层次，合理的土地发展性利益分配还需要经过第二层次（税收）和第三层次（公益慈善）来完成，因而，土地所有权人并不会因为享有土地发展权而完全享有土地发展性利益。土地发展性利益分配第一层次，在尊重和保护土地所有权人所享有的土地发展权的基础上，需要国家基于公平考虑，通过税收制度，完成土地发展性利益的第二次分配。土地增值税作为土地发展性利益分配第二层次的基本手段，具有目的正当性、手段必要性和可行性。在市场经济下，完善的土地发展性利益分配机制除了第一层次（财产权的确认和保护）和第二层次（征收土地增值税）外，还需要第三层次，即公益慈善。当然，与前两个层次相比，第三层次主要是以道德为基础，以意定为原则，在土地发展性利益分配机制中起辅助作用。

第八章　我国土地发展权的实现

我国土地发展权的设置需以权利实现为最终目的，构建科学的土地发展权实现机制至关重要。关于这方面的探讨，我国学术界尚需付出巨大努力，立足我国基本国情，合理吸收和借鉴域外国家或地区的有益经验，构建具有中国特色的土地发展权实现机制。

一、我国土地发展权实现的内部运行机制

我国土地发展权实现的内部运行机制可以分解为两个方面：其一，国有土地上土地发展权的实现；其二，集体土地上土地发展权的实现。

（一）国有土地上土地发展权的实现

土地发展权是一项独立的物权，与其他物权一样，其权利的实现过程表现为权利的得、丧、变更过程。国有土地上土地发展权的实现，包括权利的创设、权利的移转和权利的消灭。我国国有土地所有权是国家以民事主体的身份对土地享有的民事权利。① 这种土地所有权与私人土地所有权有着较大区别。

---

① 我国是社会主义国家，社会主义公有制在土地所有权形态上表现为国家土地所有权和集体土地所有权。参见梁慧星、陈华彬《物权法》（第五版），法律出版社2010年版，第128～131页。

以土地所有权为权源的土地发展权在我国国有土地上的实现形式存在特殊性，这种特殊性主要表现在权利的收回和权利的储备上。因而，我国国有土地上土地发展权的实现，包括权利的创设、权利的移转、权利的消灭、权利的收回和权利的储备五种表现形式，具体分解如下。

1. 国有土地上土地发展权的创设

国有土地上土地发展权的创设是依据法律规定将土地发展权从其权源（国家土地所有权）中剥离并赋予国家土地所有权人的过程，属于物权的原始取得。我国国有土地所有权的主体是国家，因而，我国国有土地上的土地发展权应当归属于国家享有。但是，在财产权利的行使过程中，国家作为一个抽象体，需要一个具体的代表，依《物权法》第四十五条规定可知，国务院是我国国有财产权利行使的代表，这就意味着，国有土地上的土地发展权由国务院代表国家行使。同时，国务院代表国家行使国有财产权利（特别是国有土地所有权）之时，通常并不直接行使，而是授权地方政府行使，因而，被授权的地方政府成为国有财产权利的具体行使者。在土地发展权的创设过程中，国务院同样可以将其代表国家行使的土地发展权授权地方政府行使。

国有土地上的土地发展权作为一项物权被法律创设的过程，是非依法律行为之不动产物权变动的过程（物权的原始取得）。根据物权变动理论，非依法律行为之不动产物权变动，无需登记即可发生物权效力，但权利人需要进行登记才可以处分该物权。因此，国家取得国有土地上土地发展权即时发生物权效力，而不需要进行物权登记，但国家只有将土地发展权进行登记始得处分该物权。为了有效配合2015年3月1日生效的《不动产登记暂行条例》，以及便于嗣后处分土地发展权，国家有必要将其享有的国有土地上的土地发展权予以登记。

土地发展权的客体是特定的土地开发容量。土地开发容量是某一地区在保障人们基本生存环境基础上，土地所能承受的最大开发量。土地开发容量是土地发展性利益所依附或所指向之对象，并以容积率或开发密度为量化标准。国有土地上土地发展权的创设，需要以土地开发容量为参考标准，土地开发容量的测算需要借助其他学科的知识。① 换言之，法律创设并赋予国家在国有土地上所享有的土地发展权，应以土地所能承受的最大开发量为限。

2. 国有土地上土地发展权的移转

国有土地上的土地发展权移转是指，土地发展权被创设之后在不同权利主体之间的物权变动过程。具体包括两个层面，其一，国家以民事权利主体的身份将其依法享有的国有土地上的土地发展权有偿出让给受让者。这属于国有土地上土地发展权交易一级市场。其二，土地发展权受让者将其享有的国有土地上的土地发展权转让给其他权利主体。这属于国有土地上土地发展权交易二级市场。

---

① 土地开发容量的测算可以参考环境权客体环境容量的测算。环境容量是指，在人类生存和自然生态不致受害的前提下，某一环境所能容纳的污染物的最大负荷量。具体环境容量的测算需要借助于环境科学等相关学科的知识。有学者指出，基于环境容量的可感知性、相对的可支配性和可确定性，应当将其纳入民法领域，作为准物权的客体。而环境容量准物权化的权利载体是环境权，例如，排污权、碳排放权等。参见邓海峰《环境容量的准物权化及其权利构成》，载《中国法学》2005年第4期；吕忠梅《论环境物权》，载《探索·创新·发展·收获——2001年环境资源法学国际研讨会论文集（上册）》，福州大学2001年版，第169～171页；邓海峰《排污权：一种基于私法语境下的解读》，北京大学出版社2008年版，第88～90页。

国有土地上的土地发展权移转一级市场，即国有土地上土地发展权出让市场，其运行机制与国有土地上土地使用权出让相似。国有土地使用权出让，是国家以土地所有者的身份，将国有土地使用权在一定年限内出让给土地使用者，并由土地使用者向国家缴纳土地使用权出让金的行为。国有土地上土地发展权出让是由国土资源管理部门代表国家（土地发展权主体），将国有土地上的土地发展权出让给自然人、法人或非法人团体，并由受让者向国家支付一定对价的行为。

国有土地上土地发展权出让的方式，包括拍卖、招标、协议（挂牌）。为了防止权力寻租现象的发生，协议方式应当受到严格限制。国土资源管理部门代表国家与受让者签订土地发展权出让合同。由于我国不动产物权变动以登记生效为基本原则，因而，为确保土地发展权出让产生物权变动的效果，在签订土地发展权出让合同后还需要进行变更登记。

国有土地上的土地发展权自国家让予受让者后，即属于受让者的私有财产权。受让者可以依自己之意思行使该财产权。受让者行使土地发展权（如开发土地）需要以享有土地使用权为前提条件，也就是要求受让者作为土地使用权人。在国有土地上，国家虽然是土地所有权人，但国家一般并不以土地所有权人的身份开发土地，而是通过出让土地使用权（设置用益物权）的方式，由土地使用权人具体开发土地。在实行土地私有制的国家或地区，开发土地者一般是土地所有权人，而非土地使用权人，并且土地所有权人开发土地的程度由其所享有的土地发展权所决定。从开发土地的角度而言，我国国有土地上土地使用权人实际上具有准所有权人的地位，因而，我国国有土地上的土地发展权的具体行使者是土地使用权人。

虽然土地开发者行使土地发展权（如开发土地）时需要

以享有土地使用权为前提条件，但并不意味着只有土地使用权人才能成为国家出让土地发展权的受让者。任何自然人、法人或非法人团体等，均可与国家签订土地发展权出让合同并受让土地发展权，因此，法律不需要对土地发展权受让者的主体资格加以限制。只是土地发展权的受让者在行使土地发展权（如开发土地）时，需要成为土地使用权人。当然，为了防止部分土地发展权受让者追求垄断利益，恶意购买并囤积土地发展权，可以借鉴域外国家（如美国）的做法，对土地发展权的权利享有者征收不动产税，甚至可以规定，持有土地发展权而不开发土地满一定期限者由国家强制收回土地发展权。

国有土地上的土地使用权人享有非农化利用土地的权利，但其开发土地的程度则由其购得的土地发展权所决定。我国现行的土地出让金作为购买土地使用权的对价，其本质是地租，而非土地发展权的对价。但是，从我国国有土地使用权出让合同来看（对应的容积率），我国国有土地使用权出让金隐含部分土地发展权的对价。有一部分土地发展权则被土地开发者有意无意地无偿获得，这也是我国房地产商暴富的原因之一。这种因为土地发展权制度缺失所造成的利益分配混乱和国有资产流失的局面，在我国设置土地发展权之后将会得到改变。我国设置土地发展权之后，应当将土地使用权出让金和土地发展权出让金相分离，明确前者是使用土地的对价，即地租；后者则是开发土地程度的对价，即土地发展性利益。

国有土地上的土地发展权移转第二层面，即土地发展权受让者将其享有的国有土地上的土地发展权转让给其他权利主体。土地发展权作为一项物权，经由国家与受让者签订土地发展权出让合同并办理权利移转登记后，即属于受让者的合法财产权。此时，受让者成为土地发展权人。受让者可以在取得土地使用权后行使土地发展权以开发土地,也可以将土地发展权直接转让给其他市场主体。

这一层面的土地发展权移转与其他民事权利的移转并无二致,唯一特殊的是交易的客体是开发容量。开发容量可以通过技术性手段和登记加以量化。当然,受让者将其享有的国有土地上的土地发展权转让给其他市场主体,同样需要遵守不动产物权变动的基本规则,如需要办理登记才发生物权变动的效果。

土地发展权移转第二层面是国有土地上土地发展权交易二级市场。通过这一层面,土地发展权得以在不同市场主体之间进行流转,并通过权利的市场交易,实现土地开发容量的有效配置。表现为:土地发展权人可以将其多余或暂不行使的土地发展权转让给其他市场主体,同时,在规划许可的前提下,对进一步开发土地而又缺乏土地发展权的土地开发者而言,可以向拥有多余或暂不行使土地发展权者购买土地发展权。这种市场化配置土地开发容量的机制将改变我国现行国有土地开发不灵活、无效率的局面。

3. 国有土地上土地发展权的消灭

国有土地上土地发展权的消灭可由不同原因所致,归纳起来,包括以下几种:

(1) 土地发展权因为土地开发者开发土地而被消耗用尽。土地发展权决定土地开发的程度,土地开发者可以依其所享有的土地发展权进行土地开发,然而,随着土地开发的完成,土地开发者的土地发展权也被用尽。如果土地开发者想要进一步开发土地,除了符合规划外,还需要重新购买开发土地所需的土地发展权。土地开发者因开发土地而用尽土地发展权是土地发展权消灭的主要原因。

（2）土地发展权因为权利主体的抛弃而消灭。土地发展权作为一项财产权，权利人原则上可以自由抛弃，但是，土地发展权的抛弃作为权利人的单方法律行为，须以不损害他人及公共利益为前提条件。由于土地发展权是不动产物权，因而，土地发展权人抛弃该权利时，除须为一定之意思表示外，还需要向登记机关办理涂销登记。

（3）土地发展权因权利人不行使权利超过法定期限而消灭。为了防止部分土地发展权受让者为了追求垄断利益而恶意购买并囤积土地发展权，保障土地发展权市场健康发展，促进土地开发容量有效配置，持有土地发展权而不开发土地达到一定期限者，将由国家强制收回其土地发展权。

（4）土地发展权因征收而消灭。土地发展权是一项财产权，国家基于公共利益的需要，可以依法对其进行征收，土地发展权因国家的征收行为而消灭。

（5）其他原因。例如，土地发展权人因违反相关法律规定而导致土地发展权消灭等。

4. 国有土地上土地发展权的收回

国有土地上土地发展权的收回是一种借用土地使用权收回[①]的土地发展权实现形式，但与土地使用权收回有所不同的是，国有土地上土地发展权的收回包括以下两个方面：

（1）处罚性收回。处罚性收回是指，国有土地上的土地发展权受让者或持有者因持有土地发展权而不开发土地满一定

[①] 有学者对我国土地使用权收回进行类型化研究，认为我国土地使用权收回包括以下五种：征收性收回、处罚性收回、确权性收回、契约性收回（合意收回）和身份性收回。参见湛中乐《我国国有土地使用权收回类型化研究》，载《中国法学》2012年第2期。

期限被国家强制收回的行为。处罚性收回的法律性质,可以分为合同解除行为和行政处罚行为。合同解除行为的处罚性收回是基于土地发展权受让者违反合同约定的期限,国家作为合同的一方所行使的解除合同的行为;行政处罚行为的处罚性收回,是土地发展权受让者违反财产权应当受到一定限制的要求,从而导致国家对受让者给予一定的行政处罚。

土地发展权作为一项财产权,经由地方政府出让给市场主体后,成为市场主体的私有产权。但在现代社会,任何财产权理应受到来自公法或私法一定程度的限制已经成为常态,土地发展权也不例外。为了保障土地发展权市场健康发展,促进土地开发容量有效配置,土地发展权受让者或持有者应当于一定期限内将土地发展权用于土地开发,一定期限的规定属于法律对土地发展权的限制。土地发展权受让者或持有者如果违反一定期限的限制则需要接受国家的处罚。

(2)合意收回。合意收回是国有土地上的土地发展权受让者或持有者将其享有的土地发展权全部或部分返还给国家的行为。土地发展权合意收回是土地发展权受让者或持有者与国家在意思表示一致基础上发生的私法行为,本质上是一种民事合同。具体表现在:土地发展权受让者或持有者向国家作出返还其享有的全部或部分土地发展权的行为是一种要约,而国家经过一定考量后向土地发展权受让者或持有者作出同意收回的行为则是一种承诺;或者国家出于某种考虑主动向土地发展权受让者或持有者作出要求收回土地发展权意思表示的要约,土地发展权受让者或持有者作出同意返还土地发展权的承诺。因此,土地发展权合意收回是一种双方在平等协商的基础之上形成的民事合同。

之所以将国有土地上的土地发展权受让者或持有者将其享

有的土地发展权全部或部分返还给国家的行为称为合意收回，而非土地发展权移转，是基于以下考量：

首先，土地发展权受让者或持有者返还的土地发展权初始来源于国家，因而，国家自土地发展权受让者或持有者处购买回土地发展权的行为，可视为国家将原属于其所有的财产权进行回购的行为。

其次，国家自土地发展权受让者或持有者处购买回土地发展权后，并不会将土地发展权用于土地开发，而是将其储备或者再次出让，此时，国家购买的目的在于调节土地发展权市场。因而，国家自土地发展权受让者或持有者处购买回土地发展权的行为，与土地发展权移转的行为在目的上有着本质区别。

虽然土地发展权合意收回与美国土地发展权购买的目的不相同，前者以调节土地发展权市场为目的，后者则以保护耕地、历史古迹、环境敏感地带及开敞空间等为目的，但两者的手段却具有相似性，表现为，两者都是国家或政府以市场主体而非公权力机构的身份，与其他市场主体之间进行的合同行为。因而，美国土地发展权购买的成功经验可以为我国土地发展权合意收回提供一定的参考。

我国土地发展权合意收回的程序可以分为四个步骤，第一步，土地发展权受让者或持有者向地方政府表明其拟出售土地发展权的意愿之后，地方政府进行一定的考察和评估；第二步，双方就土地发展权的价格进行协商，也可以委托专业的评估机构进行评估或者参照有关公式进行评估；第三步，双方在协商一致的基础上，签订土地发展权收回合同；第四步，双方签订的土地发展权收回合同需要到登记机关进行登记。

此外，关于土地发展权的价格形成问题，虽然可以通过双方协商、委托专业机构评估和参照有关公式评估三种不同方式解决，但鉴于土地发展权受让者或持有者与政府之间在协商能力方面存在事实上的不平等，以及为了减少双方协商的成本，因而，应当以委托专业机构评估或者参照有关公式评估为宜。

5. 国有土地上土地发展权的储备

土地发展权储备是国家为了合理配置土地资源，促进土地开发的有序性、可持续性，对通过征收、收回（包括处罚性收回和合意收回）或其他方式取得的土地发展权进行储存，并在合适的时候通过市场途径予以出让的行为。由于土地发展权储备与土地使用权储备具有相似性，因而，土地发展权储备相关规则的设计可以借鉴土地使用权储备。① 这里有几方面的问题需要进一步阐明。

首先，关于储备行为的法律性质问题。学界有三种观点，分别是行政行为说、民事行为说和区分说。行政行为说认为，政府在收购、储备土地发展权的过程中，是以行政机关的身份进行的，该行为本质上属于行政法律行为。民事行为说认为，政府在收购、储备土地发展权的过程中，体现的是一种市场经济条件下的"自由买卖关系"，该行为本质上属于民事法律行为。区分说认为，政府在收购、储备土地发展权的过程中，可能是一种行政法律行为，也可能是一种民事法律行为，因而，需要根据具体情况识别储备行为的法律性质。当政府通过征收的方式储备土地发展权时，是以行政机关的身份参与，此时，土地发展权储备行为是一种行政法律行为；而当政府通过合意收回土地发展权的方式储备时，是以市场主体的身份参与，此

---

① 我国土地使用权储备的规范性文件是 2007 年颁布的《土地储备管理办法》，该办法对土地使用权储备的适用范围、具体程序等作出了规定。

时，土地发展权储备行为是一种民事法律行为。

我们认为，土地发展权储备的法律性质宜采区分说，即应当依据不同的情形而定，在依征收、处罚性收回等情形储备土地发展权时，土地发展权储备是一种行政法律行为；而在依合意收回等情形储备土地发展权时，土地发展权储备是一种民事法律行为。

其次，土地发展权储备行为的主体应当是特定的储备机构。土地发展权储备机构应为经市、县人民政府批准成立，具有独立的法人资格，隶属于国土资源管理部门的事业单位。

最后，土地发展权储备行为的客体应当是特定的土地发展权。该特定的土地发展权主要通过政府征收、收回（包括处罚性收回和合意收回）或其他方式取得，与一般的土地发展权相比，通过储备行为取得的土地发展权有以下三方面的特殊性：

（1）获得方式的特殊性。一般的土地发展权获得方式主要是法律直接规定（原始取得）或移转（继受取得），而用于储备的土地发展权获得方式为征收、收回（包括处罚性收回和合意收回）或其他方式取得。

（2）目的的特殊性。一般的土地发展权获得的目的主要是用以土地开发，而用于储备的土地发展权获得的目的是为了合理配置土地资源，促进土地开发的有序性、可持续性。

（3）主体的特殊性。一般的土地发展权的主体具有广泛性，包括有国家、自然人、法人或非法人团体等，而用于储备的土地发展权的主体则是特定的储备机构。

（二）集体土地上土地发展权的实现

集体土地上土地发展权实现的基本形式包括权利的创设、

权利的移转和权利的消灭等。此外，为了解决作为集体土地发展权主体的集体和集体土地使用者的农民之间土地发展性利益的分配问题，集体土地发展权信托是集体土地发展权实现的较好方式。

1. 集体土地上土地发展权的创设

集体土地上土地发展权的创设是依据法律规定将土地发展权从其权源（集体土地所有权）中剥离，并赋予集体土地所有权人的过程，属于物权的原始取得。我国集体土地所有权的主体是农民集体，因而，我国集体土地上的土地发展权属于集体财产。当然，赋予集体土地发展权，并不意味着对农民个体利益的剥夺。对集体土地发展权创设和保护的最终目的，是为了更好地服务于作为集体组成成员的农民个体。理由在于，农民个体的弱势地位决定了团体化应对的必然性；现行理论和实践都决定了集体组织具备存在的正当性；农民财产利益的持续增加和权利种类的不断扩展，离不开集体的规模化效应和组织化优势。[1]

为了保证集体可以将其享有的土地发展权最终服务于集体组成成员（农民个体），防止集体利用土地发展权压制、侵害、剥夺农民个体土地发展性利益异化行为的发生，需要从以下两个方面着手进行制度建设：

（1）明确集体的角色定位。目前，我国集体在维护农民权益、抵御公权力不法侵害等方面存在缺位的现象，有些地方甚至存在农民集体滥用集体财产权侵害农民个体的现象。因此，赋予集体土地发展权的同时，应当明确集体的角色定位，

---

[1] 参见耿卓《农民土地财产权保护的观念转变及其立法回应——以农村集体经济有效实现为视角》，载《法学研究》2014 年第 5 期。

确保集体土地发展权最终转化为集体成员（农民个体）的利益。

（2）做实农民个体的成员权。农民个体作为集体的组成部分，是农民集体的一分子，其应当享有参与各项集体事务的权利，这是农民个体享有集体成员权的应有之义。目前，我国农民在成员权的享有和实现等方面都存在问题，为了解决农民个体成员权虚化的问题，《中共中央关于全面深化改革若干重大问题的决定》明确提出"保障农民集体经济组织成员权利"。因此，赋予集体土地发展权的同时，应当坐实农民个体的成员权，包括确保农民个体享有参与财产权民主管理的权利、参与集体事务决策的权利、监督权利等。

集体土地上土地发展权作为一项物权，被法律创设的过程是非依法律行为之不动产物权变动的过程（物权的原始取得）。依物权变动理论，非依法律行为之不动产物权变动无需登记即可发生物权效力，但权利人需要进行登记才可以处分该物权。因此，农民集体取得集体土地上土地发展权是依法律规定即时发生物权效力，而不需要进行物权登记的，但农民集体只有将土地发展权进行登记始得处分该物权。同时，为了确立农民集体土地发展权的边界和范围，以抵御公权力的不当干预和侵害，农民集体土地发展权也有必要进行确权、登记。

2. 集体土地上土地发展权的移转

集体土地上的土地发展权移转是集体土地发展权被创设之后，由集体加以处分的过程。集体土地发展权作为集体所享有的财产权，应当与国有土地上土地发展权"一体承认、平等保护"[①]。

---

① 参见孙宪忠《物权法应采纳"一体承认、平等保护"的原则》，载《法律科学》2006年第4期。

但是，集体土地发展权具有区别于国家土地发展权的本质特征，为了保障我国土地开发整体的有序性和效率性，就现阶段而言，应当对集体土地发展权处分加以适当的限制，即原则上不允许集体自由处分集体土地发展权。集体土地上的土地发展权移转具体包括两个方面，其一，集体将其享有的集体土地发展权处分给土地发展权交易机构；其二，集体将其享有的集体土地发展权处分给国家。

集体将其享有的集体土地发展权处分给土地发展权交易机构，是集体土地发展权移转的主要形式。土地发展权交易机构是专门用于购买集体土地发展权并将其购得的土地发展权进行区域内或区域间移转的专门服务机构，就其性质而言，与美国的政府主导型土地发展权银行类似。土地发展权交易机构依市场价格与集体签订集体土地发展权买卖合同并进行登记后，获得集体土地发展权。

土地发展权交易机构可以将其购得的集体土地发展权出售给区域内的土地开发者，实现土地发展权区域内移转；也可以将其购得的集体土地发展权出售给其他区域的土地发展权交易机构，并由其他区域的土地发展权交易机构出售给该区域的土地开发者，实现土地发展权区域外移转。当然，由于土地发展权交易机构是一个服务机构，而非营利性机构，因而，为了确保土地发展权交易机构的非营利性，法律应当明确规定，土地发展权交易机构出售集体土地发展权（包括区域内和区域间）的价格不得高于其自集体处购得土地发展权的价格。

集体将其享有的集体土地发展权处分给国家，是集体土地发展权移转的另一种形式，其具体的运行方式与美国土地发展权购买类似。表现为：国家为了保护耕地、古迹、环境敏感地带或开敞空间等向因受规划限制不得开发土地的集体购买集体土地发展权,国家将其购得的集体土地发展权用于出让或储备。

由于集体将土地发展权让与国家的行为是一种民事法律行为,因而,应当尊重集体和国家双方的意愿,国家应当避免运用公权力强行介入,当然,对于涉及公共利益的情形,国家可以动用征收权,对集体土地发展权进行征收,但是必须遵循法定的程序,并依市场价格对被征收者进行公平补偿。

集体将其享有的集体土地发展权处分给国家包括以下四个步骤:第一步,集体向地方政府表明其拟出售集体土地发展权的意愿,并由地方政府对该块土地进行考察;第二步,双方就土地发展权的价格进行协商,也可以委托专业的评估机构进行评估或者参照有关公式进行评估;第三步,双方协商一致后签约,当事人之间达成合意后签订土地发展权移转协议;第四步,经双方签字的土地发展权移转协议需要办理登记手续。

3. 集体土地上土地发展权的消灭

集体土地发展权的消灭可由不同的原因所致,归纳起来,包括以下几种:

(1) 土地发展权因集体开发土地而被消耗用尽。土地发展权决定土地开发的程度,集体可以在规划许可的范围内,将其所享有的土地发展权用于土地开发。随着土地开发的完成,相应的土地发展权也被用尽。根据《物权法》第一百五十一条和《土地管理法》第五十九条的规定,集体可将其享有的土地发展权用于乡镇企业、乡(镇)村公共设施、公益事业等情形的土地开发。

(2) 集体土地发展权因权利主体(农民集体)的抛弃而消灭。土地发展权作为一项财产权,权利人原则上可以自由抛弃,但土地发展权的抛弃作为权利人的单方法律行为,须以不损害他人及公共利益为前提条件。由于土地发展权是不动产物权，因而，权利人抛弃该权利时，除须为一定之意思表示外，还需要向登记机关办理涂销登记。此外，经集体抛弃之土地发展权应当由国家原始取得。

（3）集体土地发展权因征收而消灭。国家基于公共利益的需要，可以行使征收权征收集体土地发展权，但是必须给予被征收集体土地发展权人公平补偿，此时，集体土地发展权因为国家的征收行为而消灭。

4. 集体土地上土地发展权的信托

将信托理论与集体土地相结合是实现集体土地发展权的重要途径。

目前，关于集体土地信托主要有以下三种观点：其一，集体土地信托是集体土地所有权的信托[1]；其二，集体土地信托是土地承包经营权的信托[2]；其三，集体土地信托包括集体土地所有权信托和土地承包经营权信托[3]。尽管学者们关于集体土地信托的标的存在争议，但均认同对集体土地财产权适用信托规则，这是我国集体土地权利改革和发展的新方向，因而，作为集体土地财产权的集体土地发展权同样可以适用信托理论加以改造。

---

[1] 参见郑晓东《城市化过程中土地产权变动的法律思考》，载《中国房地产》2001年第3期；李鹏《土地信托激活农地流转》，载《中国房地产报》2013年3月25日。

[2] 参见谢静《农村土地信托制度研究》，载《经济研究导刊》2008年第6期。

[3] 参见綦磊《农村集体土地所有权信托——以农民获得土地增值收益为视角》，载刘云生主编：《中国不动产法研究》第5卷，法律出版社2010年版，第272、285~286页。

集体土地发展权信托最主要的目的在于，解决集体与其组成成员之间土地发展性利益的分配问题，保护集体成员的合法权益。集体与集体成员的关系作为一种总有关系，从理论上而言，集体存在的意义在于保护和服务集体成员，因而，保护集体财产权、促进集体发展的最终目的是为了集体成员获得更多的财产性利益。

然而在实践中，农民集体异化现象严重，表现为：集体财产权被村干部等少数人所把控，将集体财产变为少数人财产，严重侵害集体成员的利益。集体土地发展权归集体享有，毋庸置疑具有逻辑性和正当性，但应当警惕集体土地发展权实现的异化，防止少数人侵占本应由集体成员个体享有的土地发展性利益。

关于防止集体财产权实现异化的法律手段，我国学者主张应当做实集体成员的成员权，一方面，通过制度建设赋予作为集体成员的农民个体获得参与集体事务决策的权利，包括对集体事务决策的知情权、参与权、表达权等；另一方面，使作为集体成员的农民个体获得对集体事务决策的监督权。通过将财产法信托理论引入集体财产权作为防止集体土地发展权产生异化的法律手段。为正确理解适用信托理论对集体土地发展权的改造，有必要认识信托理论的要义。

信托（trust）起源于英美财产法。英美财产法将财产所有权分割为普通法上的所有权（Legal Title）和衡平法上的所有权（Equitable Title），前者由财产权信托受托人享有，后者则由财产权信托受益人享有。2001 年 4 月 28 日颁布（2001 年 10 月 1 日施行）的《中华人民共和国信托法》（以下简称《信托法》），标志着信托在我国大陆的土壤中扎根。

尽管《信托法》已经出台十几年，但是我国信托业仍旧处于低迷状态，关于信托理论的争议一直存在，特别是在我国物权理论坚持"一物一权"、"物权法定"原则的前提下，如何处理受托人权利与受益人权利之间的关系是一个必须高度重视的问题。笔者认为，信托与"一物一权"、"物权法定"基本原则并不冲突。

信托在英美法上形成的双重所有权（普通法上的所有权和衡平法上的所有权）现象，在我国物权法语境下可被理解为财产所有权（受托人享有）和信托受益权（受益人享有），后者是一种物权且具有优先于前者的效力，这样理解信托并进行制度建设，就符合"一物一权"原则。信托受益权的物权化也并不违背"物权法定"原则，"物权法定"原则中的"法"是指民法或其他法律，《信托法》是由全国人民代表大会常务委员会通过的，按照《中华人民共和国立法法》的规定，当然属于法律层级，其对信托受益权进行规定表明，信托受益权符合"物权法定"原则。

为了防止集体土地发展权实现的异化，集体组织作为土地发展权人，可以将土地发展权信托给专业的信托机构，并将集体成员（农民个体）设定为土地发展权信托受益权人。在集体土地发展权信托法律关系中，集体组织是土地发展权信托的委托人；专业信托机构是土地发展权信托的受托人；集体成员（农民个体）是土地发展权信托的受益人。

集体土地发展权信托的实质，是将集体总有关系下土地发展权的财产管理权，从集体组织中剥离并赋予专业信托机构，同时，将土地发展权的受益权物权化，并直接归属于农民个体。集体土地发展权信托至少有两方面的优势：其一，从理论上而言，专业信托机构在管理土地发展权方面优于集体组织，而且，集体组织通过让渡土地发展权的财产管理权，可以防止村委会或村干部把控土地发展权,侵害集体成员土地发展性利益现象的发生;其二,保护集体土地发展权的最终目的是,让集体成员获得更多的土地发展性利益,土地发展权信托通过将土地发展权受益权物权化,并直接归属于集体成员个体,能够有效地实现保障集体成员土地发展性利益的目的。

(三) 国有土地发展权和集体土地发展权实现的统一

国有土地发展权和集体土地发展权的主体不同,并且由于我国国有土地和集体土地相关的制度安排差异巨大,因此,国有土地发展权和集体土地发展权的实现形式并不一致。但是,为了破除我国因历史原因形成的城乡二元结构的束缚,有必要将国有土地发展权和集体土地发展权的权利实现加以统一,具体而言,包括以下三个方面。

1. 通过土地发展权交易机构达到国有土地发展权和集体土地发展权权利实现的统一

土地发展权交易机构是由政府主导的,专门从事土地发展权购买,并将其购得的土地发展权进行区域内或区域间移转的专门服务机构。土地发展权交易机构作为国有土地发展权和集体土地发展权两者权利实现统一的主体,可以通过两种路径实现,一是区域内土地发展权移转;二是区域间土地发展权移转。

区域内土地发展权移转是土地发展权交易机构依市场价格向农民集体购买集体土地发展权,并将其购得的集体土地发展权以不高于其购买价出售给本区域内国有土地上的土地开发者。由于我国集体土地用于开发仅限于乡镇企业、乡(镇)村公共设施、公益事业等特殊情形,集体所享有的集体土地发展权可用于开发的程度远超过上述情形所需要的,所以,集体不需要购买土地发展权用以集体土地的开发,因而,土地开发者需要购买土地发展权用以土地开发的情况仅限于对国有土地的开发。

区域内土地发展权移转的原因在于,土地用途管制以及同一区域内不同地块具有不同的资源禀赋。

集体土地发展权由于受到土地用途管制的限制,而不能用于土地开发,但可以通过土地发展权交易机构,将集体土地发展权移转至区域内可进行土地开发而又缺乏相应土地发展权的国有土地上。此时,集体通过处分(转移)集体土地发展权,获得一定的对价而实现其权利。国有土地开发者通过购买土地发展权并开发土地以实现其权利,国有土地发展权和集体土地发展权通过区域内土地发展权移转在同一区域内得以统一。两者权利在区域内实现的统一,既为本区域集体保护耕地、保持土地农用状态提供了经济激励,又使得本区域内国有土地上的土地开发由粗放走向集约。

区域间土地发展权移转是土地发展权交易机构依市场价格向农民集体购买集体土地发展权,并将其购得的集体土地发展权以不高于其购买价出售给其他区域的土地发展权交易机构,由其他区域的土地发展权交易机构出售给该区域内的国有土地上的土地开发者。区域间土地发展权移转的原因在于,由于不同区域的发展模式、经济水平以及土地资源禀赋等存在较大区别,造成不同区域对土地发展权的需求不同,表现为:城镇化发展进程迅速、经济水平较高、土地资源禀赋一般的地区对土地发展权的需求较高,该区域内既有的土地发展权不能满足区域土地开发的需要。城镇化发展进程较慢、经济水平较低、土地资源禀赋较好的地区对土地发展权的需求较低,该区域既有的土地发展权超出区域土地开发的需要。

区域间土地发展权移转通过土地发展权交易机构,实现土地发展权在不同区域间的交易,使得对土地发展权需求较低的区域可以将超出本区域土地开发需求的土地发展权转让给其他区域的国有土地上的土地开发者,并获得相应的对价。土地发展权需求较高的区域只需支付一定的对价即可向其他区域购买土地发展权,并将其出售给本区域内国有土地上的土地开发者,以满足该区域开发土地的需要。区域间土地发展权移转使得国有土地发展权和集体土地发展权在区域间实现权利的统一。国有土地发展权和集体土地发展权在区域间权利实现的统一,既为区域土地农用保护提供了经济激励,又为土地具有高强度开发需求的区域的土地开发者提供了购买土地发展权的途径。

2. 通过土地发展权购买机制达到国有土地发展权和集体土地发展权权利实现的统一

土地发展权购买是国家为了保护耕地、古迹、环境敏感地带或开敞空间等向受规划限制而得不到开发土地的集体购买集体土地发展权,并将其购得的集体土地发展权储备或出让给土地开发者用于国有土地的开发。集体土地发展权由于受土地用途管制的限制而得不到土地开发,通过土地发展权购买机制,集体土地发展权转让给国家,并由国家将其用于区域内可进行土地开发但又缺乏相应土地发展权的国有土地上。此时,集体通过转让(出卖)集体土地发展权获得一定的对价以实现权利;而国家购买土地发展权后或者用于土地发展权储备,或者用于出让以实现权利。国有土地发展权和集体土地发展权的权利通过土地发展权购买机制实现统一。

3. 通过土地发展权征收机制达到国有土地发展权和集体土地发展权权利实现的统一

土地发展权征收是国家基于公共利益的需要,依照法定程序,将集体土地发展权收归国有,并给予被征收集体公平补偿的行为。集体土地发展权被国家征收,依征收法理,集体将获得被征收土地发展权的对价以实现权利。国家通过征收行为获得集体土地发展权,并将其收归国有,通过土地发展权储备或土地发展权出让以实现权利。国有土地发展权和集体土地发展权的权利通过土地发展权征收机制实现统一。

二、我国土地发展权实现的外部衔接与协调机制

我国土地发展权的实现,不仅需要解决内部运行问题,还要处理好与外部相关制度之间的衔接与协调关系,具体要处理好包括土地发展权与土地用途管制、土地发展权与土地利用总体规划、土地发展权与土地征收制度、土地发展权与"小产权房"合法化等的衔接与协调关系。

(一) 土地发展权与土地用途管制的协调

"土地用途管制是国家为保证土地资源的合理利用,通过划定土地用途区域,土地所有者、使用者严格按照国家确定的用途利用土地的制度。"[1] 为了保护耕地、保障粮食供给,我

---

[1] 程信和:《房地产法学》,人民法院出版社2003年版,第47页。

国实施严格的土地用途管制制度。土地用途管制本身具有正当性。[1] 这种正当性可以表现在以下几个方面：

（1）土地作为不动产，所具有的稀缺性、不可再生性，以及作为保障人类生存和发展基本物质载体的特性，决定了其区别于一般的商品。国家对土地实行用途管制正是国家基于社会整体利益的考量，运用警察权（公权力）对土地利用进行适度干预的结果。

（2）世界上大多数国家都将土地用途管制作为一种基本的土地管理制度。德国早在1875年就开始实行土地用途管制，美国于1916年开始实行土地用途管制，随后，日本、加拿大、瑞典、法国、韩国等国家也实行土地用途管制。

土地发展权与土地用途管制之间具有明显的区别，前者是一种可交易的物权（财产权），后者则是一种警察权（公权）。两者之间的衔接与协调表现在，土地发展权与土地用途管制之间可以有效互补，形成配置土地资源的私权与公权双轨制。具体如下：

一方面，土地发展权使土地用途管制更加公平、更有效率。土地用途管制广受诟病的地方在于，容易引起"暴利—暴损"现象的产生，如两块相邻的土地，一块被管制为农用地，另一块被确定为非农用地，后者的价格将远远高于前者，这种价格差距的不公平正是源于土地用途管制对农用地的管制。此外，由于土地用途规划的变动，必然涉及相关利益格局

---

[1] 相关的争议主要集中在如何处理耕地保护与土地自主开发之间的矛盾，以及如何协调不同地块上权利人的权益失衡问题，而非土地用途管制存在的正当性问题。参见万江《土地用途管制下的开发权交易——基于指标流转实践的分析》，载《现代法学》2012年第9期。

的调整，因而，土地用途管制在规划确定后很难更改，土地用途管制的僵硬化造成土地资源配置的低效率。

土地发展权的设置，可以解决上述"暴利—暴损"和土地用途管制僵硬化问题，具体表现为：农用地的土地所有者（农民集体）虽然不能开发农用地，但可以将其享有的土地发展权在市场上进行交易，以获得一定的收入。非农用地的土地开发者，虽然可以开发土地，但需要支付一定的对价，以获得相应的土地发展权，从而使得"暴利—暴损"问题得到解决，实现土地用途管制的公平价值。

另一方面，土地用途管制为土地发展权的实现创造了条件。根据我国立法规定，土地按照用途划分为农用地、建设用地和未利用地，其中农用地由于不能用于土地开发，可以将其划定为土地发展权移转的发送区，该区域内的土地发展权人由于受到土地用途管制的限制而不能开发土地，只能将其享有的土地发展权予以转让。建设用地由于能够进行土地开发，属于土地发展权移转的接受区，该区域内的土地开发者，可以通过购买发送区的土地发展权，获得额外开发土地的权利。土地用途管制通过发送区和接受区的划分，为土地发展权的实现创造制度条件，引导土地开发者在适合土地开发的区域进行土地开发，进而实现土地集约化利用和耕地保护双重目的。

由上可知，土地发展权与土地用途管制都有独立存在的意义和价值，两者之间不是重合或替代的关系，而是互相补充的衔接与协调关系。土地发展权的设置能够促使土地用途管制更加公平、更有效率；土地用途管制为土地发展权的实现创造制度条件。

（二）土地发展权与土地利用总体规划的衔接与协调

土地利用总体规划是国家基于发展的需要，运用规划权对土地资源在时间和空间上进行合理组织和安排的综合措施。① 我国《土地管理法》对土地利用总体规划作出详细规定。土地发展权与土地利用总体规划之间具有明显的区别，前者是一种可交易的物权（财产权），后者则是一种规划权（公权），两者之间的衔接与协调表现在，土地发展权与土地利用总体规划之间可以有效互补。具体分析如下。

1. 土地发展权可以优化土地利用总体规划

土地利用总体规划可以明确界定政府土地管理权限，维护土地规划的法律权威性；土地发展权市场的建立可以增强市场调节作用，促进土地利用规划的调整和完善；土地发展权的内部实现过程（如创设、移转、消灭等）可以优化土地开发利用管理流程。②

2. 土地利用总体规划为土地发展权的实现提供技术保障

土地利用总体规划借助土地利用结构、土地利用分区、各类用地布局和个体地块的开发强度的控制，确定土地发展权的空间格局；土地利用总体规划确定的容积率等数值，有助于量化土地发展权的财产价值。③

---

① 参见董黎明、胡健颖《房地产开发经营与管理》，北京大学出版社1995年版，第78页。

② 参见王小红、周申立、张鑫《构建土地发展权 优化土地利用规划》，载《现代农业》2009年第9期。

③ 参见王群、王万茂《土地发展权与土地利用规划》，载《国土资源》2005年第10期。

由上可见，土地发展权与土地利用总体规划都有独立存在的意义和价值；两者之间不是重合或替代的关系，而是互相补充的衔接与协调关系。土地发展权可以优化土地利用总体规划；土地利用总体规划为土地发展权的实现提供技术保障。

（三）土地发展权与土地征收制度改革

在我国，土地征收是国家为了公共利益的需要，遵守相关的程序，动用征收权（公权力）将集体土地上的财产权收归国有，并给予被征收者以补偿的行为。征收通常被理解为国家强制性收买行为[①]，包括强制性和收买两个要件。其中，强制性是为了公共利益目的；收买的性质，在经济学上是一种产权交易行为，表现为财产权等价有偿的移转。这就要求国家因为征收行为的强制性而获得集体土地财产权的同时，需要等价有偿地支付对价（公平补偿）。

根据《土地管理法》的相关规定，征收农民集体土地是依照被征收土地的原用途给予补偿，被征收土地是未利用的土地，一般不给予补偿。征收耕地的具体补偿范围包括土地补偿费、安置补偿费、青苗补偿费和地上附作物补偿费，其中前两种补偿费是以被征收土地原产值倍数法为计算方式，立法的用意在于使"农民保持原有生活水平"。由于征地补偿范围不包括对集体土地发展权的补偿，集体土地发展权被国家通过征地行为无偿获得，这显然有违征收不获利的法理。我国现行征地补偿制度严重阻碍了集体土地发展权的实现，并由此客观地酿

[①] 参见梁慧星《宪法修正案对非公有制经济和私有财产的规定》，载《私法》第4辑第2卷，北京大学出版社2004年版，第245页。

成地方政府大规模的"圈地运动"①,据保守估计,产生了近5000万失地农民,其中完全失去土地并没有工作的农民超过1000万。②

目前,已有不少学者对我国的征地补偿提出了质疑。土地征收补偿的不公平严重损害了农民的财产权,国家因征收获得大量的额外利益。当然,也有学者对我国现行征地补偿制度进行辩解,"国家对农民进行征地补偿时,不是将集体所有土地作为一般商品并按照市场价值进行补偿","因为土地在我国'不属于商品'","'农民保持原有生活水平',是从土地作为农民的生存资料角度出发,而非将土地作为商品对待","征地相当于对集体成员生活生产机会的剥夺,征地补偿时弥补这种机会剥夺带来的经济损失而非土地本身",所以"社会主义公有制是国家垄断城市建设用地一级供给而占有土地增值收益的合法性基础"。③

上述观点值得商榷,具体分解如下:

第一,我国现行依照被征收土地原用途进行补偿的方式根本不能使"农民保持原有生活水平"。现行征地补偿造成大量种地无土地、进城无工作、拆迁无家园、非农无保障、告状无门路的"五无农民"群体,④许多被征地农民的生活水平不及

---

① 有学者指出,自1986年以来我国已经出现了三次大规模的"圈地运动",导致大量耕地非农化以及土地利用的粗放化。参见林翊《中国经济发展进程中农民土地权益问题研究》,经济科学出版社2009年版,第170~172页。
② 参见许慧萍《城市化进程中失地农民的安置》,载《决策》2008年第7期。
③ 桂华、贺雪峰:《宅基地管理与物权法的适用限度》,载《法学研究》2014年第4期。
④ 钟伟:《谁拥有土地》,载《南方周末》2004年7月29日。

以前，这是一种较为普遍的现象。

第二，土地具有不同于一般商品的特性，但不能因此而否定土地属于商品或财产。土地的商品属性或财产属性在我国立法或实践中都已经成为不争的事实。在立法中，土地是最重要的不动产，我国《物权法》关于不动产法律制度的规定，绝大部分条文、绝大部分内容都与土地有关，可以说，土地物权是我国《物权法》上的主要物权品种；在实践中，建设用地使用权、地役权、土地承包经营权（包括"四荒"地土地承包经营权）等权利是自然人、法人或其他组织所享有的最为重要的财产权。土地的特殊性在于，其除了是商品或财产之外，还是一种生产资料，并在我国集体土地上承载着社会保障的功能。个别学者片面地基于我国集体土地的福利性，否定集体土地商品性或财产性。

第三，社会主义公有制并未给国家无偿获得集体土地发展权、独占集体土地发展性利益提供合法性基础。社会主义公有制包括全民所有制和集体所有制两种形式，这两种形式的公有制在我国同时存在，社会主义公有制并不等同于全民所有制（国家所有）。集体土地发展权同样是我国社会主义公有制在土地发展权归属方面的重要体现，社会主义公有制不能成为国家无偿获得集体土地发展权、独占集体土地发展性利益的理由。

为了保障集体土地发展权的有效实现，我国现行土地征收制度应当将集体土地发展权纳入征收补偿的范围，并以此为契机对我国土地征收制度进行全方位改革，包括合理界定公共利益范围、改变"产值倍数法"计算方式、规范土地征收程序。

(四）土地发展权与"小产权房"的有条件合法化

从严格意义上来讲,"小产权房"并不是一个规范的法律概念,而是对我国现行城乡二元体制、国家垄断土地一级市场背景下,产生的房屋权属不正常的社会现象的事实性描述。为了理清"小产权房"问题,有必要对"小产权房"作一个全面了解。学界关于"小产权房"的理解主要有以下四类：

第一,以房屋为谁所有为标准,土地开发商待建、在建或建成房屋的产权属于大产权;购房者购得房屋的产权属于小产权。

第二,以房屋转让时是否需要缴纳土地出让金为区分"大产权房"与"小产权房"的标准。普通的商品房属于"大产权房";在划拨用地上建造的房屋属于"小产权房"。

第三,以房产证的发证机关为区分"大产权房"与"小产权房"的标准。由县级及以上人民政府的房管部门颁发房产证的属于"大产权房";由乡镇人民政府或村委会颁发房产证的属于"小产权房"。

第四,以房屋建造时是否获得规划许可及是否办理相关审批手续为区分"大产权房"与"小产权房"的标准。房屋建造时获得规划许可并办理相关审批手续的属于"大产权房";房屋建造时未获得规划许可或未办理相关审批手续的属于"小产权房"。[①]

其中,上述第一类和第二类"小产权房"具备相关的法

---

① 参见程浩《集体土地制度视角下的小产权房开发管制研究动态分析》,载《经济社会体制比较》2013 年第 3 期。

律构成要件，具有合法性；第三类和第四类由于不具有相关的法律构成要件，因而，这两类"小产权房"不具有合法性。近年来法学界所争论的"小产权房"合法化问题主要是针对上述第三类和第四类"小产权房"，因而，本书语境下的"小产权房"是指违法占用集体土地，未获得规划许可或未办理相关审批手续，面向社会公开销售，并由乡镇人民政府或村委会颁发房产证的房屋。

"小产权房"现象最早可追溯至 20 世纪 90 年代初，现已发展成为具有相当规模，且在全国范围内普遍存在的现象。有学者统计，我国目前的"小产权房"面积已经达到 60 多亿平方米，相当于我国房地产近 10 年来的开发总量。① 中央政府对"小产权房"的基本态度是，认定其系非法，禁止"小产权房"再开发，并对已存在的"小产权房"进行清理。② 但是，从近几年的情况来看，中央的禁令和清理并未遏制"小产权房"现象的蔓延。"小产权房"数量之大、蔓延之迅速，采用强硬禁令和简单清理都难以奏效，而且后果严重。这不能不引起人们的深思。

关于"小产权房"的产生与处理问题，近几年有学者指出，中央政府在处理"小产权房"问题时，不能简单地清理，而应当找寻某种使其合法化的路径。"小产权房"的合法化能够实现农村居民、城市居民和政府三方共赢。③ 但在"小产权

---

① 参见杨磊《国土部宣战小产权》，载《南风窗》2010 年第 5 期。
② 时任国土资源部部长徐绍史在 2011 年全国国土资源会议上强调，要继续推进"小产权房"问题的清理工作。http://www.chinanews.com/estate/2011/01-07/2773643.shtml，2014 年 12 月 20 日访问。
③ 参见胡星斗《小产权房：关系中国发展大战略》，载《上海证券报》2007 年 9 月 17 日。

房"合法化的具体路径选择上,存在不同观点,归纳起来有两种:

一种观点认为,在现行制度框架内,将局部调整作为"小产权房"合法化的路径。例如,有学者认为,应当通过明确集体土地所有权的主体、建立集体土地使用权流转机制等方式将"小产权房"合法化。[1] 有学者认为,应当通过对集体建设用地使用权和宅基地使用权进行解禁的方式将"小产权房"合法化。[2] 有学者从宅基地使用权的主体、流转等的改革着手,解决"小产权房"合法化问题。[3]

另一种观点认为,在现行制度框架外,通过设立新的权利或制度作为"小产权房"合法化的路径。有学者指出,应当通过设置新的土地权利(如土地发展权)来解决"小产权房"合法化问题。[4]

笔者赞同第二种观点。"小产权房"现象的大规模蔓延表明,我国既有土地权利已经不能适应经济社会高速发展、城镇化快速推进的需要,对既有土地权利或制度进行调整是从根本上解决"小产权房"合法化问题的关键。"小产权房"现象大规模蔓延的症结在于现行土地权利制度压抑农民集体发展权。集体土地农业使用与非农业使用的收益差额巨大,并且这些收

---

[1] 参见杨海静《小产权房拷问〈物权法〉》,载《河北法学》2009年第7期。

[2] 参见邢发齐《"小产权房"法律分析》,载《河北法学》2008年第8期。

[3] 参见龙翼飞、徐霖《对我国农村宅基地使用权法律调整的立法建议——兼论"小产权房"问题的解决》,载《法学杂志》2009年第9期。

[4] 参见王海鸿、付士波、朱前涛《"小产权房"存在的合理性及其合法化途径研究——基于土地发展权角度》,载《华东经济管理》2009年第12期;张占录《小产权房的帕累托改进及土地发展权配置政策》,载《国家行政学院学报》2011年第3期。

益差额几乎被地方政府垄断,在巨大收益差额的诱导下,农民铤而走险,在不具备规划许可的情形下开发土地。因而,"小产权房"合法化的路径只能是通过设置新的土地权利(土地发展权),并保障该权利归属于农民集体才能有效实现。

土地发展权在集体土地上的实现,能够使得农民在集体合法转移(处分)集体土地发展权的前提下,享有土地农业使用与非农业使用之间的差额收益,这个差额收益就是土地发展性利益。如果农民能够通过出让土地发展权而获得利益,何必铤而走险、在不具备规划许可的情形下开发土地呢?由此,"小产权房"大规模蔓延的趋势也将得到有效遏制。对于存量"小产权房",应依不同情形采取不同的处理方式,在农民宅基地上建造超过层数的房屋,应当就超过部分支付相应的土地发展权对价;在非农用地上,违反土地利用总体规划建造的房屋,应当购买相应的土地发展权;在农用地上,违反土地利用总体规划建造的房屋,则应当予以拆除。

本章小结

本章比较详细地论述了我国土地发展权的实现。具体内容分为我国土地发展权实现的内部运行机制和我国土地发展权实现的外部协调机制。我国土地发展权实现的内部运行机制可进一步分解为国有土地上土地发展权的实现、集体土地上土地发展权的实现,以及两者权利实现的统一。国有土地上土地发展权的实现,包括权利的创设、权利的移转、权利的消灭、权利的收回和权利的储备五种表现形式。集体土地上土地发展权实现的基本形式有权利的创设、权利的移转、权利的消灭和土地发展权信托四种表现形式。国有土地发展权和集体土地发展权通过土地发展权交易机构（区域内土地发展权移转和区域间土地发展权移转）、土地发展权购买机制和土地发展权征收机制，达到权利实现的统一。

我国土地发展权实现的外部协调机制，具体包括土地发展权与土地用途管制、土地发展权与土地利用总体规划、土地发展权与土地征收制度改革、土地发展权与"小产权房"合法化等相衔接与协调。土地发展权与土地用途管制之间是互相补充的衔接与协调关系。土地发展权使土地用途管制更加公平、更有效率；土地用途管制为土地发展权的实现创造条件。土地发展权与土地利用总体规划之间是互相补充的衔接与协调关系。土地发展权可以优化土地利用总体规划；土地利用总体规划为土地发展权的实现提供技术保障。我国现行土地征收制度应当将集体土地发展权纳入集体土地征收补偿的范围，并以此为契机对我国土地征收制度进行全方位改革，包括合理界定公共利益范围、改变"产值倍数法"计算方式、规范土地征收程序。设置土地发展权是集体土地上"小产权房"实现合法化的有效途径。

结论与创新

土地发展权作为变更土地使用性质和提高土地利用集约度之权,是一项可以与土地所有权相分离而得单独处分的物权(财产权),该权利以分配、协调和保护土地发展性利益为目的。随着我国经济社会的发展,城镇化的不断推进,因开发土地而产生发展性利益的分配、协调和保护问题,应当借助于设置土地发展权,建立土地发展权制度,得以妥善解决。

本书遵循土地发展权在域外国家或地区情况的阐述、土地发展权基本理论的梳理、我国土地发展权的设置及其实现的逻辑结构展开论述,提出了自己的一些见解,推进了正在发展中的物权理论研究,为我国土地发展权制度建设提供有益的建设性意见。

一、物权法研究新视角

我国学术界关于土地发展权的研究起步较晚,随着我国经济社会的发展,城镇化的不断推进,因变更土地使用性质和提高土地利用集约度产生的土地发展性利益的分配和权利归属问题,越来越成为社会关注的焦点。党中央国务院对土地增值收益的分配高度重视。《中共中央关于全面深化改革若干重大问题的决定》和《关于加大改革创新力度 加快农业现代化建设的若干意见》都明确指出:"建立兼顾国家、集体、个人的土地增值收益分配机制,合理提高个人收益。"本书正是基于此来开展土地发展权研究的，因此，本论题研究不仅具有重要的理论价值，而且具有深远的现实意义。

从目前关于土地发展权的研究现状来看，经济学和管理学领域的研究成果相对较多，而法学领域的研究成果相对较少；对域外国家或地区的制度内容介绍相对较多，而对土地发展权进行全面理论梳理，并结合我国具体实践的探讨相对较少。土地发展权作为一项独立的物权（财产权），虽然与经济学、管理学有关联，但它与民法学（物权法）的关系最为密切，要认清土地发展权的本质，并进行相应的制度建设，必须从民法学（物权法）角度开展对土地发展权的研究。通过中国知网（CNKI）数据库的检索发现，从民法学（物权法）角度，运用民法学（物权法）理论，研究土地发展权的论文可谓凤毛麟角。可见，我国在民法学（物权法）领域对土地发展权的研究非常薄弱。本书从民法学（物权法）角度，运用物权法理论，并结合我国的具体实践对土地发展权相关问题进行探讨，具有全新的研究视角。

二、系统论述了土地发展权是一种新型物权

土地发展权法律性质的界定是土地发展权研究的核心内容。土地发展权法律性质对土地发展权的制度设计和实践操作具有决定性影响。从权力与权利、民事权利与非民事权利、新型物权与传统物权三个维度，考察与辨别土地发展权的法律性质。就权力与权利这一维度而言，土地发展权具备权利之本质，土地发展权是一种权利，将土地发展权界定为权力是值得商榷的；就民事权利与非民事权利这一维度而言，土地发展权的权利内容是民事性而非政治性，土地发展权产生于民事法律

关系而非公法关系，因而，土地发展权是一种民事权利；就新型物权与传统物权这一维度而言，土地发展权具有物权性，并且具有与空间物权、地役权、地上权、土地所有权等传统物权完全不同的权利本质和权利价值，因而，土地发展权是一种新型物权。

三个维度层层递进，厘清了土地发展权的本质特征，比较完整地揭示了土地发展权的法律性质。土地发展权作为一种独立的新型物权，其设置丰富了土地权利体系。

三、对土地发展权的物权构成进行了全面论述

我国学术界关于土地发展权的物权构成鲜有涉猎。本书运用物权法律关系理论，从主体、客体和内容三个方面对土地发展权进行解构。

土地发展权作为一项物权（财产权），依对土地发展性利益来源、对哈丁"公地悲剧"理论的不同理解和适用，以及对不同价值取向（公平或效率）的选择，其主体可以是国家，也可以是私人。关于土地发展权的客体，在对既有观点进行归纳和分析的基础上，从民法上"物"的含义及构成要件出发，论证了民法上的"物"是人体之外可为人所支配的稀缺资源，其特征为"可支配性"和"稀缺性"。"可支配性"不以对有体物的实物占有或控制为限，还包括对无体物的观念占有和控制。"稀缺性"不再以有无经济价值作为唯一的判断标准，而是以包括经济价值、伦理价值和生态价值等在内的多元化价值为判断标准。土地开发容量具有可支配性和稀缺性两大特征，符合现代民法上"物"的构成要件，可以成为土地发展权

（物权）的客体，并以登记作为公示手段。运用"权能分离"、"物上请求权"等理论，对土地发展权的内容进行了深入剖析。

四、系统论述了我国设置土地发展权的原则

我国设置土地发展权的三大原则分别是，坚持公平与效率的辩证统一、将土地发展权纳入物权法体系（包括物权实体法体系和物权程序法体系）、与我国现行制度相匹配。

公平与效率作为一对基本价值范畴贯穿着人类社会发展的始终，两种价值应当互为手段和结果，体现辩证统一的关系，我国设置土地发展权应当坚持公平与效率的辩证统一。一方面，为了实现公平，应当尊重农民集体的土地所有权，做到国家土地所有权与农民集体土地所有权在法律地位上的平等，广大农民（集体）能够分享土地发展性利益；另一方面，为了实现效率，应当引入市场机制，实现土地发展权在区域内及区域间的流转。

土地发展权应当纳入我国物权法体系，包括纳入物权实体法和物权程序法。在物权实体法层面，由于我国物权法坚持物权法定原则，物权的种类和内容都由法律统一规定，而不允许当事人自由创设，因此，我国应当从立法上对土地发展权的内容作出规定，并处理好土地发展权与既有物权之间的关系。在物权程序法层面，应当将土地发展权的物权变动纳入不动产统一登记程序。

五、对我国土地发展权进行法律定位,明确其权利归属

土地发展权在我国土地权利体系中应当占有一席之地。我国土地权利体系的立法内容表明,在我国土地权利体系中,土地所有权居于中心地位,构成土地权利体系制度的基石;其他土地权利都是从所有权中派生出来的,或者是对所有权和使用权的限制而创设。这种土地权利体系只反映土地利用的静态权利,未能反映土地利用的动态权利。我国土地权利体系的不足主要表现在传统土地权利体系不能解决改变土地用途、提高土地利用集约度而凸显的发展性利益问题。

土地发展权的权利归属决定着土地发展性利益的归属。运用物权法理论分析我国土地发展权的权利归属,从土地发展权的财产权(物权)属性出发,土地发展权是从土地所有权分离出来的财产权,其与国家公权力(警察权)之间有着天壤之别,因而,土地发展权的权利来源是土地所有权,而非国家公权力(警察权),这就意味着土地发展权归属于土地所有权人具有正当的理论基础。我国土地所有权分为国家土地所有权和农民集体土地所有权,土地发展权应当分别归属于国家土地所有者和农民集体土地所有者,即国有土地上的土地发展权由国家享有,集体土地上的土地发展权由农民集体享有。

运用总有理论解决农民集体与农民集体组成成员(农民个体)之间关于集体土地发展权权利归属问题。在集体土地上,土地发展权归属于集体,基于农民与集体之间的总有关系,农民作为集体组成成员和直接使用土地者,享有土地发展权的使用和收益权能,而对土地发展权的处分或管理则需要由

集体成员共同决定。

六、论述了我国土地发展权的权利实现机制

土地发展权的设置以权利的实现为最终目的，构建科学的土地发展权实现机制至关重要。立足我国基本国情，合理吸收和借鉴域外国家或地区相关立法的有益经验，运用物权法理论，从内部实现和外部协调两方面构建具有中国特色的土地发展权实现机制。

我国土地发展权实现的内部运行机制可以分解为两个方面，即国有土地上土地发展权的实现和集体土地上土地发展权的实现。我国土地发展权实现的外部协调机制主要有，土地发展权与土地用途管制、土地发展权与土地利用总体规划、土地发展权与土地征收制度改革和与"小产权房"合法化等相衔接与协调。

本书的研究思路是运用物权法的理论，并结合我国的具体实践探讨土地发展权，提出自己的一些见解。由于土地发展权是较为"年轻"的财产权，相关的理论探讨和制度实践仍处于不断更新和变化之中，加之土地发展权还涉及诸如经济学、管理学等其他相关学科，因而，尚有诸多问题需要进一步研究，加之笔者学力不逮和经验不足，书中定然存在不足之处，敬请专家批评指正。

参 考 文 献

一、中文著作类

1. 孙弘. 中国土地发展权研究：土地开发与资源保护的新视角. 北京：中国人民大学出版社，2004.
2. 苏志超. 比较土地政策. 台北：五南图书出版有限公司，1999.
3. 刘国臻. 论我国土地利用管理制度改革. 北京：人民法院出版社，2006.
4. 江平. 中国土地权利研究. 北京：中国政法大学出版社，1999.
5. 梁慧星. 中国物权法研究. 北京：法律出版社，1996.
6. 王卫国. 中国土地权利研究. 北京：中国政法大学出版社，1997.
7. 王卫国，王广华. 中国土地权利的法制建设. 北京：中国政法大学出版社，2002.
8. 王利明. 物权法研究. 北京：中国人民大学出版社，2002.
9. 叶芳. 冲突与平衡：土地征收中的权力与权利. 上海：上海社会科学院出版社，2011.
10. 柴强. 各国（地区）土地制度与政策. 北京：北京经济学院出版社，1993.
11. 刘俊. 中国土地法理论研究. 北京：法律出版社，2006.

12. 温丰文. 土地法. 台北：洪记印刷有限公司，1997.
13. 陈华彬. 建筑物区分所有权. 北京：中国法制出版社，2011.
14. 刘国臻. 土地与房地产法研究. 北京：中国政法大学出版社，2013.
15. （瑞典）托马斯·思德纳. 环境与自然资源管理的政策工具. 张蔚文，黄祖辉，译. 上海：上海三联书店，2005.
16. （美）保罗·R. 伯特尼，罗伯特·N. 史蒂文斯. 环境保护的公共政策. 穆贤清，方志伟，译. 上海：上海三联书店，2004.
17. 程信和. 房地产法学. 北京：人民法院出版社，2003.
18. （英）巴里·卡林沃思，文森特·纳丁. 英国城乡规划. 陈闽齐，等，译. 南京：东南大学出版社，2011.
19. 王泽鉴. 民法物权. 北京：北京大学出版社，2010.
20. 梅夏英. 财产权构造的基础分析. 北京：人民法院出版社，2002.
21. 吴一鸣. 英美物权法. 上海：上海人民出版社，2011.
22. 厉以宁. 罗马—拜占庭经济史. 北京：商务印书馆，2006.
23. 姜贵善. 日本的国土利用及土地征用法律精选. 北京：地质出版社，2000.
24. 李鸿毅. 土地法论. 台北：台湾三民书局，1999.
25. 边泰明. 土地使用规划与财产权. 台北：台湾詹氏书局，2003.
26. 陈明灿. 财产权保障、土地使用限制与损失补偿. 台北：台湾翰芦图书出版有限公司，2001.

27. 梁慧星. 民法总论. 北京：法律出版社，2011.

28. 崔文星. 中国农地物权制度论. 北京：法律出版社，2009.

29. （日）四宫和夫. 日本民法总则. 唐晖，钱孟珊，译. 台北：五南图书出版有限公司，1995.

30. 金俭. 不动产财产权自由与限制研究. 北京：法律出版社，2007.

31. 姚建宗. 法理学. 北京：科学出版社，2010.

32. （美）亨利·乔治. 进步与贫困. 吴良健，王翼龙，译. 北京：商务印书馆，2010.

33. （德）鲍尔·施蒂尔纳. 德国物权法（上册）. 张双根，译. 北京：法律出版社，2004.

34. 尹田. 法国物权法（第二版）. 北京：法律出版社，2009.

35. 郑玉波. 民法物权（第12版）. 台北：台湾三民书局，1988.

36. 刘保玉. 物权体系论——中国物权法上的物权类型设计. 北京：人民法院出版社，2004.

37. 金俭. 原理·规则·适用：中国不动产物权法. 北京：法律出版社，2008.

38. 姚建宗. 新兴权利研究. 北京：中国人民大学出版社，2011.

39. （英）F. H. 劳森，B. 拉登. 财产法. 施天涛，梅慎实，孔祥俊，译. 北京：中国大百科全书出版社，1998.

40. 周枏. 罗马法原论（上册）. 北京：商务印书馆，2009.

41. 周枏. 罗马法原论（下册）. 北京：商务印书馆，2009.

42. （美）约翰·G. 斯普兰克林. 美国财产法精讲. 钱书峰，译. 北京：北京大学出版社，2009.

43. 孙宪忠. 论物权法. 北京：法律出版社，2001.

44. （瑞典）格德门德尔·阿尔弗雷德松，（挪威）阿斯布佐恩·艾德.《世界人权宣言》：努力实现的共同标准. 中国人权研究会，译. 成都：四川人民出版社，2008.

45. 林英彦. 土地经济学通论. 台北：文笙书局，1999.

46. 陈明灿. 农地政策与法律. 台北：台湾翰芦图书出版有限公司，2005.

47. （奥）凯尔森. 法与国家的一般原理. 沈宗灵，译. 北京：中国大百科全书出版社，1996.

48. 陈明灿. 土地法专题研究. 台北：台湾元照出版公司，2008.

49. 陈明灿. 国土政策与法律. 台北：台湾翰芦图书出版有限公司，2006.

50. 苏力. 法治及其本土资源. 北京：中国政法大学出版社，1996.

51. 刘俊，杨惠，白庆兰. 地票的制度基础与法律性质. 北京：法律出版社，2012.

52. 孙宪忠. 争议与思考：物权立法笔记. 北京：中国人民大学出版社，2006.

53. 梁慧星，陈华彬. 物权法（第五版）. 北京：法律出版社，2010.

54. 王利明. 物权法论（修订二版）. 北京：中国政法大学出版社，2008.

55. （日）加藤雅信. "所有权"的诞生. 郭芙蓉, 译. 北京: 法律出版社, 2012.

56. 孙宪忠. 中国物权法总论（第三版）. 北京: 法律出版社, 2014.

57. 孙中山. 三民主义. 长沙: 岳麓书社, 2000.

58. （德）罗伯特·霍恩, 海因·克茨, 汉斯·G. 莱塞. 德国民商法导论. 楚健, 译. 北京: 中国大百科全书出版社, 1996.

59. 谢在全. 物权法论（第五版）. 北京: 中国政法大学出版社, 2011.

60. 崔建远. 准物权研究（第二版）. 北京: 法律出版社, 2012.

61. 崔建远. 土地上的权利群研究. 北京: 法律出版社, 2004.

62. 王泽鉴. 民法总则（增订版）. 北京: 中国政法大学出版社, 2001.

63. 李宜琛. 民法总论. 北京: 中国方正出版社, 2004.

64. 史尚宽. 民法总论. 北京: 中国政法大学出版社, 2000.

65. 林诚二. 民法总则. 北京: 法律出版社, 2008.

66. 魏振瀛. 民法. 北京: 北京大学出版社、高等教育出版社, 2000.

67. （日）我妻荣. 新订民法总则. 于敏, 译. 北京: 中国法制出版社, 2008.

68. 姚瑞光. 民法总则论. 北京: 中国政法大学出版社, 2011.

69. 陈祥健. 空间地上权研究. 北京: 法律出版

社，2009.

70. （日）田山辉明. 物权法（增订版）. 陆庆胜，译. 北京：法律出版社，2001.

71. 梁慧星，陈华彬. 物权法（第一版）. 北京：法律出版社，2003.

72. 陈华彬. 民法物权论. 北京：中国法制出版社，2010.

73. 高富平. 物权法原论（第二版）. 北京：法律出版社，2014.

74. 杨立新. 民法物格制度研究. 北京：法律出版社，2008.

75. 华生. 城市化转型与土地陷阱. 北京：东方出版社，2014.

76. 刘家安. 物权法论. 北京：中国政法大学出版社，2009.

77. 于宗先，王金利. 台湾土地问题：社会问题的根源. 台北：聊经出版社，2003.

78. 郑永流. 当代中国农村法律发展道路探索. 北京：中国政法大学出版社，2004.

79. （意）彼得罗·彭梵得. 罗马法教科书（修订版）. 黄风，译. 北京：中国政法大学出版社，2005.

80. （古罗马）优士丁尼. 学说汇纂. 第8卷. 地役权. 陈汉，译. 北京：中国政法大学出版社，2009.

81. 解玉娟. 中国农村土地权利制度专题研究. 成都：西南财经大学出版社，2009.

82. 谢哲胜. 土地法. 台北：台湾财产法暨经济法研究协会出版社，2006.

83. 江平. 中国物权法教程. 北京：知识产权出版社, 2007.
84. 徐海燕, 李莉. 物权担保前沿理论与实务探讨. 北京：中国法制出版社, 2012.
85. 常鹏翱. 不动产登记法. 北京：社会科学文献出版社, 2011.
86. 孙宪忠, 等. 物权法的实施（第一卷）. 北京：社会科学文献出版社, 2013.
87. 程信和. 房地产法学. 北京：人民法院出版社, 2010.
88. 李宜琛. 日耳曼法概说. 北京：中国政法大学出版社, 2002.
89. 刘云生. 中国不动产法研究（第5卷）. 北京：法律出版社, 2010.
90. 董黎明, 胡健颖. 房地产开发经营与管理. 北京：北京大学出版社, 1995.
91. 林翊. 中国经济发展进程中农民土地权益问题研究. 北京：经济科学出版社, 2009.
92. （英）约翰·密尔. 论自由. 许宝骙, 译. 北京：商务印书馆, 1959.
93. 邓海峰. 排污权：一种基于私法语境下的解读. 北京：北京大学出版社, 2008.
94. 刘得宽. 民法诸问题与新展望. 北京：中国政法大学出版社, 2002.
95. 周枏. 罗马法提要. 北京：北京大学出版社, 2008.

二、中文论文类

1. 刘国臻. 论美国的土地发展权制度及其对我国的启示. 法学评论, 2007 (3).
2. 沈守愚. 论设立农地发展权的理论基础和重要意义. 中国土地科学, 1998 (12).
3. 顾大松. 论我国房屋征收土地发展权益补偿制度的构建. 法学评论, 2012 (6).
4. 陈柏峰. 土地发展权的理论基础与制度前景. 法学研究, 2012 (4).
5. 黄祖辉, 汪晖. 非公共利益性质的征地行为与土地发展权补偿. 经济研究, 2002 (5).
6. 黄泷一. 美国可转让土地开发权的历史发展及相关法律问题. 环球法律评论, 2013 (1).
7. 汪晗, 张安录. 基于科斯定理的农地发展权市场构建研究. 理论月刊, 2009 (7).
8. 陈明灿. 古迹土地与容积移转. 月旦法学教室, 2006 (76).
9. 马韶青. 土地发展权的国际实践及其启示. 河北法学, 2013 (7).
10. 刘明明. 论土地发展权的理论基础. 理论导刊, 2008 (6).
11. 杨明洪, 刘永湘. 压抑与抗争：一个关于农村土地发展权的理论分析框架. 财经科学, 2004 (6).
12. 高洁, 廖长林. 英、美、法土地发展权制度对我国土地管理制度改革的启示. 经济社会体制比较, 2011 (4).
13. 胡兰玲. 土地发展权论. 河北法学, 2002 (2).
14. 刘国臻. 论我国设置土地发展权的必要性和可行性.

河北法学，2008（8）.

15. 刘明明. 论我国土地发展权制度的构建. 安徽农业科学，2008（15）.

16. 韩松. 集体建设用地市场配置的法律问题研究. 中国法学，2008（3）.

17. 洪琳. 土地发展收益分配问题研究. 价格理论与实践，2009（10）.

18. 万磊. 土地发展权的法经济学分析. 重庆社会科学，2005（9）.

19. 高波，张鹏. 基于粮食安全的耕地保护补偿：土地发展权交易的视角. 学习与探索，2013（10）.

20. 惠彦，陈雯. 英国土地增值管理制度的演变及借鉴. 中国土地科学，2008（7）.

21. 汪晖，陶然. 论土地发展权转移与交易的"浙江模式"——制度起源、操作模式及其重要含义. 管理世界，2009（8）.

22. 汪洋. 罗马法"所有权"概念的演进及其对两大法系所有权制度的影响. 环球法律评论，2012（4）.

23. （美）约翰·梅利曼. 所有权与地产权. 赵萃萃，译. 比较法研究，2011（3）.

24. 苏永钦. 物权堆迭的基本原则. 环球法律评论，2006（2）.

25. 相蒙，于毅. 美国农地利用规划中农地发展权国家购买制度述评. 世界农业，2012（2）.

26. 林来梵. 美国宪法判例中的财产权保护——以 Lucas v. South Carolina Coastal Council 为焦点. 浙江社会科学，2003（5）.

27. 柴铎，董藩. 美国土地发展权制度对中国征地补偿改革的启示. 经济地理，2014（2）.

28. 张瑜编译. 各国（地区）土地制度比较研究. 经济研究参考资料，1989（96）.

29. 谢琦强，庄翰华. 台湾容积移转制度的潜在区位开发特性：台中市个案研究. 华冈地理学报，2006（19）.

30. 何庆. 台湾关于空间权与发展权的立法研究. 中外房地产导报，2001（18）.

31. 欧阳恩钱. 台湾地区"都市计划容积移转办法"对我国城市房屋拆迁补偿的启示. 前沿，2005（2）.

32. 马特. 父爱主义与"还地于民". 北方法学，2010（6）.

33. 邓聿文. "绿坝"与国家"父爱主义". 联合早报，2008-07-02.

34. 李岩. 法益：权利之外的新视域. 光明日报，2008-10-07.

35. 曹险峰. 在权利与法益之间——对侵权行为客体的解读. 当代法学，2005（5）.

36. 孙宪忠. 中国农民"带地入城"的理论思考和实践调查. 苏州大学学报，2014（3）.

37. 刘国臻. 房地产老板之暴富与土地发展权研究. 中山大学学报：社会科学版，2007（3）.

38. 金俭. 自由与和谐：不动产财产权的私法限制. 南京师范大学学报：社会科学版，2011（4）.

39. 刘国臻. 论英国土地发展权制度及其对我国的启示. 法学评论，2008（4）.

40. 张翔. 财产权的社会义务. 中国社会科学，2012

(9).

41. 朱未易. 论物权法上土地发展权与人权法上发展权的制度性契合. 政治与法律, 2009 (9).

42. 尹田. 无财产即无人格——法国民法上广义财产理论的现代启示. 法学家, 2004 (2).

43. 尹田. 再论"无财产即无人格". 法学家, 2005 (2).

44. 金可可. 预告登记之性质——从德国法的有关规定说起. 法学, 2007 (7).

45. 孙鹏, 徐银波. 社会变迁与地役权的现代化. 现代法学, 2013 (3).

46. 田春雷. 论我国征地制度改革中土地发展权的配置. 河南省政法管理干部学院学报, 2009 (5).

47. 刘国臻. 论土地发展权在我国土地权利体系中的法律地位. 学术研究, 2007 (4).

48. 温丰文. 空间权之法理. 法令月刊, 1988 (3).

49. 周诚. 农地征用中的公正补偿. 中国经济时报, 2003-09-02.

50. 周诚. 土地增值分配应当"私公共享". 中国改革, 2006 (5).

51. 吴宣恭. 实现公平与效率互相促进. 经济纵横, 2007 (1).

52. 吕忠梅. 论环境使用权交易制度. 政法论坛, 2000 (4).

53. 崔建远. 土地上的权利群论纲——我国物权立法应重视土地上权利群的配置与协调. 中国法学, 1998 (2).

54. 邓海峰. 环境容量的准物权化及其权利构成. 中国法

学，2005（4）.

55. 韩松. 农村集体土地所有权的权能. 法学研究，2014（6）.

56. 龙翼飞，徐霖. 对我国农村宅基地使用权法律调整的立法建议——兼论"小产权房"问题的解决. 法学杂志，2009（9）.

57. 王德山，姜晓林. 小产权房问题研究. 法学杂志，2008（6）.

58. 程传兴，高士亮，张良悦. 中国农地非农化与粮食安全. 经济学动态，2014（7）.

59. 戚开静. 新时期耕地保护的基本点：统一思想、明确任务、政策落实、制度创新——2001年全国耕地保护工作会议综述. 资源与产业，2001（7）.

60. 汪晖，陶然. 建设用地计划管理下的土地发展权转移与交易——土地计划管理体制改革的"浙江模式"及其全国含义. 中国经贸导刊，2009（1）.

61. 薛江华，等. 政府租地护广州"南肺". 羊城晚报，2007-01-04.

62. 黄爱东. "城中村"的困惑与"金包银"工程的曙光——厦门"金包银"工程的创新实践对防范"城中村"问题的启示. 农业经济问题，2009（10）.

63. 张鹏，刘春鑫. 基于土地发展权与制度变迁视角的城乡土地地票交易探索——以重庆模式分析. 经济体制改革，2010（5）.

64. 杨庆媛，鲁春阳. 重庆地票制度的功能及问题探析. 中国行政管理，2011（12）.

65. 董晓方，杜新波. 重庆市地票运行机制的内在经济法律依据——基于土地发展权视角的框架分析. 安徽农业科学, 2012 (31).

66. 董国礼, 李里, 任纪萍. 产权代理分析下的土地流转模式及经济绩效. 社会学研究, 2009 (11).

67. 姚德利. 论马克思主义人的发展的权利内涵. 当代世界与社会主义, 2009 (3).

68. 刘国臻. 论我国地方土地权力配置体制创新：以土地发展权配置为视角. 学术研究, 2011 (9).

69. 盛国民. 珍惜国土资源 促进节约集约——写在第45个"世界地球日"来临之际. 资源导刊, 2014 (4).

70. 李小军, 吕嘉欣. 广东"三旧"改造面临的挑战及政策创新研究. 现代城市研究, 2012 (9).

71. 刘国臻. 论我国土地征收收益分配制度改革. 法学论坛, 2012 (1).

72. 杨廉, 袁奇峰. 珠三角"三旧"改造中的土地整合模式——以佛山市南海区联滘地区为例. 城市规划学刊, 2010 (2).

73. 刘国臻, 陈年冰. 论土地权利发展的三大轨迹及其启示. 学术研究, 2013 (2).

74. 朱最新. 珠三角一体化政策之法律化研究. 暨南学报：哲学社会科学版, 2012 (5).

75. 杜丽霞. 土地征收中的社会发展与农民发展——以土地发展权为视角. 河北大学学报：哲学社会科学版, 2011 (5).

76. 江平. 信托制度在中国的应用前景. 法学, 2005 (1).

77. 刘国臻. 论我国土地发展权的法律性质. 法学杂志,

2011（3）.

78. 尹德永. 论英国法上的浮动担保及其可借鉴性. 河北法学，2001（2）.

79. 苏力. 这里没有不动产——法律移植问题的理论梳理. 法律适用，2005（8）.

80. 文正邦. 公平与效率：人类社会的基本价值矛盾. 政治与法律，2008（1）.

81. 洪银兴. 构建和谐社会要坚持统筹公平与效率的改革观. 中国党政干部论坛，2005（3）.

82. 赵婧，夏丹荔. 土地财政依赖症恐"欲戒不能". 经济参考报，2014－02－14.

83. 徐文. 改革抑或过渡：征转分离制度之价值、成本及改良. 西南民族大学学报：人文社会科学版，2012（8）.

84. 高云才. 城市化不能"大跃进". 人民日报，2011－02－14.

85. 耿卓. 我国地役权现代发展的体系解读. 中国法学，2013（3）.

86. 耿卓. 乡村地役权及其在当代中国的发展. 法商研究，2011（4）.

87. 耿卓. 地役权的现代发展及其影响. 环球法律评论，2013（6）.

88. 汪洋. 集体土地所有权的三重功能属性——基于罗马氏族与我国农村集体土地的比较分析. 比较法研究，2014（2）.

89. 刘国臻. 论我国土地权利制度发展之动向. 甘肃政法学院学报，2008（4）.

90. 徐海燕，李莉. 论碳排放权设质依据及立法建议. 北方法学，2014（1）.

91. 姚昭杰. 物权变动中的意思主义与形式主义——以预告登记为视角. 江西社会科学，2014（6）.

92. 刘国臻，姚昭杰. 论我国房地产征收法律适用问题及其破解. 学术研究，2014（11）.

93. 孟勤国. 揭开中国土地私有化论的面纱. 北方法学，2010（1）.

94. 张先贵. 集体土地所有权改革的法理思辨. 中国土地科学，2013（10）.

95. （日）小川竹一. 中国集体土地所有权论. 牟宪魁，高庆凯，译. 比较法研究，2007（5）.

96. 程雪阳. 土地发展权与土地增值收益的分配. 法学研究，2014（5）.

97. 穆松林，高建华，毋晓蕾，刘娟. 土地发展权及其与土地用途管制的关系. 农村经济，2009（11）.

98. 郑振源. 征用农地应秉持"涨价归农"原则. 中国地产市场，2006（8）.

99. 耿卓. 农民土地财产权保护的观念转变及其立法回应——以农村集体经济有效实现为视角. 法学研究，2014（5）.

100. 刘云生，徐文. 论征转分离制度的合理性及其改良. 河南财经政法大学学报，2012（6）.

101. 王利明，周友军. 论我国农村土地权利制度的完善. 中国法学，2012（1）.

102. 刘剑文，陈立诚. 税制改革应更加注重分配正义. 中国税务报，2013-11-06.

103. 湛中乐. 我国国有土地使用权收回类型化研究. 中国法学，2012（2）.

104. 孙宪忠. 物权法应采纳"一体承认、平等保护"的原则. 法律科学, 2006 (4).

105. 孙宪忠. 再论我国物权法中的"一体承认、平等保护"原则. 法商研究, 2014 (2).

106. 郑晓东. 城市化过程中土地产权变动的法律思考. 中国房地产, 2001 (3).

107. 李鹏. 土地信托激活农地流转. 中国房地产报, 2013-03-25.

108. 谢静. 农村土地信托制度研究. 经济研究导刊, 2008 (6).

109. 万江. 土地用途管制下的开发权交易——基于指标流转实践的分析. 现代法学, 2012 (9).

110. 王小红, 周申立, 张鑫. 构建土地发展权优化土地利用规划. 现代农业, 2009 (9).

111. 王群, 王万茂. 土地发展权与土地利用规划. 国土资源, 2005 (10).

112. 程浩. 集体土地制度视角下的小产权房开发管制研究动态分析. 经济社会体制比较, 2013 (3).

113. 王海鸿, 付士波, 朱前涛. "小产权房"存在的合理性及其合法化途径研究——基于土地发展权角度. 华东经济管理, 2009 (12).

114. 张占录. 小产权房的帕累托改进及土地发展权配置政策. 国家行政学院学报, 2011 (3).

115. 桂华, 贺雪峰. 宅基地管理与物权法的适用限度. 法学研究, 2014 (4).

116. 许慧萍. 城市化进程中失地农民的安置. 决策, 2008 (7).

三、外文参考文献

1. John J. Delaney et al. TDR Redux: A Second Generation of Practical Legal Concerns, 15 Urb. Law. 593, 595 (1983).

2. Edward H. Ziegler. The Transfer of Development Rights (Part I), 18 Zoning & Plan. L. Rep. 61 (1995).

3. Jennifer Frankel. Past, Present, and Future Constitutional Challenges to Transferable Development Rights, Wash. L. Rev. 825, 828 (1999).

4. Thomas L. Daniels. The Purchase of Development Rights: Preservation Agriculture Land and Open Space, J. Am. Plan. Assn'430 n. I (1991).

5. Mark R. Ricl, 1 Evaluating Farmland Preservation Through Sufolk County, New York's Purchase of Development Rights Program, Pace Envtl. L. Rev. 197, 203 (2000 - 2001).

6. James M. Pedowitz. Transfers of Air Rights and Development Rights, Real Prop. Prob. &Tr. J. 183, 197 - 199 (1974).

7. Oates, W. E., P. R. Portney, A. M. McGartland. The net benefits of incentive-based regulation: a case study of environmental standard setting. American Economic Review. 79 (1989).

8. Marian Weber, Wiktor Adamowicz. Tradable Land-Use Rights for Cumulative Environmental Effects Management. Canadian Public Policy. 581 - 595 (2002).

9. Jason Hanly-Forde, George Homsy, Katherine Lieberknecht, etal. Transfer of Development Rights Programs: Using the Market for Compensation and Preservation. http://government. cce. cornell. edu/doc/html/Transfer%20of%20Development%20 Rights%20Programs. Html.

10. John J. Costonis. Development Rights Transfer: An Exploratory Essay, Yale L. J. 75 (1973 – 1974).

11. Rick Prutez. Beyond Taking and Giving Saving Natural Areas, Farmland, and Historic Landmarks with Transfer of Development Rights and Density Transfer Charges, Arje Press. 70 (2003).

12. Pennsylvania Coal Co. v. Mahon, U. S. 393 (1922).

13. Suitum v. Tahoe Regional Planning Agency, U. S. 725 (1997).

14. Marcus. Norman: From Euclid to Ramapo: New Directions in Land Development Controls, Hofstra L. Rev. 56 (1973).

15. Carlo, Candace, Wright, E. Robert. Transfer of Development Rights: A Remedy for Prior Excessive Subdivision, 10 U. C. D. L. Rev. 1 (1977).

16. Delaney, John J. ; Kominers, William: He Who Rests Less, Vests Best: Acquisition of Vested Rights in Land Development, St. Louis U. L. J. 219 (1979).

17. Lee, Franklin G. . Transferable Development Rights and the Deprivation of All Economically Beneficial Use: Can TDRs Salvage Regulations That Would Otherwise Constitute a Taking, Idaho L. Rev. 679 (1997 – 1998).

18. Hitchcock, Michael B. ; Suitum v. Tahoe Regional Planning Agency: Applying the Takings Ripeness Rule to Land Use Regulations and Transferable Development Rights, Golden Gate U. L. Rev. 87 (1998).

19. Rick Pruetz, FAICP, Erica Pruetz. Transfer of Development Rights Turns 40. American Planning Association Planning

&Environmental Law, 59 (2007).

20. Merwin, Paul. Caught between Scalia and the Deep Blue Lake: The Takings Clause and Transferable Development Rights Programs, 83 Minn. L. Rev. 815 (1998 – 1999).

21. Daniel. Mandelker. Land use law (Forth edition), Lexis Law Publishing. 472 (1997).

22. Robert C. Ellickson, Vicki L. Been. Land Use Controls: Cases and Materials (Second edition). Aspen Publishing Inc. 191 – 192 (2003).

23. Owen Connellan, Nathaniel Lichfield. Great Britain. The American Journal of Economics and Sociology. 239 – 257 (2000).

24. Edward H. Ziegler. Transfer Development Rights and Land Use Planning in the United States, The Liverpool Law Review. 147 – 148 (1996).

25. Ezio Micelli. Development Rights Markets to Manage Urban Plans in Italy. Urban Studies. 141 – 154 (2002).

26. Lynne Franklin, Clive Read. Making Development Pay: section 106 agreements and the planning gain supplement, Martineau Johnson, (2006).

27. Parker&Edgarton v. Foote, 19 Wend. 309 (1838).

28. John Cobb Cooper, Roman Law and The Maxim CUJUSEST SOLUM in The International Law, 1 McGill L. J. 23, 60 (1952).

29. Euclid v. Amber Realty Co., 272U. S. 365, 388 (1926).

30. Goldblatt v. Hempstead, 369U. S. 590 (1962).

31. Mark R. Rielly. Evaluating Farmland Preservation through Suffolk County, New York's Purchasable of Development Rights Program, Environmental Law Review, (2000).

32. Jess M. Krannich. A Modern Disaster: Agricultural Land, Urban Growth, and the Need for a Federally Organized Comprehensive Land Use Planning Model, Cornell Journal of Law and Public Policy. (2006).

33. U. S. Department of Agriculture, Soil Conservation Service. National Agriculture Land Evaluation and Site Assessment Handbook. Washington, D. C.: U. S. Department of Agriculture. (1983).

34. Mark W. Cordes. Fairness and farmland preservation: A response to professor Richardson, Journal of Land Use and Environmental Law. (2005).

35. Tom Daniels. The Purchase of Development Rights, Agricultural Preservation and other Land Use Police Tools: The Pennsylvania Experience, in D. P. Ernestes, D. M. Hick (eds.), Increasing Understanding of Public Problems and Policies : Proceedings of the 1998 National Public Policy Education Conference, Oak Brook, IL. US: Farm Foundation. 34 – 44 (1998).

36. Development Rights Transfer in New York City, Yale L. J. 351 – 352 (1972 – 1973).

37. Michael Kruse. Constructing the Special Theater Subdistrict: Culture, Politics, and Economics in the Creation of Transferable Development Rights.

38. Nancy A. McLaughlin. Increasing the Tax Incentives for Conservation Easement Donations-A Responsible Approach, Ecolo-

gy L. Q. 4 (2004).

39. Marian Weber, WiktorAdamowicz. Tradable Land-Use Rights for Cumulative Environmental Effects Management. Canadian Public Policy. 581 – 595 (2004).

40. Michael D. Kaplowitz, Patricia Machemer, Rick Pruetz. Planners' experiences in managing growth using transferable development rights in the United States. Land Use Policy. 378 – 387 (2008).

41. American Farmland Trust. Fact sheet transfer of development rights. April, 2008.

42. Theodore Panayotou. Economic instruments for environmental management and sustainable development. United Nations environment programme (UNEP), December, 1994.

43. Edward H. Ziegler. The Transfer of Development Rights (Part I). Zoning&Plan. L. Rep. 61 (1995).

44. Franklin J. James, Dennis E. Gale. Zoning for Sale: A Critical Analysis of Transferable Development Rights Programs 2 – 3 (1977).

45. Jennifer Frankel. Past, Present, and Future Constitutional Challenges to Transferable Development Rights. Wash. L. Rev. 825, 828 (1999).

46. Danner. TDRS-Great Idea but Questionable Value. The Appraisal Journal. (1997).

47. Savigny. System, B. 1, S. 338, 367.

48. David L. Callies. Preserving Paradise: Why Regulation Won't work. University of Hawaii Press. 96 – 97 (1994).

49. Bruening, Ari D. The TDR Siren Song: The Problems

with Transferable Development Rights Programs and How to Fix Them, 23 J. Land Use & Envtl. L. 423 (2007 – 2008).